Piegsa/Freiheit und Gesetz

Moraltheologische Studien

Historische Abteilung

Herausgegeben von
Josef Georg Ziegler

Band 2

Joachim Piegsa

Freiheit und Gesetz

bei Franz Xaver Linsenmann

Patmos-Verlag Düsseldorf

Satz und Druck van Beek, Emmerich
ISBN 3-491-78441-7

MEINER MUTTER
UND IN ERINNERUNG
AN MEINEN VATER

Inhaltsverzeichnis

Vorwort 9
Abkürzungen 11
Einführung 13
1. Das Problem 13
2. Der zeitgeschichtliche Hintergrund 15
3. Linsenmanns Schriften 19
4. Kritische Stellungnahmen 24
5. Linsenmanns Anliegen und Methode 32

I Kapitel Das befreiende Gesetz

1. Die protestantische Anklage 38
Der wahre Kern und das Mißverständnis / Kritische Besinnung / Bedingungen der Verständigung
2. War Christus Gesetzgeber? 42
Die polemische Antwort / Das ideale und das partikularistische Gesetz / Die vermittelnde Antwort / Das Schlüsselwort ‚condicio'
3. Schöpferische Normfindung 49
‚Prima principia' und ‚praecepta secunda' / Die offenbarte Idee und das abgeleitete Gesetz / Gesetz, Gnade und Freiheit
4. Die Situation des Zwischen 56
Der Christ zwischen Kirche und Staat / Ein Dualismus besonderer Art / Versöhnt in Christus
5. Erwägungen zur Heilsordnung der Kirche 64
Der doppelte Auftrag der Kirche / Drei Erwägungen / Unvollkommen, aber verbindlich
6. Christliche Freiheit 74
Freiheit aus dem Glauben / Gesetz im Dienst der Gnade / Das sachlich-magische und das personal-religiöse Gesetzesverständnis / Begrenzte, aber unaufgebbare Freiheit

II Kapitel Freiheit und probabilistische Kasuistik

1. Die Freiheit – das vergessene Grundanliegen 84
Die Begriffe ‚System' und ‚Probabilität' / Der Anlaß zu neuem Streit / Der vergessene ‚Balken'

2. Die umstrittene Rolle Medinas 90
Vater des Probabilismus oder Erfinder der treffenden Formel? / Medinas Entscheidung gegen seine Vorgänger / Die Beweisführung Medinas

3. Der Zentralismus der nachtridentinischen Kirche 102
Das entscheidende Kriterium / Eine geschichtliche Parallele / Verabsolutierung des Gesetzes / Dominanz des Bußsakraments

4. Der Nominalismus der nachtridentinischen Theologie 110
Die Phase der Selbstauflösung / Trennung von Vernunft und Glaube / Die geglückte Synthese / Der positivistische Gesetzesbegriff

5. Die probabilistische Gewissensmoral 117
Die ‚conscientia probabilis' / Das Syllogismus-Modell / Die mißverstandene Epikie

6. Rückkehr zum vorprobabilistischen Standpunkt 126
Ablehnung der ‚Moralsysteme' / Die vorprobabilistische Maxime / Die unbewältigte Aufgabe

III. Kapitel Freiheit und zwiespältige Moral

1. Zwei Wege zum Heil 134
Gottesdienst und Weltdienst / Weltverachtung / Aktion und Kontemplation

2. Gebot und Rat 142
Der Widerspruch / Der klassische Beweis / Der kritische Blickpunkt

3. Freiheit und Rat 148
Die Werke der Übergebühr und das sittlich Bessere / Die Wahl zwischen dem sittlich Guten und Besseren

4. Die eine Nachfolge Christi 153
Nachfolge als Lebensweg / Zweierlei Nachfolge? / ‚Geistige' Nachfolge / ‚Buchstäbliche' Nachfolge / Gemeinsames Priestertum

Schluß 165

Quellen 171
Literatur 173
Personenverzeichnis 181
Sachregister 185

Vorwort

Vorliegende Arbeit wurde von der Katholisch-Theologischen Fakultät der Johannes Gutenberg-Universität in Mainz, im November 1970, als Habilitationsschrift angenommen. Professor Dr. J. G. Ziegler hat das erste Gutachten erstellt und Professor Dr. L. Berg das zweite. Ihnen schulde ich herzlichen Dank!
Für die Drucklegung wurde die Habilitationsschrift 1973 überarbeitet. Manche Einsicht und Berichtigung, die meiner Untersuchung zugute kam, verdanke ich den Teilnehmern des Oberseminars von Professor Ziegler. Für die Möglichkeit, an den anregenden Diskussionen teilzunehmen, für anderweitige, freundschaftliche Unterstützung und schließlich für die Bereitschaft, meine Arbeit in die Historische Abteilung der ‚Moraltheologischen Studien' aufzunehmen, bin ich Professor Ziegler zu besonderem Dank verpflichtet.
Meinem Provinzial der Missionare von der Hl. Familie danke ich für die Freistellung zur Habilitation.

Joachim Piegsa MSF
Mainz, Oktober 1973

Abkürzungen

Allgemeine Abkürzungen

Commentaria	Bartholomäus Medina, Scholastica commentaria in primam secundae. Köln 1619
DS	Denzinger-Schönmetzer, Enchiridion Symbolorum. Freiburg Br. ^{34}1967
DTA	Deutsche Thomas-Ausgabe. Salzburg-Heidelberg 1934 ff
DThC	Dictionaire de théologie catholique. Paris 1899 ff
HthG	Handbuch theologischer Grundbegriffe. Hg. H. Fries (dtv-Ausgabe). München 1970
KlthW	K. Rahner – H. Vorgrimler, Kleines theologisches Wörterbuch (Herder-Bd. 108–109). Freiburg Br. ^{2}1962
LThK	Lexikon für Theologie und Kirche. Freiburg Br. ^{2}1957 ff
Moralstreitigkeiten	I. Döllinger – Fr. H. Reusch, Geschichte der Moralstreitigkeiten. Nördlingen 1889
RGG	Die Religion in Geschichte und Gegenwart. Tübingen ^{3}1956 ff
SM	Sacramentum Mundi. Theologisches Lexikon für die Praxis. Freiburg Br. 1967 ff
Sth	Thomas von Aquin, Summa theologiae. Madrid 1961 ff
ThTL	Herders Theologisches Taschenlexikon. Freiburg Br. 1972 f
ThQ	Theologische Quartalschrift. Tübingen 1819 ff
WW	Wetzer und Welte's Kirchenlexikon. Freiburg Br. ^{2}1886 ff

Häufig zitierte Schriften Linsenmanns

Lehrbuch	Lehrbuch der Moraltheologie. Freiburg Br. 1878
Pflichtenkollision	Über Pflichtenkollision: ThQ 58 (1876) 3–59
Rezension	Rezension aus der Tübinger Theologischen Quartalschrift
Richtungen	Über Richtungen und Ziele der heutigen Moralwissenschaft: ThQ 54 (1872) 529–553
Untersuchungen	Untersuchungen über die Lehre von Gesetz und Freiheit: ThQ 53 (1871) 64–114. 221–277; 54 (1872) 3–49. 193–245

Einführung

> *„Tantum refert, quibus temporibus optimus quisque nascitur."*
> *(Inschrift auf dem Grabmal Hadrians VI.)*

1. Das Problem

Jedem, der das Evangelium gläubig annimmt, gilt die Verheißung Christi: „Wenn ihr in meinem Wort bleibt, dann werdet ihr wirklich meine Jünger sein; und ihr werdet die Wahrheit erkennen, und die Wahrheit wird euch frei machen."[1] Christsein ist folglich gleichbedeutend mit *Berufensein zur Freiheit.* Die Freiheit der ‚Kinder Gottes'[2] ist das Grundkerygma der Botschaft Christi.[3]

Kann man jedoch von Freiheit sprechen, solange der Christ verpflichtet ist, sein Leben auszurichten nach *vorgegebenen Gesetzen?* Ist Christus nicht das ‚Ende des Gesetzes'[4]? Sollten nicht gerade die Christen den Durchbruch wagen zu einer „schöpferischen Ethik"[5], die an vorgegebene Gesetze nicht mehr gebunden ist?

Mit diesen Fragen ist ein Problem umschrieben, das heute mit besonderer Dringlichkeit an die Moraltheologie herangetragen wird. Einmal aufgrund der Einsicht, daß diese Fragen das Grundkerygma der Botschaft Christi betreffen und darum auch die ‚Kernfrage' einer christlichen Ethik ausmachen.[6] Zum anderen aber kommt die Bedeutung des Problems aus zeitbedingten Umständen. Das Wort ‚Freiheit' ist nämlich heute über die Grenzen Europas hinaus zur Parole geworden, mit der man größte Hoffnungen verknüpft. Im neuen Menschenbild, das als Richtbild bei

[1] Joh 8, 31 f.
[2] Röm 8, 14.
[3] Vgl. *K. Rahner,* Freiheit: LThK IV 329; *ders.,* Freiheit: KlthW 114.
[4] Röm 10, 4.
[5] *I. Hermann – F. Böckle,* Die Probe aufs Humane, Düsseldorf 1970, 3.
[6] Vgl. *F. Böckle,* Gesetz und Gewissen, Luzern ²1966, 15.

der Gestaltung der Welt von morgen fungieren soll, möchte man vor allem die Freiheit nicht missen. Das Christentum – davon sind wir überzeugt – hat hierbei einen *unüberbietbaren* Beitrag zu leisten! Um so bedrückender wirkt die Feststellung, daß wohl auf kaum einem Gebiet christlichen Denkens „so viele unbewiesene Thesen, so viele unerlebte Wahrheiten“ mitgeschleppt werden, „wie in der Lehre von der christlichen Freiheit“[7].

Wie kam es zu dieser bedauernswerten Lage? Die Frage soll in vorliegender Arbeit auf das Gebiet der Moraltheologie beschränkt und hier für einen nochmals begrenzten Zeitraum beantwortet werden. Der Zeitraum wird markiert durch das Stichwort ‚*Probabilismus*‘. Der sogenannte ‚Probabilismusstreit‘ beherrschte die Moraltheologie des 17. und 18. Jahrhunderts und wurde nochmals in der zweiten Hälfte des 19. Jahrhunderts leidenschaftlich ausgefochten. Franz Xaver *Linsenmann* (1835–1898) behauptete, daß es letztlich ein Kampf um die evangelische Freiheit war. Er schrieb 1869, daß der Probabilismus, „auf seinen richtigen Grundgedanken zurückgeführt, geradezu ein christlich-evangelisches Prinzip vertrete“.[8] Aber nicht die Verteidigung des Probabilismus war Linsenmanns Anliegen, sondern die Klarstellung der Kernfrage, „wie sich das Gesetz zu der evangelischen Freiheit verhalte“.[9] Hierzu hatten die Vertreter des Probabilismus konkrete Lösungsversuche angeboten in Gestalt der verschiedenen ‚Systeme der Probabilität‘. Nach Linsenmanns Meinung wurde in diesen ‚Systemen‘ das Verhältnis zwischen sittlichem Gesetz und evangelischer Freiheit „schief gestellt“. Dadurch sei die „ganze Sachlage“ in Verwirrung geraten.[10] Der Probabilismus vermochte die Freiheit nicht zu retten, sondern endete in kleinlicher Kasuistik.

Vor Linsenmann und auch nach ihm hatte der Probabilismus grundsätzlich kritiklose Verteidigung oder pauschale Ablehnung erfahren.[11] Sollte sich Linsenmanns differenziertere Beurteilung als zutreffend erweisen, dann wäre für das Verständnis der katholischen Moraltheologie, deren Geschichte „während zweier Jahrhunderte im Grunde nichts anderes ist als die Geschichte des Probabilismus“[12], eine bedeutsame Einsicht gewonnen.

[7] *G. Bouwman*, Berufen zur Freiheit. Freiheit und Gesetz nach der Heiligen Schrift, Düsseldorf 1969, 7.

[8] *F. X. Linsenmann*, Rezension: ThQ 51 (1869) 149.

[9] *Ders.*, Lehrbuch 64.

[10] Vgl. *ders.*, Untersuchungen: ThQ 53 (1871) 228.

[11] Die Literatur zum Probabilismus ist fast unüberschaubar geworden. Lesenswert ist immer noch das Werk von *I. Döllinger – Fr. H. Reusch*, Geschichte der Moralstreitigkeiten I–II, Nördlingen 1889. – Ein „letztes Wort“ zum Probabilismusstreit schrieb *A. Eberle*, Am Ende des Probabilismusstreits: Neues Abendland 8 (1953) 725–736.

[12] *B. Häring*, Das Gesetz Christi, München [8]1967, I 58.

Linsenmanns Schriften sind hauptsächlich der Kernfrage ‚Gesetz und Freiheit' gewidmet. Das war für ihn einfachhin die „Prinzipienfrage der katholischen Moral".[13] Die politischen, kulturellen und theologischen Ereignisse der zweiten Hälfte des 19. Jahrhunderts bilden den zeitgeschichtlichen Rahmen, den breiten Kontext, der ‚mitgelesen' werden muß, um Linsenmann recht zu verstehen.

2. *Der zeitgeschichtliche Hintergrund*

Das wissenschaftliche Wirken Linsenmanns fällt in die zweite Hälfte des 19. Jahrhunderts. Man hat dieses Jahrhundert als „Testamentvollstrecker der Aufklärung und der französischen Revolution" zu deuten versucht,[14] aber auch als „Wegbereiter heutiger Theologie".[15] Insgesamt war es ein höchst wechselvolles und auch bedeutsames Jahrhundert. Eine umfassende Würdigung steht noch aus.[16]

Die Theologie des 19. Jahrhunderts gehört zu den bewegtesten Epochen dieser Disziplin. Aus dem begrenzten Raum scholastischen Denkens hatte sie den Durchbruch in neue Geistesräume gewagt.[17] Probleme, die sich unvermeidbar hieraus ergaben, wurden „nicht völlig ausgetragen, eher unterbrochen". Die Krise unserer Gegenwart ist zum guten Teil die „lang verschobene Wiederaufnahme des damals Begonnenen".[18] Zwischen *damaliger* und *heutiger Theologie* besteht somit ein besonders enger und *lebendiger Zusammenhang.* Ein Einblick in das theologische Suchen und Ringen des 19. Jahrhunderts ist daher auch zugleich „ein Stück Klärung unserer gegenwärtigen Situation"[19].

Wie weit Linsenmanns Ausführungen zum Thema ‚Gesetz und Freiheit' den Wert eines klärenden Beitrages besitzen, soll geprüft werden.

[13] Lehrbuch 64. – Zitate haben wir der heutigen Orthographie angepaßt. Häufige Sperrungen wurden nur dann übernommen, wenn sie für das rechte Verständnis von Bedeutung waren.

[14] Vgl. *J. Lortz,* Geschichte der Kirche in ideengeschichtlicher Betrachtung, Münster 1964, II 229.

[15] Unter dem Obertitel ‚Wegbereiter heutiger Theologie' werden von H. Fries und J. Finsterhölzl die Werke einiger katholischer Theologen des 19. Jahrhunderts herausgegeben. Eröffnungsband: *E. Keller,* Johann Baptist Hirscher, Graz 1969.

[16] Vgl. die Einführung von E. Schillebeeckx zu *M. Schoof,* Der Durchbruch der neuen katholischen Theologie, Wien 1969, 12.

[17] Vgl. *L. Scheffczyk* (Hg.), Theologie in Aufbruch und Widerstreit, Bremen 1965, S. XI.

[18] *J. Ratzinger,* Glaube und Zukunft, München 1970, 111 f.

[19] *W. Kasper,* Verständnis der Theologie damals und heute: J. Ratzinger – W. Kasper (Hg.), Theologie im Wandel, München 1967, 90.

Linsenmann gehört zur dritten Generation der katholischen *Tübinger Schule.*[20] Sie hatte in der theologischen Forschung des 19. Jahrhunderts eine hervorragende Rolle gespielt.[21] Ein unverkennbares Merkmal dieser Schule ist die Offenheit und der Wagemut, mit dem sie neu aufkommende geistige Bewegungen anging, „angefangen von der Aufklärung, über den deutschen Idealismus bis zum Empirismus und Positivismus"[22]. Ebenso bezeichnend war ihr reger, wissenschaftlicher Austausch mit der protestantischen Nachbarfakultät.[23]

Im Geiste dieser Schule präsentiert sich Linsenmann. Im Vertrauen auf die „weltüberwindende Kraft der christlichen Ideen"[24] war er bestrebt, die „wissenschaftlichen Schätze einer großen Vorzeit", nämlich der Scholastik, mit der modernen Wissenschaft in Einklang zu bringen.[25] Seiner Meinung nach fehlte dieses Vertrauen jenen Theologen, die das Ideal christlicher Theologie und Kultur ein für allemal in der Vergangenheit verwirklicht glaubten. Es waren dieselben Theologen, die die moderne Wissenschaft und Kultur als Rückschritt anprangerten und ablehnten. „Solche Wächter des Heiligtums wissen es nicht, wie sehr sie selbst den wahren Glauben an die christliche Offenbarung und das Vertrauen auf die weltüberwindende Kraft der christlichen Ideen untergraben."[26] Im Gegensatz zu dieser Haltung stellte Linsenmann der Moraltheologie eine heute noch aktuelle *Forderung:* Wenn zwischen der „fortschreitenden Entwicklung der sittlichen Ideen" und der katholischen Moraltheologie ein Konflikt zutage tritt, dann sollte die Moraltheologie zunächst sich selbst prüfen, „ob sie ihre Aufgabe richtig erfasse und sie zu lösen die Kraft habe".[27] Die Forderung hatte Linsenmann auch selbst befolgt. Im Mittelpunkt seiner Untersuchungen stand nämlich die Frage: Hat die katholische Moraltheologie das Problem ‚Gesetz und Freiheit' richtig gestellt und gelöst? Die Entwicklung in Theologie und Kirche des 19. Jahrhunderts verlieh dieser Frage einen zusätzlichen, *zeitbedingten* Dringlichkeitswert.

Um die Mitte des 19. Jahrhunderts, nämlich 1848, war über Europa eine Revolutionswelle hinweggerollt. Sie verebbte ebenso schnell, wie sie entstanden war. Und doch hatte sie die politische Struktur, und nicht nur

[20] Vgl. *H. Fries,* Tübinger Schule: LThK X 390.
[21] Vgl. *J. R. Geiselmann,* Die katholische Tübinger Schule, Freiburg Br. 1964, 11.
[22] Ebd. 5.
[23] Vgl. *F. Schnabel,* Deutsche Geschichte im neunzehnten Jahrhundert (Herder-Bd. 209–210), Freiburg Br. 1965, 91.
[24] Richtungen: ThQ 54 (1872) 552.
[25] Vgl. *A. Koch,* Bischof Dr. Franz Xaver Linsenmann †: ThQ 81 (1899) 378.
[26] Richtungen 552.
[27] Ebd. 533.

diese, tiefgreifend verändert. Der Kirchenstaat konnte noch mit französischer Hilfe gehalten werden. Aus damaliger Sicht stand mehr auf dem Spiel als nur politische Macht. Mit dem Kirchenstaat – so meinte man – würde auch die Freiheit des Papstes verlorengehen. Die erpresserische und hochmütige Haltung Napoleons gegenüber Papst Pius VII. (1800–23) war noch in lebendiger Erinnerung. Trotzdem war Papst Pius IX. (1846–78), der in der Umbruchsituation sein Amt übernahm, anfangs reformfreudig. Durch schwere Enttäuschungen wurde er zu einer unnachgiebigen Haltung umgestimmt.[28] Das sollte sich auch auf die *Theologie* auswirken. Denn in der römischen Kurie gewannen nun die Kräfte die Oberhand, die schon in den zwanziger und dreißiger Jahren jede Berührung mit dem modernen Geistesgut zu unterbinden suchten und engste Konzentration im dogmatischen und disziplinären Bereich anstrebten.[29] Das führte zur folgenden Situation: „Während in Deutschland, Frankreich und Österreich der weltliche Absolutismus in den ersten Jahrzehnten des 19. Jahrhunderts verschwand, lebte er in der Kirche des Vatikanums I nochmals auf."[30] Linsenmann warnte vor der Gefahr, daß auch die christliche Moral zur „Moral des Absolutismus und des leidenden Gehorsams" herabsinkt, die den Schwerpunkt vom Gewissen auf den „Gesetzesbuchstaben und die äußere Autorität" verlegt.[31] Zum Teil war dies bereits geschehen. Dem Vorwurf der protestantischen Theologie, die katholische Moral habe den Gesetzesstandpunkt des Alten Bundes nicht überwunden, vielmehr die evangelische Freiheit aufs neue „in die Ketten des ‚Gesetzes'" geschlagen, konnte Linsenmann eine gewisse Berechtigung nicht absprechen. Er versuchte jedoch aufzuweisen, daß Zeiterscheinungen fälschlich mit dem Wesen katholischer Moral gleichgesetzt wurden.[32]

Die Wende, die um die Mitte des 19. Jahrhunderts eingetreten war, hatte in der Theologie einen *tiefgreifenden Wandel* hervorgerufen. Die „freien Selbstdenker", die sich insbesondere aus der Tübinger Schule rekrutierten und zu einer kritischen Auseinandersetzung mit der neuen Wirklichkeit durchgerungen hatten, wurden in den fünfziger Jahren verdrängt durch die „Soldaten der Kirche", die Anhänger der neuscholastischen Richtung.[33] Die Ablösung erfolgte überraschend schnell. Linsenmanns wissenschaftliche Tätigkeit fiel also in die Zeit der ‚Soldaten', doch er selbst gehörte

[28] Vgl. *R. Aubert*, Vaticanum I, Mainz 1965, 23 ff. 42 ff.
[29] Vgl. *Schnabel*, a. a. O. 105. 109.
[30] *Müller – Elsener – Huizing*, Vom Kirchenrecht zur Kirchenordnung? Einsiedeln 1968, 50.
[31] Vgl. Richtungen: ThQ 54 (1872) 549.
[32] Vgl. Untersuchungen: ThQ 53 (1871) 67 f.
[33] Vgl. *B. Welte*, Auf der Spur des Ewigen, Freiburg Br. 1965, 398.

geistig noch zu den ‚*Selbstdenkern*'. Hieraus ergab sich die Eigenart und zugleich die Schwierigkeit seiner Position.

Aufgrund einer kritischen Situationsanalyse behauptete Linsenmann, die neuscholastische Theologie begünstige die Moral des Absolutismus. Im Bewußtsein ihrer Ohnmacht gegenüber den „großen sozialen Fragen der Zeit" und dem Ärger, daß die „Außenstehenden ihre Stimme nicht hören", lasse sie ihre Macht und Autorität „um so härter" diejenigen Theologen spüren, die „im eigenen Lager Religion und Kulturfortschritt" zu versöhnen suchen.[34] Linsenmann mahnte 1872, in seiner Antrittsrede als Ordinarius für Moral- und Pastoraltheologie an der katholisch-theologischen Fakultät der Universität Tübingen: „Die berüchtigte Theorie des Absolutismus vom beschränkten Untertanenverstand, wonach die Regierung für alle denkt und handelt, darf nicht in die Theologie übergehen."[35]

Als echter Tübinger war Linsenmann aufgeschlossen für das moderne *Menschenbild*, das auf einer großen Achtung der persönlichen Freiheit und des Gewissens fußte, sowie einer stärkeren Berücksichtigung dessen, was wir heute als „Eigenständigkeit des weltlichen Bereiches" bezeichnen würden.[36] Ihn beunruhigte der Gedanke, daß die katholische Moral hinter der weltlichen Ethik zurückbleiben könnte, die seit der Aufklärung des 17. Jahrhunderts die sittlichen Ideen der ‚Freiheit, Humanität, Toleranz' auf ihre Fahnen geschrieben hatte.[37] Außerdem machte Linsenmann der neuscholastischen Richtung eine falsche Selbstgenügsamkeit und Traditionstreue zum Vorwurf. Sie halte sich an die „dürre Hülse" falsch verstandener Scholastik und verliere dadurch das „befruchtende Korn", d. h. die Möglichkeit, auf die Entwicklung neuzeitlicher Ideen einzuwirken.[38] Zwar sei der Theologie und Kirche von der Vorsehung der „Konservatismus" als Aufgabe zugewiesen, d. h. die Pflicht, „an die wechselnden Meinungen des Tages einen festen und unveränderlichen Maßstab anzulegen", doch deshalb dürfe sie den Blick für die „fortschreitende Gestaltung der irdischen Dinge" nicht verlieren.[39] Der Begründer der neuscholastischen Schule in Deutschland, Joseph Kleutgen, hatte behauptet, die katholische Theologie werde vom Denken der Neuzeit tödlich bedroht, darum könne sie lediglich auf dem Weltverständnis der Vorzeit aufbauen.[40] Dazu schrieb Linsenmann: „Es ist nicht die echte und gründ-

[34] Vgl. Richtungen 534 f.
[35] Ebd. 551.
[36] Vgl. *Aubert*, a. a. O. 26
[37] Vgl. Richtungen 531.
[38] Vgl. ebd. 534.
[39] Vgl. ebd. 534. 552.
[40] Vgl. *J. Kleutgen*, Die Theologie der Vorzeit, Münster ²1867, I 3 ff.; *ders.*, Die Philosophie der Vorzeit, Innsbruck ²1878, I 3 ff.

liche Theologie, sondern eine einseitig erstarrte Theologie, welche außer Brot gesetzt zu werden fürchtet durch den Sieg einer freieren philosophischen Bewegung."[41] Auch habe man zu Unrecht in der Verurteilung gewisser Irrtümer die Bestätigung des gegenteiligen Extrems gesehen. Die Alternative für den verurteilten Liberalismus liege nicht im Absolutismus.[42] Das entscheidende Argument, auf das sich Linsenmann stützte, war die *„evangelische Grundidee von der ethischen Freiheit"*.[43] Diese Freiheit baut nicht auf äußerem Zwang auf, sondern auf der Verantwortlichkeit des Gewissens. Darum ist christliche Moral unvereinbar mit der Moral des Absolutismus und des passiven Gehorsams. Den Unterschied zwischen Altem und Neuem Testament hatte der Apostel Paulus auf die Formel gebracht: „Wo aber der Geist des Herrn ist, da ist Freiheit."[44]

Damit ist das *Leitmotiv* umschrieben und das Grundanliegen, dem Linsenmann seine Schriften widmete. Diesen Schriften wollen wir uns nun zuwenden.

3. Linsenmanns Schriften

Bald nach seiner Priesterweihe wurde Linsenmann an das Wilhelmsstift nach Tübingen berufen als Repetent für Dogmatik. Hier verfaßte er *dogmengeschichtliche Abhandlungen* zur spätscholastischen Theologie, die in den Jahren 1861–67 teils als Artikel in der Tübinger ‚Theologischen Quartalschrift', teils als Monographien veröffentlicht wurden.[45] Die protestantische Nachbarfakultät wirkte anregend und herausfordernd bei dieser Arbeit. Linsenmanns Forschung galt nämlich Gelehrten, die in der vorreformatorischen Zeit oder während der ersten Auseinandersetzung mit dem Protestantismus eine beachtenswerte Rolle gespielt hatten. Die Streitfragen, so stellte Linsenmann fest, wurden in der nominalistischen Terminologie ausgetragen. Da er den Nominalismus als Zersetzungsprodukt der mittelalterlichen Scholastik beurteilte und geringschätzte, war er auch der Meinung, daß die Gegner der Reformation kaum eine

[41] Richtungen 532.
[42] Vgl. Rezension: ThQ 50 (1868) 644.
[43] Richtungen 550.
[44] 2 Kor 3, 17; Richtungen 550.
[45] A. Miller hat eine Gesamtausgabe von Linsenmanns Schriften beabsichtigt. Erschienen ist lediglich die erste Folge. Vgl. *A. Miller* (Hg.), F. X. von Linsenmanns Gesammelte Schriften (Erste Folge), Kempten 1912. – Eine Zusammenstellung von Linsenmanns Veröffentlichungen enthält die: Allgemeine Deutsche Biographie (Bd. 52), Leipzig 1906, 3 f. – A. Koch hat in seinem Nachruf auf Linsenmann auch dessen Schriften gewürdigt. Vgl. *A. Koch*, Bischof Dr. Franz Xaver Linsenmann †: ThQ 81 (1899) 375–396.

andere Überlegenheit besaßen, „als die welche die gute Sache und die Treue gegen den Glauben ihnen gab".[46] Zwei Abhandlungen widmete Linsenmann einem der ersten und bedeutendsten Tübinger Theologen aus der vorreformatorischen Zeit, nämlich Gabriel Biel († 1495).[47] Da Biels Schriften Luthers Lehre wesentlich mitbestimmt hatten, war den Protestanten daran gelegen, Biel als einen ihrer Vorgänger auszuweisen. Demgegenüber fand Linsenmann heraus, daß Biel zwar überzeugter Nominalist, aber nicht papstfeindlich war. Während der Mainzer Bistumsfehde 1459 stützte er, gegen Diether von Isenburg, den päpstlichen Kandidaten Adolf von Nassau.[48] Doch bei alledem ging es Linsenmann nicht um den polemischen Effekt, sondern um eine Klarstellung. Zudem wollte er eine „Charakteristik der vortridentinischen Theologie" umreißen.[49] Für die Frage ‚Gesetz und Freiheit', der er sich später zuwenden sollte, waren die dogmengeschichtlichen Studien von *fundierender, vorbereitender* Bedeutung.

Im April 1867 wurde Linsenmann zum außerordentlichen Professor der katholisch-theologischen Fakultät Tübingen ernannt, mit einem Lehrauftrag für das Fach Moraltheologie. Diese Disziplin wurde bisher in Tübingen als Nebenfach behandelt und vom Neutestamentler Moritz Aberle, der auch Linsenmanns Lehrer war, mitgelesen.[50] Darum mußte Linsenmann vorerst ein eigenes Programm für eine „echt wissenschaftliche Behandlung und spekulativ-psychologische Auffassung der christ-katholischen Sittenlehre" erstellen.[51] Mit seinem Freund Reiser besuchte er die bedeutendsten Universitäten Deutschlands und Österreichs, um die jeweilige Vortragsmethode kennenzulernen. Noch im selben Jahr 1867 veröffentlichte er seine eigenen Vorstellungen zu einem Lehrprogramm der Moraltheologie.[52] Es geschah anläßlich einer Rezension. Das ist bezeichnend für Linsenmann. Seine originellen Ansichten in Erstfassung hat er gewöhnlich in Rezensionen eingebaut, die dann auch den üblichen Umfang überschreiten.[53] Auf diese Weise wurde ebenfalls sein *erster Beitrag* zur Streitfrage des Probabilismus veröffentlicht. Schon damals, es war im Jahre 1869, vollzog Linsenmann eine Unterscheidung, die in

[46] *Linsenmann,* Albertus Pighius und sein theologischer Standpunkt. Ein Beitrag zur Charakteristik der vortridentinischen Theologie: ThQ 48 (1866) 594.

[47] *Linsenmann,* Gabriel Biel und die Anfänge der Universität Tübingen: ThQ 47 (1865) 195–226. – *Ders.*, Gabriel Biel, der letzte Scholastiker und der Nominalismus: ThQ 47 (1865) 449–481. 601–676. – *Ders.*, Biel, Gabriel: WW II 804–808.

[48] Vgl. Biel und die Anfänge 202 ff.

[49] Vgl. den Untertitel des Beitrags: Albertus Pighius.

[50] Vgl. *A. Hagen,* Geschichte der Diözese Rottenburg, Stuttgart 1958, II 156.

[51] Vgl. *Koch*, a. a. O. 383.

[52] Vgl. Rezension: ThQ 49 (1867) 656–663.

[53] Vgl. *Koch* 379.

seinen späteren Stellungnahmen zu diesem Problem stets wiederkehrt, nämlich die *Unterscheidung* „zwischen der geschichtlichen Erscheinung des Probabilismus und dem Korn von Wahrheit, das in demselben verborgen ist".[54] Mit der „geschichtlichen Erscheinung" waren die verschiedenen „Systeme der Probabilität" gemeint, auch „Moralsysteme" genannt. Mit dem „Korn von Wahrheit" meinte Linsenmann das Grundanliegen des Probabilismus, das seiner Meinung nach darin bestand, die evangelische Freiheit vor dem Zugriff einer rigorosen Kasuistik zu retten. Den Moralsystemen vermochte Linsenmann kein positives Interesse abzugewinnen. Seine Aufmerksamkeit galt dem *Grundanliegen,* das er auch als den „richtigen Grundgedanken" des Probabilismus bezeichnete.[55]

Linsenmanns *Hauptbeitrag* zum dargelegten Problem sind seine *‚Untersuchungen über die Lehre von Gesetz und Freiheit'*. In vier Artikel aufgeteilt, füllen sie insgesamt 204 Seiten der Tübinger ‚Theologischen Quartalschrift' von 1871–72.[56] Als Ausgangspunkt dieser Untersuchungen wählte Linsenmann den „wahren Kern" der protestantischen Anklage gegen die „Moral der römisch-katholischen Kirche".[57] Auf diese Weise wollte er denjenigen protestantischen Theologen entgegenkommen, die um ein tieferes Verständnis der katholischen Moral bemüht waren und sich nicht mit Pauschalurteilen begnügten.[58] Diese Gruppe, die sich auch mit der eigenen Tradition kritisch auseinandersetzte und von Luthers Gesetzestheologie distanzierte, nannte Linsenmann die „neuere protestantische Theologie".[59] Durch den anrollenden Kulturkampf wurde dieses Bemühen gegenseitigen Verstehenwollens leider ausgehöhlt. Linsenmann stellte sich der aufkommenden Welle des Hasses, der die interkonfessionellen Beziehungen vergiftete, mutig entgegen, ähnlich wie den absolutistischen Tendenzen innerhalb der katholischen Theologie. Er forderte die Betonung des Gemeinsamen und nicht des Trennenden, sowie sachliches Eingehen auf die Argumente des Andersdenkenden. Das willkürliche Zurechtlegen gegenteiliger Ansichten brandmarkte Linsenmann als unwürdige Methode.[60] Aber sein Bemühen blieb erfolglos. Das Verhältnis beider Konfessionen sank „überwiegend in eine isolierende, defensive und aggressive Negativität herab"[61].

[54] Rezension: ThQ 51 (1869) 141.
[55] Vgl. ebd. 149.
[56] Untersuchungen über die Lehre von Gesetz und Freiheit (Artikelfolge). 1. (Ohne Titel): ThQ 53 (1871) 64–114; 2. Der Probabilismus: ThQ 53 (1871) 221–277; 3. Die evangelischen Räte: ThQ 54 (1872) 3–49; 4. Die zwei Lebenswege: ThQ 54 (1872) 193–245.
[57] Vgl. ThQ 53 (1871) 67.
[58] Vgl. ebd. 226.
[59] Vgl. ebd. 94.
[60] Vgl. Rezensionen: ThQ 54 (1872) 480 ff.; ThQ 56 (1874) 351 f.; ThQ 72 (1890) 683.
[61] *Welte,* Auf der Spur des Ewigen 401.

Die neuscholastisch orientierte Mainzer Zeitschrift ‚Der Katholik' hielt es für notwendig, zu Linsenmanns Ausführungen über Gesetz und Freiheit eine polemische Gegendarstellung zu veröffentlichen. Der nicht signierte Beitrag erschien 1874 und umfaßt mehr als neunzig Seiten.[62] Linsenmann wähnte sich mißverstanden. Doch erst zwei Jahre später, nämlich 1876, erschien seine Antwort im Artikel *‚Über Pflichtenkollision'*.[63] Linsenmann beschränkte sich auf das Kernproblem des Verhältnisses von Gesetz und Freiheit und verteidigte seine Lösung. Auf die probabilistischen Moralsysteme anspielend, die im ‚Katholik' als durchaus brauchbare Regeln zur Erlangung moralischer Gewißheit dargestellt wurden, meinte Linsenmann: „Was bisher in dem vierhundertjährigen Streit herausgearbeitet worden ist, ist höchstens mit einem Notdach zu vergleichen; voll befriedigt wird davon niemand, dem es wirklich um vernünftige Erkenntnis zu tun ist."[64] In den Moralsystemen lag nämlich der Schwerpunkt auf dem Buchstaben des Gesetzes. Linsenmann dagegen betonte die freiheitliche Verantwortung des Gewissens. Von seiner Lehre wollte er lediglich bestätigt wissen, daß sie in bezug auf die Sicherheit sittlicher Entscheidungen „keinen größeren Skeptizismus" enthalte, „als er in der probabilistischen Doktrin zutage tritt", daß sie jedoch den Vorteil besitze, eher die „praktischen Zweifel des Lebens zu lösen" und hierbei mehr auf die „innerlichen Erleuchtungen" der Gnade zu vertrauen.[65] Eine gewisse Resignation schwingt unverkennbar in diesen Worten mit. Konnte man ihn nicht verstehen, oder wollte man es nicht? Jedenfalls fühlte sich Linsenmann nicht veranlaßt, „früher Gesagtes aus dem Grunde zu wiederholen, weil es der Gegner ignoriert"; auch war er nicht der Meinung, „daß er gerade das letzte Wort haben müsse", denn „es gibt für den Theologen in dieser Zeit noch andere Aufgaben".[66]

Linsenmann war 1876 schon mit der Bearbeitung seines *‚Lehrbuches der Moraltheologie'* beschäftigt, das 1878 erschienen ist. Das Konzept, in Gestalt eines Lehrprogramms der Moraltheologie, hatte er bereits 1867 erstellt. „Nicht ohne ängstliche Erwägungen" – wie im Vorwort zu lesen ist – wagte er sich an dieses Werk heran.[67] Aus seinen Vorlesungen über die „christkatholische Sittenlehre" wurde der Hauptinhalt zum Gebrauch der Hörer festgehalten.[68] Seit 1872 war Linsenmann ordentlicher Pro-

[62] Vgl. *Anonymus,* Probabilismus und probabilistische Systeme: Der Katholik 54 (1874/I) 45–57. 143–168. 283–309. 543–558. 682–699.

[63] Vgl. Pflichtkollision: ThQ 58 (1876) 3–59.

[64] Ebd. 5.

[65] Vgl. ebd. 58.

[66] Ebd. 59.

[67] Vgl. Lehrbuch S. III.

[68] Vgl. ebd. S. III.

fessor mit einem Lehrauftrag für Moral- und Pastoraltheologie.[69] Im Lehrbuch hat er seine Anschauungen zum Thema ‚Gesetz und Freiheit' in die Gesamtdarstellung der katholischen Sittenlehre eingearbeitet. Vornehmlich in den ersten vier Kapiteln, die der menschlichen Selbstbestimmung (Freiheit), dem Gesetz, dem Gewissen und der Lehre von der Pflicht gewidmet sind, kommt das Problem ‚Gesetz und Freiheit' zur Sprache. Linsenmann vermerkt zwar, daß er den Streit um die Moralsysteme nicht so hoch einzuschätzen vermag, „als die meisten Neuern (es) wieder tun".[70] Doch die Schilderung des Probabilismusstreites beschließt er mit der Feststellung: „In Wirklichkeit aber verdanken wir diesen Kontroversen die Rettung eines ethischen Prinzips der sittlichen Freiheit gegenüber einer Kasuistik, welche Gefahr lief, einem jüdisch-talmudistischen Buchstabendienst und Rigorismus zu verfallen."[71] Also auch im Lehrbuch wendet Linsenmann bei der Beurteilung des Probabilismus die Unterscheidung an zwischen dem Grundanliegen, das er positiv bewertete, und den konkreten Lösungsversuchen in Gestalt der verschiedenen Moralsysteme, die er als Fehlleistungen einschätzte.
Linsenmanns letzte Stellungnahme zum Probabilismus erschien 1879.[72] Sie war sehr kurz. Den Anlaß bot auch diesmal eine Rezension, wie bei der ersten Stellungnahme von 1869. Die besten Jahre seiner wissenschaftlichen Tätigkeit hat somit Linsenmann dem Thema ‚Gesetz und Freiheit' gewidmet. Anton Koch, sein Schüler und zweiter Nachfolger auf dem Tübinger Lehrstuhl, bescheinigte ihm, daß er nicht „breitgetretene Pfade" ging. Er habe sich an den Grundsatz gehalten: „Der Mensch muß Original sein und nicht bloß Kopie."[73] Diese Haltung hatte Linsenmann nicht nur Bewunderung eingebracht, sondern auch ablehnende Kritik. Wir wollen uns den kritischen Stellungnahmen zuwenden, die seine Lehre über Gesetz und Freiheit betrafen.
Nach 28jähriger Lehrtätigkeit ist Linsenmann 1889 aus dem akademischen Dienst ausgeschieden. Man hatte ihn ins Rottenburger Domkapitel gewählt, und seine Übersiedlung wurde notwendig. Seit 1895 vertrat er das Rottenburger Domkapitel in der 2. Kammer des Württembergischen Landtages.[74] Aber sein Herz gehörte dem akademischen Lehrdienst. Noch sieben Jahre nach seinem Ausscheiden schrieb er: „Fast will mir's

[69] Vgl. *Koch:* ThQ 81 (1899) 384.
[70] Lehrbuch S. VI.
[71] Ebd. 125.
[72] Vgl. Rezension: ThQ 61 (1879) 168–175.
[73] *Koch,* a. a. O. 378.
[74] Vgl. *A. Hagen,* Geschichte II 138; vgl. Biographisches Jahrbuch, Berlin 1900, III 120.

manchmal schwer fallen, daß mir jetzt ganz andere Aufgaben zugefallen sind. Aber in Wirklichkeit habe ich es, glaube ich, nicht zu bereuen; man muß zur rechten Zeit auch jüngeren Kräften Platz machen können."[75] Eng war auch seine Bindung an die ‚Theologische Quartalschrift', deren Redakteur er sechzehn Jahre lang gewesen war. Linsenmann starb 1898 als präkonisierter Bischof der Diözese Rottenburg.[76]

4. Kritische Stellungnahmen

Die kritischen Stellungnahmen zu Linsenmanns Veröffentlichungen kamen grundsätzlich aus der neuscholastischen Schule. Ein guter Teil dieser Kritik läßt sich nur dadurch erklären, daß Linsenmann, als Tübinger, einer gegensätzlichen theologischen Richtung angehörte.

Der Gegensatz zwischen den Neuscholastikern, der sogenannten ‚römischen Schule', und den Theologen der katholischen Universitätsfakultäten, der ‚deutschen Wissenschaft', hatte sich zunehmend verschärft. Aber man hatte auch bald die Gefahren der Polarisierung erkannt. Darum waren 1863 Vertreter beider Richtungen zur ‚Münchener Gelehrtenversammlung' zusammengekommen, um trennende Differenzen beizulegen und gemeinsam gegen die ‚destruktive Wissenschaft' vorzugehen.[77] Keine wissenschaftsfeindliche Haltung war damit gemeint. Vielmehr wollte man gemeinsam dem antireligiösen Mißbrauch wissenschaftlicher Ergebnisse entgegentreten. Das war ein höchst notwendiges Anliegen.

Um die Mitte des 19. Jahrhunderts war nämlich die Woge der Romantik verebbt, die zu Beginn des Jahrhunderts – als Reaktion auf den Rationalismus – die religiösen Werte wiederentdeckt hatte. Stattdessen machte sich eine naive Wissenschaftsgläubigkeit breit. Die Forderung, Religion durch Wissenschaft zu ersetzen, gewann neue Vertreter.[78] Der geschickte Popularisator Ernst Haeckel hatte die epochemachende Evolutionstheorie Darwins monistisch ausgelegt und mit antireligiösen Akzenten versehen.[79] Zu gleicher Zeit waren die Führer der aufkommenden proletarischen Bewegung, Marx und Engels, bemüht, zwischen Religion und menschenwürdigerer Neugestaltung der Welt einen unversöhnlichen Gegensatz

[75] Zit. nach: *Koch* 394.
[76] Vgl. ebd. 376 f.
[77] Vgl. *H. Brück*, Geschichte der katholischen Kirche in Deutschland im 19. Jahrhundert, Mainz 1896, III 404 ff.
[78] Vgl. *Aubert*, a. a. O. 14 f.
[79] Vgl. *A. Müller*, Das naturphilosophische Werk Teilhard de Chardins, Freiburg Br. 1964, 30 f.

zu konstruieren.[80] Die Freimaurer, zahlenmäßig gering doch groß an politischem Einfluß, stellten die katholische Kirche als Haupthindernis dar auf dem Wege zur intellektuellen und moralischen Freiheit.[81]
Es war aber auch nicht zu übersehen, daß sowohl die Päpste Gregor XVI. und Pius IX. mit ihren Stellungnahmen gegen die Gewissensfreiheit,[82] sowie auch theologische Beweisführungen zu diesem Thema, für die erwähnten Anschuldigungen den Vorwand lieferten. Bekannt sind die Schwierigkeiten Newmans, mit den päpstlichen Äußerungen zur Gewissensfreiheit fertigzuwerden.[83] Ein gemeinsam erarbeitetes, klares Konzept war also für die Theologie dringend notwendig. Leider kam es in München nicht zur erwünschten Gemeinsamkeit.
Das Vorhaben eines weiteren Treffens in Würzburg wurde bald aufgegeben. Vieles hatte zum Scheitern des guten Vorhabens beigetragen. Hierbei war der Anteil der deutschen Tagespresse, aber auch der römischen ‚Civiltà cattolicà', nicht gering. Ihre Stellungnahmen waren einseitig und ließen alte Antagonismen wieder aufleben. Das Eingreifen des päpstlichen Nuntius in München wirkte ebenfalls mehr störend als beruhigend.[84] Nicht wenig Schuld lag auch bei Döllinger. Zwar haben an seiner Aufrichtigkeit auch die Meinungsgegner, die Neuscholastiker, nicht gezweifelt. Sie machten ihm jedoch den Vorwurf, er habe nicht alles getan, um den Heiligen Stuhl zu beruhigen. Ganz ungeschickt benahm er sich zudem in seiner Einleitungsrede, die er als gewählter Präsident der Gelehrtenversammlung zu halten hatte. An die Neuscholastiker richtete er herausfordernde Worte und spendete zugleich ein betont nationales Lob der deutschen Wissenschaft.[85]
Linsenmann gewahrte die Unzulänglichkeit des Nationalitätsdünkels. Der Theologie konnte er nur schaden. Aber zumindest von der Überlegenheit der deutschen Forschungs- und Arbeitsmethode war auch Linsenmann überzeugt. Über das Werk eines neuscholastischen Moraltheologen schrieb er: „Es gibt, wie nur eine spezifische katholische Theologie, so auch nur eine katholische Moral; aber es gibt eine verschiedene Metho-

[80] Vgl. *K. Marx,* Zur Kritik der Hegelschen Rechtsphilosophie: I. Fetscher (Hg.), Philosophie (Studienausgabe I), Frankfurt/M. 1970, 18: „Die Kritik der Religion ist also im Keim die Kritik des Jammertales, dessen Heiligenschein die Religion ist." – Eine andere Religionskritik vertreten heute die Neomarxisten. Vgl. *R. Garaudy,* Marxismus im 20. Jahrhundert (Rowohlt-Bd. 1148), Reinbek bei Hamburg 1969, 91 ff.
[81] Vgl. *Aubert,* a. a. O. 14 f.
[82] Vgl. DS 2730. 2980.
[83] Vgl. *M. Laros – W. Becker* (Hg.), J. Newman: Ausgewählte Werke, Mainz 1959, IV 160 ff.
[84] Vgl. *Brück,* Geschichte III 410 ff.
[85] Vgl. *Anonymus,* Die Versammlung katholischer Gelehrten: Der Katholik 44 (1864/II) 197 ff.

de zu arbeiten. Und das behaupten wir unbedingt: hätte der Verfasser in deutscher Weise gearbeitet und geschrieben, so müßte das Werk viel Besseres und Brauchbareres geworden sein."[86] Linsenmann stand auch der Scholastik „in der Gestalt, wie sie damals noch den größten Teil der theologischen Schulen mehr oder weniger beherrschte", ablehnend gegenüber. In seinen Augen war dies „ein äußerliches Gerippe von Lehren und Satzungen, ohne belebenden Geist".[87] Aber damit war lediglich die Spät- und Neuscholastik gemeint. Linsenmann hegte kein Ressentiment gegen die Scholastik als solche. Den Nachteil und die Schwäche dieser Haltung meinte er bei Sailer und Hirscher feststellen zu können, deren Anliegen und Verdienste er ansonsten sehr hoch schätzte. Von Hirscher, den er höher einschätzte als Sailer, meinte er doch sagen zu müssen: „Hirscher hat die Schwäche der herrschenden Theologie erkannt, aber nicht überwunden."[88] Linsenmann erwartete mehr von einer Rückkehr zur „älteren, besseren Scholastik", d. h. von einer Rückkehr zu den großen Theologen der Hochscholastik, namentlich zu Thomas von Aquin.[89] Seine eigenen Ausführungen zum Thema ‚Gesetz und Freiheit' bezeichnete Linsenmann als „vernünftiges Raisonnement", durchgeführt „ganz im Geiste der echten thomistischen Theologie".[90]

Bei der Rückkehr zur Scholastik sollte es also auf den Geist und nicht auf den Buchstaben ankommen. Kleutgen und seiner Schule machte Linsenmann den Vorwurf, sie habe das „Studium der Alten" als „Repristinierung" mißverstanden, im Gegensatz zur „geschichtlichen Methode eines Möhler".[91] Was somit Linsenmann unter „echter Scholastik" verstand, war auf keinen gemeinsamen Nenner zu bringen mit dem, was die neuscholastische Schule anstrebte. Daher ist es auch nicht verwunderlich, daß die neuscholastischen Kritiker in der Beurteilung von Linsenmanns Lehre im wesentlichen übereinstimmten. Sie beklagten vor allem – wie Professor Josef *Gundlhuber* aus St. Pölten es formulierte – „so manche Abweichung von der sententia communis Theologorum und der älteren Schulterminologie". Gundlhuber entdeckte in Linsenmanns ‚Lehrbuch der Moraltheologie' sogar einen „etwas liberalen Katholizismus" und glaubte daher, es nur „durchgebildeten glaubensfesten Geistlichen" empfehlen zu können.[92]

[86] Rezension: ThQ 51 (1869) 484.
[87] Richtungen: ThQ 54 (1872) 537 f.
[88] Ebd. 540. Diese kritische Äußerung Linsenmanns überging *E. Scharl* in seinem Werk über Hirscher: Freiheit und Gesetz, Regensburg 1958, 27 f.
[89] Vgl. Richtungen 541.
[90] Lehrbuch 125.
[91] Rezension: ThQ 51 (1969) 128.
[92] Vgl. *J. Grundlhuber*, Rezension zu Linsenmanns Lehrbuch: Theologisch-praktische Quartalschrift, Linz 32 (1879) 322 f.

Gründlicher hatte August *Lehmkuhl* SJ, selbst Verfasser eines Lehrbuches der Moraltheologie, seine Kritik zu Linsenmanns Lehre ausgearbeitet. Obgleich mit „sehr vielen Ausführungen und Behauptungen" Linsenmanns nicht einverstanden, konnte er doch seine Achtung vor dessen Persönlichkeit und Wissenschaft nicht verbergen. Lehmkuhl vermutete, daß Linsenmanns „edler Charakterzug" sich „hie und da zu leicht über unerbittliche Forderungen des Rechts und Gesetzes" hinweggesetzt habe.[93] So komme es, daß auch Linsenmanns Stellung „zu den probabilistischen Systemen" falsch sei. Um Linsenmanns „falsche" Meinungen ausfindig zu machen, bediente sich Lehmkuhl eines Kriteriums, das enthüllend ist in seiner Einfachheit: Immer dort, wo Linsenmann „im formellen Gegensatz zur gewöhnlichen Auffassung die seinige aufstellt, oder wo er ohne Erwähnung jener eine neue Doktrin und Erklärung versucht, unterliegt es keinem Zweifel, daß seine neue Lehre durchaus irrig ist".[94] So klar war für Lehmkuhl der Sachverhalt. Auffallend ist die Sicherheit, mit der er sein Verdikt fällte. Eine kritische Infragestellung der eigenen Position, wie sie Linsenmann als Grundforderung an die Moraltheologie gestellt hatte, wurde hier gar nicht in Betracht gezogen. In einer früheren Rezension hatte Lehmkuhl bemängelt, daß Linsenmann dem „Apparat der probabilistischen Doktrin" das „Gesetz des verständigen Denkens" entgegenstellte, wie es im praktischen Leben der „Tugend der Klugheit zufällt".[95] Das war scharfsinnig und zutreffend gesehen, obwohl damit nicht alles gesagt ist, was Linsenmann in seiner Lösung der ‚Prinzipienfrage' zur Geltung brachte.

Ein ähnliches Urteil über Linsenmanns Lehre kam aus der Feder von Hieronymus *Noldin* SJ. Er war ebenfalls bekannt durch ein eigenes Lehrbuch, das ganz im Sinne der kasuistischen Traktatenmoral geschrieben war. Linsenmanns Ausführungen zum Thema ‚Gesetz und Gewissen' und zum Probabilismus waren nach Noldins Ansicht „ohne Zweifel die schwächste Partie im ganzen Lehrbuch, die am wenigsten befriedigt und den Leser zu irrigen Vorstellungen bringt".[96] Linsenmann habe die Leistung der Vorzeit „viel zu wenig anerkannt und verwertet".[97] Aber Noldin gesteht dann auch, daß manche Äußerungen Linsenmanns zum Probabilismus „von einer tieferen und gründlicheren Erfassung des Sy-

[93] Vgl. *A. Lehmkuhl*, Rezension zu Linsenmanns Lehrbuch: Stimmen aus Maria-Laach 15 (1878) 318 f.
[94] Ebd. 322.
[95] *A. Lehmkuhl*, Rezension zu Pruners Lehrbuch: Stimmen aus Maria-Laach 10 (1876) 482 Anm. 1. Vgl. *ders.*, Theologia moralis, Freiburg Br. ^{4}1887, I 80 Anm. 1.
[96] *H. Noldin*, Rezension zu Linsenmanns Lehrbuch: Zeitschrift für katholische Theologie, Innsbruck (1879/III) 161.
[97] Ebd. 159.

stems und der Bedeutung der durch Jahrhunderte geführten probabilistischen Kontroversen" zeugen, „als es bei vielen Vertretern des Systems selbst der Fall ist".[98] Diese Anerkennung eines Meinungsgegners kann nicht hoch genug eingeschätzt werden. Sie spricht auch für Noldins Redlichkeit. Doch wie Gundlhuber beschließt auch Noldin seine Rezension mit einem Satz, der aufrichtige Sorge um die Orthodoxie in Verfehmung entarten läßt. Noldin weist vielsagend darauf hin, daß Linsenmann „mit Vorliebe" Protestanten zitiere und daß sein Lehrbuch bei den Altkatholiken gute Aufnahme gefunden habe.[99] Nachhaltiger konnte man damals einen katholischen Theologen wohl kaum diskreditieren. Sowohl der liberalistisch inspirierte und ‚protestantisch' sich gebärdende Kulturkampf als auch die Altkatholikenbewegung hatten ja bekanntlich um diese Zeit ihren Höhepunkt erreicht und der Kirche arg zugesetzt. Wer also in die Nähe dieser Bewegungen gebracht wurde, auf den fiel auch ihr Schatten.

Von *protestantischer* Seite hat man Linsenmann genau das zum Vorwurf gemacht, was ihm die neuscholastischen Rezensenten absprachen, nämlich eine Moraltheologie dargeboten zu haben, die mit der kirchlichen Lehre übereinstimmte. In der ‚Theologischen Literaturzeitung' bemängelte der Rezensent Martin Kähler, daß Linsenmann bei der Behandlung des Probabilismus „für das nun einmal kirchlich Gegebene" eine Verteidigung ausübe, „über deren bona fides man doch bisweilen zweifelhaft werden möchte". Kähler lobte jedoch Linsenmann dafür, daß sein Lehrbuch „noch stark bewegt von Möhlerschen Anregungen, gut römisch, aber durchaus nicht jesuitisch kirchlich" sei.[100] Mit der ‚jesuitischen' Moral war die nachtridentinische Traktatenmoral gemeint, die durch die Neuscholastiker aufgegriffen und fortgesetzt wurde.[101]

Um die Jahrhundertwende war die Auseinandersetzung innerhalb der katholischen Theologie "vollkommen zur Ruhe gekommen".[102]. Die neuscholastische Richtung beherrschte das Feld. Josef *Mausbach* schreibt in seinem mehrmals aufgelegten Werk ‚Die katholische Moral und ihre Gegner', daß sein Anliegen in der „Apologie der katholischen Moralgrundlagen" gegen Angriffe von außen bestehe.[103] Mausbach meint vor allem die berüchtigte Schmähschrift des Stettiner Buchhändlers Graßmann ‚Auszüge aus der Moraltheologie des hl. Alphonsus Maria de Liguori

[98] Ebd. 161 f.
[99] Vgl. ebd. 165.
[100] Vgl. *M. Kähler,* Doppelrezension zu den Lehrbüchern der Moraltheologie von Schwane und Linsenmann: Theologische Literaturzeitung 10 (1881) 241 f.
[101] Vgl. *F. Tillmann,* Die Idee der Nachfolge Christi, Düsseldorf 1934, 34.
[102] *J. Mausbach,* Die katholische Moral und ihre Gegner, Köln [4]1913, S. V.
[103] Vgl. ebd. S. VIII.

und die furchtbare Gefahr dieser Moraltheologie für die Sittlichkeit der Völker', die Streitschrift des Marburger Professors Herrmann ,Römische und evangelische Sittlichkeit' und die polemischen Schriften des zum Protestantismus übergetretenen Jesuiten Graf Paul von Hoensbroech.[104] Bei der Besprechung des Probabilismus brachte Mausbach nur beiläufig an, daß Linsenmanns Kritik „zum Teil nicht stichhaltig" sei. Auch seine Meinung, daß zwischen dem Probabilismus und der nominalistischen Theologie ein Zusammenhang bestehe, sei „unrichtig".[105] Um die Begründung dieser Einwände bemühte sich Mausbach nicht. Sein Hauptinteresse, und auch das seiner Leser, galt längst nicht mehr dem Probabilismus. Noch 1874 und danach hatten sich Jesuiten und Redemptoristen leidenschaftlich um die Frage gestritten, ob Liguori gemäßigter Probabilist oder Äquiprobabilist gewesen war. Jetzt, um die Jahrhundertwende und später, wurden die probabilistischen Systeme als gegeben hingenommen. In der Moraltheologie wurde wieder, wie in der nachtridentinischen Zeit, die Kasuistik zur vorherrschenden Methode. Mausbach vermerkte zwar, daß die „älteste Form der kirchlichen Moralliteratur" die aszetisch-mystische war.[106] Er zitierte auch Linsenmanns Meinung: „Diese Mystik enthält erst eigentlich die *christliche* Moral."[107] Aber während Linsenmann noch bedauerte, daß in der katholischen Theologie „Pflichtenlehre (Kasuistik, richtige Sündenlehre) und Tugendlehre (Anleitung zur christlichen Vollkommenheit)" auseinandergerissen wurden,[108] wertete es Mausbach als Zeichen des Reichtums, daß der Drang nach „Heiligung und Vervollkommnung" eine selbständige literarische Form gefunden habe.[109] Ein beachtlicher Unterschied. Das Bestehende wird nicht mehr kritisch hinterfragt, wie bei Linsenmann, sondern als das Bessere zu deuten versucht und auch verteidigt.

Diese Wende war früher eingetreten. Schon 1872 mußte Linsenmann gestehen: „Dem heutigen Geschlecht (ist) Hirschers Geist und Richtung fremd geworden. Und es ist nicht etwa ein Überholen, ein Weiterbilden der von ihm angeregten Ideen; wir sind, wenn wir's nach der großen Masse nehmen, kaum in einigen Stücken über Hirscher hinaus, in bedeutenden Punkten aber hinter ihn zurückgekommen. Der Umschlag erfolgte ziemlich rasch."[110] Im allgemeinen Trend zur nachtridentinischen Kasuistik bildete Linsenmanns Lehrbuch eine Ausnahme, „hat es aber

[104] Vgl. ebd. 1 f., 3 ff., 6.
[105] Ebd. 192 Anm. 3.
[106] Vgl. ebd. 74.
[107] Lehrbuch 27.
[108] Vgl. ebd. 27.
[109] Vgl. *Mausbach,* a. a. O. 76.
[110] Richtungen: ThQ 54 (1872) 539.

bezeichnenderweise über die erste Auflage nicht hinausgebracht"[111]. Die allgemeine Entwicklung war gegen ihn. Schon Linsenmanns Schüler und zweiter Nachfolger, Anton Koch, war im eigenen ,Lehrbuch der Moraltheologie' seinem Lehrer nicht immer gefolgt, obwohl er im Vorwort von allerengster Anlehnung an Linsenmann sprach.[112] Wenn man *Prümmer* glauben wollte, dann bestände zwischen Linsenmann und Koch ein wesentlicher Unterschied, der bis in die Rechtgläubigkeit hineinreicht. Linsenmanns Lehrbuch beurteilte er als „opus clarum –, sed non semper rectum", dagegen Kochs Lehrbuch als „opus dans solidam et claram doctrinam".[113] Aber Prümmers Urteil ist nicht frei von Voreingenommenheit. Sailer und Hirscher hat er in seinen Autorenkatalog gar nicht aufgenommen. Indirekt wurde damit ein noch härteres Urteil ausgesprochen als gegen Linsenmann. Aber was noch schwerer wiegt: eine bestimmte theologische Richtung wird mit *der* Theologie der Kirche gleichgesetzt. Demzufolge werden dann die Vertreter anderer theologischer Richtungen verketzert. Vor dieser Versuchung hatten die Tübinger Mattes und Hefele schon 1863 die Neuscholastiker gewarnt.[114]
In den dreißiger Jahren unseres Jahrhunderts findet man wieder anerkennende Worte für Linsenmann. Fritz *Tillmann* ist der Meinung, daß sich Linsenmanns Lehrbuch durch „viele Vorzüge" auszeichne.[115] Tillmann hält auch Linsenmanns Kritik am Probabilismus für zutreffend und stellt sich hinter seine These: „Wo das Vorhandensein oder die Verbindlichkeit eines positiven Gesetzes wirklich zweifelhaft ist, und wo nicht Amt oder Beruf bestimmte Rücksichten auflegen, sind wir nicht berechtigt, sondern verpflichtet, nach unserer moralischen Überzeugung zu handeln, sei es nun für oder wider das Gesetz. Denn über den positiven und vergänglichen Gesetzen stehen die ewigen und unveränderlichen Gesetze der Wahrheit und Gerechtigkeit, aus welchen der denkende Geist seine moralische Überzeugung sich bildet. Diese moralische Überzeugung ist jene fides, von welcher der Apostel sagt: ,omne, quod non est ex fide, peccatum est.' Röm 14, 23."[116] Ebenso anerkennend stellte sich Bernhard *Häring* hinter Linsenmann mit folgenden Worten: „Der Tendenz zur Verrechtlichung der Moral stellt er die Grundidee von der Freiheit der Gotteskinder kraftvoll gegenüber. ... Sein ,Lehrbuch der Moraltheologie' ist eine glückliche Verbindung der spekulativen mit der praktischen, den

[111] *Tillmann*, a. a. O. 41.
[112] Vgl. *A. Koch*, Lehrbuch der Moraltheologie, Freiburg Br. 1905. Vorwort zur 1. Auflage, S. V.
[113] *D. M. Prümmer* OP, Manuale theologiae moralis, Freiburg [9]1940, I S. XXV., XXVI.
[114] Vgl. ThQ 45 (1863) 369 ff.
[115] Vgl. *Tillmann*, a. a. O. 41.
[116] Vgl. ebd. 35 f., 36 Anm. 2; vgl. Untersuchungen: ThQ 53 (1871) 74.

Zeitproblemen zugewandten Methode, sowie der statischen Normwissenschaft mit dem Wachstumsgedanken. ... Es ist zu bedauern, daß sich Linsenmanns Moral in seiner Zeit nicht stärker durchsetzen konnte."[117] Nicht zufällig haben sich sowohl Tillmann als auch Häring um die Fortsetzung der „biblisch fundierten" Moral eines Sailer und Hirscher bemüht, als deren Kontinuator sie auch Linsenmann einschätzten.[118]

Den „Grundzügen des christlichen Ethos nach F. X. Linsenmann" hat Alfons *Auer* seine Dissertation gewidmet.[119] Ein Jahr später veröffentlichte Auer einen Artikel, in dem er sich auf Linsenmanns Lehre über Gesetz und Freiheit konzentrierte.[120] Das Fazit seiner Untersuchungen lautet: Linsenmanns Anschauung über das Verhältnis von Gesetz und Freiheit ist „nicht in allem nur sein Eigengut"; sein Verdienst besteht darin, „bedeutsame Ansatzpunkte", die seit Mitte des 19. Jahrhunderts in der Moraltheologie auftauchten, „gesehen und auf ihnen weitergebaut zu haben".[121] Auer vermutet insbesondere den Einfluß von Karl Werner, Magnus Jocham und Moritz Aberle, gibt jedoch zu, daß „bei Linsenmann kaum konkrete Hinweise darauf vorliegen".[122]

Beachtenswerte Informationen über das 19. Jahrhundert und Linsenmann enthält die Dissertation von Paul *Hadrossek*.[123] Seine Untersuchungen beginnen mit der ‚Thomas-Renaissance' in Deutschland um 1848. Richtiger besehen war es eine Renaissance der Thomas-Kommentatoren. Unter siebzehn deutschen Moraltheologen wird auch Linsenmann berücksichtigt. Hadrossek würdigt ihn als „bedeutendsten Kritiker" der siebziger Jahre und „wachen Mahner" gegen den Geist der „Verrechtlichung der Moral".[124]

An den Arbeiten von Auer und Hadrossek orientierten sich Otto *Schaffner*[125] und Josef *Rief*.[126] Honoratus *Diederich* hat in seiner Darlegung von Beispielen „personaler Gewissensmoral" auch dem „Gewissen als ‚Pflichtgefühl' nach Fr. X. Linsenmann" seine Aufmerksamkeit gewid-

[117] *Häring*, Das Gesetz Christi I 68.

[118] Vgl. ebd. 29 f., 72.

[119] Vgl. *A. Auer*, Grundzüge des christlichen Ethos nach F. X. Linsenmann (Manuskript), Tübingen 1947.

[120] Vgl. *A. Auer*, Gesetz und Freiheit im Verhältnis von Gott und Mensch bei Franz Xaver Linsenmann: Ph. Weindel – R. Hofmann (Hg.), Der Mensch vor Gott, Düsseldorf 1948, 246–263.

[121] *Auer*, Gesetz und Freiheit 258.

[122] Ebd. 258.

[123] *P. Hadrossek*, Die Bedeutung des Systemgedankens für die Moraltheologie in Deutschland seit der Thomas-Renaissance, München 1950.

[124] Ebd. 2 f.

[125] O. *Schaffner*, Das Moralprinzip bei den Tübinger Theologen im Wandel der letzten 150 Jahre: J. Ratzinger – W. Kasper (Hg.), Theologie im Wandel, München 1967, 600 ff.

[126] *J. Rief*, Zum theologischen Charakter der Moraltheologie: Theologie im Wandel 531 ff.

met und das „psychische Phänomen“ als Charakteristikum des Gewissensbegriffs bei Linsenmann hervorgehoben.[127]
Es ist verwunderlich, daß Josef Rupert *Geiselmann* in seiner Arbeit ‚Die Katholische Tübinger Schule‘ Linsenmann nicht einmal erwähnt.[128] Linsenmanns Zugehörigkeit zu den „hervorragenden Lehrern und Gelehrten“ der katholischen Tübinger Schule hatte schon 1901 F. X. Funk bezeugt.[129] Heute wird auch protestantischerseits hervorgehoben, daß Linsenmann ein „kraft- und geistvoller Vertreter Tübinger Tradition“ gewesen war.[130]

5. Linsenmanns Anliegen und Methode

Während in der ersten Hälfte des 19. Jahrhunderts Sailer und Hirscher die Folgen einer aufklärerischen Vernunftmoral bekämpften und ihr eine biblisch fundierte Moral entgegenstellten, hat Linsenmann in der zweiten Hälfte einer anwachsenden Tendenz zur Verrechtlichung der Moral die „evangelische Grundidee“ von der „Freiheit der Gotteskinder“ gegenübergestellt.[131] Den neuscholastischen Vertretern des Probabilismus versuchte Linsenmann klarzumachen, wie sehr die Streitigkeiten um die ‚Systeme der Probabilität‘ dem Grundanliegen der *evangelischen Freiheit* zuwiderlaufen und in der Sackgasse kleinlicher Kasuistik enden. Den Protestanten gegenüber versuchte Linsenmann aufzuweisen, daß in der nachtridentinischen ‚Jesuitenmoral‘ das Anliegen der ‚evangelischen Freiheit‘ nicht völlig vernachlässigt und preisgegeben wurde. Der Probabilistenstreit hat es leider mehr verdeckt als zur Geltung gebracht. Linsenmann schrieb hierzu: „Das Grundgebrechen dieser Sittenlehre liegt nicht in Äußerlichkeiten, sondern in ihren wissenschaftlichen Grundlagen. Die Jesuitenmoral ist ein Produkt der Spätscholastik, welche sich zur echten spekulativen Theologie verhält wie die Sophistik zum Platonismus.“[132] Von einer neuen, besseren Lösung der ‚Prinzipienfrage‘, wie sich das sittliche Gesetz zur evangelischen Freiheit verhalte, erhoffte Linsenmann die Gesundung der vorherrschenden Moral. Man mußte unbedingt bei dieser Kernfrage ansetzen.
Zur Lösung dieser Kern- oder Prinzipienfrage bediente sich Linsenmann einer Methode, die er selber – jedoch erst in seinem Lehrbuch 1878 – als *Vermittlung* bezeichnete und nicht mit der ‚Hegelschen Dialektik‘

[127] Vgl. *H. Diederich*, Kompetenz des Gewissens, Freiburg Br. 1969, 169.
[128] Vgl. *Geiselmann*, Die katholische Tübinger Schule 614.
[129] Vgl. *F. X. Funk*, Tübingen, Universität in Württemberg: WW XII 124.
[130] Vgl. *J. Klein*, Linsenmann, Franz Xaver: RGG IV 382 f.
[131] Vgl. *Häring*, Das Gesetz Christi I 63. 68.
[132] Richtungen: ThQ 54 (1872) 545.

verwechselt wissen wollte. Linsenmann führt nicht aus, worin sich seine Methode von der Dialektik Hegels unterscheide. Er schreibt lediglich: „Wir hoffen im Verlaufe unserer Darstellung zu zeigen, wie wir diese Vermittlung in der Anwendung auf sittliche Probleme verstehen."[133]
Allgemein ist unter Vermittlung das Zusammenführen von Gegensätzen auf eine Mitte hin gemeint. Die erreichte Einigung muß allerdings mit neu auftretenden Gegensätzen auch wieder ‚vermittelt' werden. Hierbei soll ein Endzustand erreicht werden, d. h. eine ‚letzte' zusammenfassende Mitte. Vermittlung ist also mit Dialektik notwendig verbunden.[134] In der Vorstellung des Endzustandes, der letzten zusammenfassenden Mitte, liegt der Unterschied zwischen mittelalterlicher und Hegelscher Vermittlung. Hegel lehrt die ‚totale Vermittlung'.[135] Er glaubt an ein ‚absolutes Wissen' an dem der Mensch partizipiert und in dem alle Gegensätze aufgehoben werden.[136] Die mittelalterliche Metaphysik betonte die Begrenztheit menschlicher Reflexion, die das Absolute nicht zu übergreifen vermag. Die Klammer also, die alle Gegensätze übergreift und in einer ‚letzten' Mitte vereint, bleibt ein *Geheimnis,* aus dem Gott selber zu uns spricht.[137] Das Bedeutungsfeld des Wortes ‚Geheimnis' darf hierbei nicht gnostisch eingeengt und negativ aufgefaßt werden als Grenzbegriff des Vernünftigen. Vielmehr ist unter Geheimnis die Vollendung zu verstehen, „in der sich das wahre Wesen des Geistes wirklich enthüllt", aber nicht schon auf Erden, sondern als Inhalt der Seligkeit.[138]
In der Tübinger Schule war die dialektische Methode in der ersten Hälfte des 19. Jahrhunderts stark vertreten.[139] Der Dogmatiker Kuhn hatte versucht, mit dem Instrumentarium der Geistphilosophie und der Dialektik Hegels ein Verständnis der Offenbarung und ihrer Geschichte zu gewinnen.[140] Noch früher hatte Drey sich von dem Grundsatz leiten lassen, daß die Wahrheit vollkommen nur durch die Gegenüberstellung der Gegensätze erkannt wird, „weil jede zeitliche Gestaltung ihren Gegensatz hervorruft und nur durch ihn ihre Bestimmtheit erhält".[141] Schließlich bleibt noch die ‚Real-Dialektik' Möhlers zu erwähnen,[142] den Lin-

[133] Lehrbuch 7.
[134] Vgl. *J. Möller,* Vermittlung: HthG IV 338.
[135] Vgl. *K. Lehmann,* Vermittlung: LThk X 718.
[136] Vgl. *Möller,* a. a. O. 339 f.
[137] Vgl. ebd. 340.
[138] Vgl. *K. Rahner,* Geheimnis: HthG II 77.
[139] Vgl. *Welte,* Auf der Spur des Ewigen 394; vgl. *Geiselmann,* Die katholische Tübinger Schule 369–425.
[140] Vgl. *H. Fries,* Tübinger Schule: LThK X 391.
[141] *J. S. Drey,* Kurze Einleitung in das Studium der Theologie, Tübingen 1819, § 247. 165.
[142] Vgl. *J. R. Geiselmann,* Dogma: HthG I 267.

senmann schätzte. Schwer zu sagen, von wem Linsenmann mehr beeinflußt wurde. Er selbst beruft sich auf die scholastische Tradition: „Der Gedankenprozeß einer solchen Vermittlung findet sich überall in der theologischen Spekulation; sehr deutlich tritt er z. B. zu Tage in der scholastischen Lehre von der Gotteserkenntnis auf dem dreifachen Wege, via negationis, via positionis, via eminentiae."[143]

Die Scholastik betrachtete die Dialektik als Methode der Gotteserkenntnis und der Wahrheit schlechthin. Die ‚Quaestio' war auf der Dynamik des ‚Sic et non' aufgebaut. An der Schwelle zur Neuzeit lehrte Nikolaus von Kues, daß sich Gott, die unendliche Wahrheit, dem endlichen Geist als ‚coincidentia oppositorum' offenbare, d. h. als Ineinsfall der Gegensätze.[144] Die Tübinger Schule hat unter dem Stichwort ‚Geschichtlichkeit der Offenbarung' und ‚Dogmenentwicklung' mit dem Gegensatz gerungen, der darin besteht, daß sich Gott, ewige Wahrheit bleibend, im Akt der Offenbarung in die Grenzen der Zeitlichkeit entäußert.[145] Linsenmann wollte einen anderen Gegensatz einer Klarstellung näherbringen, nämlich die *‚Antinomie'* von Gesetz und Freiheit. Im Unterschied zu Drey, Kuhn und Möhler interessierte sich Linsenmann für den dynamischen Aspekt der Entwicklung nur nebensächlich, obwohl dieses Thema nach der Dogmenentwicklung nun auch im ethischen Bereich hätte nachfolgen müssen. Aber die Frage, wie sich Geschichtlichkeit auf die Verbindlichkeit des sittlichen Gesetzes auswirkt, ist zwar ansatzmäßig früh aufgetaucht,[146] wurde jedoch in aller Radikalität erst im 20. Jahrhundert gestellt. Linsenmanns Antinomie liegt noch davor.

Seine Methode der Vermittlung soll grundsätzlich den *statisch* verstandenen Gegensatz zwischen Gesetz und Freiheit erhellen, eine Antinomie, die er auch als Dualismus zu bezeichnen pflegte.[147]

Die Methode der Vermittlung wird uns – nach Linsenmanns Ansicht – durch die Struktur der Wirklichkeit als die einzig richtige nahegelegt. Denn in der „theistischen Weltanschauung", die einen „persönlichen Gott" kennt, bietet sich uns die gesamte Wirklichkeit in der Form von „gegensätzlichen Bestimmungen, Antinomien" dar, „welche in einer höheren Einheit ausgeglichen werden müssen".[148] Der Weg zur Wahrheitserkenntnis

[143] Lehrbuch 7. – Die drei Wege wurden erstmals von Pseudo-Dionysius, Ende des 5. Jahrhunderts, erwähnt.

[144] Vgl. *J. B. Lotz,* Dialektik: W. Brugger (Hg.), Philosophisches Wörterbuch, Freiburg Br. [13]1967, 64.

[145] Vgl. *Geiselmann,* Dogma 265–271; *ders.,* Die katholische Tübinger Schule 610; vgl. *Welte,* Auf der Spur des Ewigen 394.

[146] Vgl. *L. Oeing-Hanhoff,* Der Mensch – Natur oder Geschichte?: F. Henrich (Hg.), Naturgesetz und christliche Ethik, München 1970, 23. 29. 31. 35.

[147] Vgl. Lehrbuch 12. 17.

[148] Ebd. 5 f.

führt über die Einsicht, daß die Antinomien keine unversöhnlichen Gegensätze sind, daß sie also auch nicht für gegenseitig sich „ausschließende Widersprüche“ gehalten werden dürfen.[149] Das „Denken auf der niedrigeren Stufe“ erliegt jedoch immer wieder der Versuchung, ein Glied der Antinomie auszuscheiden und nur das andere in Betracht zu ziehen. Durch den „blendenden Anschein von Konsequenz“ wirkt diese Einseitigkeit bestechend. Sie verleiht dem „Pantheismus wie dem Materialismus“ die Anziehungskraft. Aber das ist nicht die redliche, sondern die „leichtere Art“ des Denkens. „Wo dem Pantheisten die Probleme aufhören, da fangen sie dem Theisten erst recht an.“[150]
Mit diesem Vorverständnis, das die Antinomie zwischen Gesetz und Freiheit als Teilbereich der allgemein vorherrschenden Gegensätzlichkeit begreift, ging Linsenmann an die Lösung der Kern- oder Prinzipienfrage heran. In ihr sind – nach Linsenmanns Meinung – drei Fragen enthalten. Er nannte sie auch die „drei Hauptfragen“.[151] Für die erste wählte Linsenmann das Stichwort *Legalismus*. Mit dem Stichwort Legalismus war die protestantische Anklage gemeint, aber nur als Ausgangspunkt der Erwägungen, die im Kern der klärenden Frage gewidmet sind, wie weit es unerläßlich und aus der Sicht des Evangeliums auch legitim ist, den christlichen Auftrag als gesatzte Norm zu verkünden. Erst nach Klärung dieser grundlegenden Vorfrage kann die zweite Frage angegangen werden, die durch das Stichwort *Probabilismus* genügend gekennzeichnet ist. Schließlich bleibt dann noch eine abschließende, dritte Frage, wie weit der Probabilismus das Mißverständnis einer *Doppelmoral* gefördert hat. Dem Probabilismus wurde nämlich der Vorwurf gemacht, er habe den christlichen Auftrag zu einer bequemen Weltmoral abgeschwächt und damit verfälscht. Das eigentlich Christliche habe er in einer Vollkommenheitsmoral verwiesen, die nur für Auserwählte erreichbar war.

In vorliegender Arbeit soll jeder ‚Hauptfrage‘ ein eigenes Kapitel gewidmet werden.

[149] Vgl. ebd. 6.
[150] Ebd. 7.
[151] Untersuchungen: ThQ 53 (1871) 68.

Erstes Kapitel

Das befreiende Gesetz

Ist es der Kirche erlaubt, konkrete Verhaltensnormen zu erstellen oder zu sanktionieren und ihren Gläubigen verbindlich aufzuerlegen? Erfüllt die Kirche in dieser Funktion einen göttlichen Auftrag, oder erliegt sie vielmehr einer Versuchung, die als Legalismus verurteilt und abgewiesen werden muß? Das ist, nach Linsenmanns Ansicht, die *erste* der drei Hauptfragen, mit denen sich die katholische Moraltheologie kritisch auseinandersetzen sollte.

Durch die Reformation wurde die Frage in den Mittelpunkt der theologischen Auseinandersetzung gerückt. Im 19. Jahrhundert hat die katholische Tübinger Schule die Diskussion mit beispielhafter Redlichkeit geführt. Linsenmann folgte dieser Tradition, der es um Klarstellungen und nicht um polemische Erfolge ging. Die grundsätzliche Einstellung zum Diskussionspartner war das Verstehenwollen. Darum setzte auch Linsenmann an den Anfang seiner ‚Untersuchungen über die Lehre von Gesetz und Freiheit' von 1871/72 die „stehende Anklage der spezifisch protestantischen Theologie gegen die Moral der römisch-katholischen Kirche".[1]

Wir wollen den Gedankengang und die Art der Beweisführung Linsenmanns möglichst getreu wiedergeben. Seine ‚Untersuchungen', der Hauptbeitrag zur vorliegenden Frage, sollen – ihrer Bedeutung gemäß – die Grundorientierung liefern. Ergänzende Aspekte entnehmen wir weiteren Schriften Linsenmanns, die in der Einführung besprochen wurden.

Zunächst war Linsenmann bemüht, die allgemeinen Inhalte der protestantischen und katholischen Position zum Thema ‚Gesetz und Freiheit' zu umreißen. Hierbei blieben Detailfragen außerhalb seines Blickfeldes. Es geht ums Grundsätzliche. Entscheidende Bedeutung kam der Frage zu, ob Christus Gesetzgeber war. Eine möglichst unvoreingenommene Auslegung des Evangeliums ist das Hauptproblem. Weder die pro-

[1] Untersuchungen: ThQ 53 (1871) 67.

testantische noch die katholische Antwort, soweit sie als Gegensatz zur protestantischen formuliert worden war, befriedigte Linsenmann. Seiner Meinung nach hatte man beiderseits nicht beachtet, daß das Gesetz, aus evangelischer Sicht eine *dienende,* den Menschen *befreiende* Funktion zu erfüllen habe. Doch bevor wir zu diesem Kern vorstoßen, wollen wir mit Linsenmann die protestantische Anklage analysieren.

1. Die protestantische Anklage

Linsenmann stellt die protestantische Anklage gegen die katholische Moral an den Anfang seiner Untersuchungen, um das berechtigte Anliegen der Anklage von Mißverständnissen abzuheben und einer Klärung näherzubringen.

Der wahre Kern und das Mißverständnis

In der protestantischen Anklage wird behauptet, die katholische Moraltheologie habe die evangelische Freiheit dem Gesetz geopfert.[2] Die knappe Aussage enthält eine vernichtende Kritik. Sie besagt nämlich, daß das Grundkerygma, die Freiheit der Kinder Gottes, von der katholischen Moral längst aufgegeben wurde. Katholische Sittlichkeit gehe „vorherrschend oder fast ausschließlich in Äußerlichkeiten“ auf, im „Quantitativen, im Wäg- und Meßbaren des sittlichen Lebens“.[3]
Linsenmann entdeckte in diesem Vorwurf zunächst „ein Korn von Wahrheit“, das er „anerkennen und zur Geltung kommen lassen wollte“.[4] Die Vergesetzlichung der katholischen Moral hatte tatsächlich bedrohliche Ausmaße angenommen. Linsenmann mußte dies in seiner Situationsbeschreibung von 1871 zugestehen: „Wer nun die neuesten Erscheinungen auf dem Gebiet der katholischen Moraltheologie beobachtet, der kann sich kaum der Befürchtung erwehren, daß diese Wissenschaft im ganzen in einem Rückgang begriffen sei, indem man mehr als je die christliche Sitte in der Beobachtung der Canones, der legalen Bestimmungen kirchlicher Gesetzgebung, aufgehen zu lassen scheint, freilich zunächst mehr in der Praxis als in der Theorie.“[5]
Anderseits war die protestantische Anklage nicht frei von Voreingenommenheit und Mißverständnissen. Linsenmann wies vor allem darauf hin,

[2] Vgl. ebd. 71.
[3] *Ullmann,* Reformatoren vor der Reformation, Hamburg 1841, I, S. XIV; zit. nach: Untersuchungen 95 Anm. 1.
[4] Lehrbuch 66.
[5] Untersuchungen 66.

daß die protestantische Gesetzeslehre durchaus nicht das Ergebnis unvoreingenommener Schriftauslegung sei. Darin bestand das eigentliche und von der Sache her auch gewichtigste Bedenken Linsenmanns gegenüber der protestantischen Gesetzeslehre. Seiner Meinung nach war die ablehnende Haltung dem Gesetz gegenüber bedingt durch das Materialprinzip der reformatorischen Lehre, nämlich durch das ‚Dogma‘ von der Rechtfertigung allein aus dem Glauben.[6] „Es ist die unmittelbarste und nächste Folgerung aus der lutherischen Rechtfertigungslehre, daß nicht aus den Werken des Gesetzes, sondern allein aus dem Glauben an das durch Christus uns bereitete Heil unsere Gerechtigkeit ist. Danach enthielte es einen Widerspruch gegen das ‚Evangelium‘, Christus als Gesetzgeber zu denken, da ja Christus eben deswegen gekommen, um uns von dem Joch des Gesetzes zu befreien, indem er als unser Mittler an unserer Statt das Gesetz erfüllte."[7]

Als Linsenmann diese Worte schrieb (1871–72), war in der protestantischen Kirche noch die Erneuerung und kritische Besinnung wirksam, die von Schleiermacher, zu Beginn des 19. Jahrhunderts, ausgegangen war. Über die Rechtfertigungslehre war auch die Gesetzestheologie in die Diskussion einbezogen. Aber der eigentliche Anlaß zur kritischen Besinnung über Begriff und Funktion des Gesetzes kam, über Jahrhunderte hinweg, immer wieder aus dem unbewältigten Widerspruch zwischen der Gesetzeslehre von Luther und Calvin.

Kritische Besinnung

Calvin setzte der Gesetzeslehre Luthers seine eigene entgegen, die eigentlich die überlieferte, katholische war. Im reformatorischen Lager stand also Luthers Lehre über das Verhältnis von Gesetz und Evangelium nicht unangefochten da. Luther behauptete, die eigentliche Rolle des Gesetzes, der ‚praecipuus usus‘, bestehe darin, uns vor Gott anzuklagen und der Sünde zu überführen. Calvin blieb bei der scholastischen Lehre, die dem Gesetz als ‚praecipuus usus‘ die Aufgabe zugewiesen hatte, Wegweiser zu Gott zu sein.[8]

Der Unterschied zwischen Calvin und Luther darf nicht vorrangig polemisch gedeutet werden. Er ist vielmehr ein Zeichen dafür, wie schwierig es war (und noch ist), für das Problem ‚Gesetz und Evangelium‘ eine befriedigende Lösung zu finden. Die Schwierigkeit wurde mit der Zeit nicht geringer. Heute kommen Meinungsverschiedenheiten über die „rich-

[6] Vgl. Lehrbuch 66.
[7] Untersuchungen 69.
[8] Vgl. *E. Wolf*, Gesetz und Evangelium: Evangelisches Kirchenlexikon, Göttingen ²1961, I 1560.

tige Interpretation des ursprünglichen Zeugnisses der Reformation" hinzu.[9]

Seit dem Vortrag von Karl Barth ‚Evangelium und Gesetz' (1935) steht die Frage zur Diskussion, ob man mit Luther Gesetz und Evangelium überhaupt trennen dürfe und „in welchem Sinne überhaupt von einem Gegensatz zwischen Gesetz und Evangelium geredet werden darf".[10] Gegenstand der Diskussion ist also der Gesetzes*begriff* und die *Funktion*, die dem Gesetz im Leben eines Christen, gemäß dem Evangelium, zukommen soll. Auf diese Aspekte hatte auch Linsenmann sein Hauptinteresse gerichtet.

An Luthers Gesetzeslehre mußten auch aus der *praktischen* Sicht der Lebensbewältigung Zweifel aufkommen. Der Mensch braucht für seinen Alltag konkrete, richtungweisende und damit auch entlastende Verhaltensnormen. Durch die Ablehnung der Weisungsfunktion des Gesetzes hat Luther das Einzelgewissen überfordert. Das war ebenso verhängnisvoll wie die Entmündigung des Einzelgewissens durch die spätscholastische Kasuistik, die Luther mit Recht bekämpfte. Darüber hinaus hatte Luthers Zwei-Reiche-Lehre, die strikte Trennung zwischen dem Reich Gottes und dem Reich dieser Welt, den einzelnen zu einer gespaltenen Existenz verurteilt. Er war Christmensch einerseits und Weltmensch anderseits. Einige protestantische Theologen gelangten zu Linsenmanns Zeit zur Einsicht, daß die evangelische Freiheit „keine regel- und gesetzlose sein dürfe".[11] Evangelische Freiheit bedeute „Aufhebung nicht aller und jeder Schranke, die dem Subjekt gesetzt sein könnte, sondern der Schranken, die dem Christmenschen Sünde, Welt, Gesetz, menschliche Autorität im Widerspruch mit dem Evangelium auferlegen wollen".[12]

Linsenmann nahm diese Stellungnahmen mit Genugtuung zur Kenntnis. Die Anklage gegen die katholische Moral wurde indirekt berichtigt. Man lehnte die ‚Werke' nicht mehr pauschal ab,[13] sondern verlangte sie als notwendige Bestätigung des Glaubens. Eine zeitgenössische protestantische Sittenlehre schrieb hierzu: „Alle Seligkeit wird ohne unser Verdienst allein aus Gnade uns zuteil, aber die guten Werke sind als die notwendige Wirkung des wahren Glaubens die sichere Bewährung desselben."[14]

[9] Vgl. *W. H. van de Pol,* Das Zeugnis der Reformatoren, Essen 1963, 29.
[10] *W. Jost,* Gesetz und Evangelium: RGG II 1526.
[11] Untersuchungen 94.
[12] *Ullmann,* a. a. O. XVIII; zit. nach: Untersuchungen 94 Anm. 1.
[13] O. H. Pesch ist der Meinung, daß bereits in der Lehre Luthers die Werke einen wesentlichen Platz eingenommen hatten. Vgl. *O. H. Pesch,* Gesetz und Evangelium, Luthers Lehre im Blick auf das moraltheologische Problem des ethischen Normenzerfalls: ThQ 149 (1969) 331 f.
[14] *A. Wuttke,* Handbuch der christlichen Sittenlehre, I 182; zit. nach: Untersuchungen 70 Anm. 1.

Nicht zu übersehen ist jedoch folgendes: Rechtfertigung und Sittlichkeit blieben getrennt. Weiterhin wurde in der protestantischen Theologie übereinstimmend gelehrt, das Heil sei einzig und allein durch den Glauben bedingt und nicht *auch* – wie die katholische Theologie lehrte – durch menschliche Mitwirkung.

Anderseits war es gerade aus moraltheologischer Sicht nicht unwichtig, daß die Mitwirkung, verstanden als Beobachtung des Sittengesetzes, als *Frucht* der Wiedergeburt gesehen und gefordert wurde. „Erst von dieser Position aus" – meinte Linsenmann – „gibt es für den Protestanten wieder eine Moraltheologie; denn es muß jetzt die Verbindlichkeit eines Sittengesetzes, näherhin eines evangelischen Gesetzes, wieder anerkannt werden."[15]

Die ‚neuere protestantische Theologie' sah nicht mehr im Gesetz als solchem einen Widerpart evangelischer Freiheit. Sie betonte lediglich, „daß das neue Gesetz nicht als ein gegenständliches, äußerlich positives, in Satzungen formuliertes, sondern nur als ein rein innerliches gefaßt werde".[16] Das war in den Augen Linsenmanns eine beachtliche Wende und Anlaß zur Hoffnung auf eine Verständigung.

Bedingungen der Verständigung

Linsenmann deutet die kritische Besinnung innerhalb der protestantischen Theologie als „Abschwächung" von Luthers „schroffen Aufstellungen".[17] Auf der so verstandenen Wende baute er seine Hoffnung auf, „eine Verständigung über den gesetzlichen Charakter der Sittenlehre des Evangeliums" ließe sich nun „leicht erzielen".[18] Hier unterschätzte Linsenmann die Wirkkraft alteingesessener Vorurteile. Aber seine Forderungen, die er an beide Seiten richtete, waren nüchtern und zutreffend gewählt. Die Vertreter der Reformation sollten einsehen, „daß auch der Protestantismus, sofern er sich überhaupt noch als Religion behaupten will, eines gemeinschaftsbildenden Prinzips, einer Verfassung und organisatorischer Gesetze (Sakramente, Disziplinvorschriften usw.) bedarf".[19] Ähnlich lautet eines der Postulate, von denen etwa sechzig Jahre später Paul Tillich die Zukunft des Protestantismus abhängig machen wird. Demnach würde der Protestantismus nur überleben, wenn es ihm gelänge, Sakramente und Symbole neu zu gewinnen.[20]

[15] Untersuchungen 70.
[16] Untersuchungen: ThQ 53 (1871) 95.
[17] Ebd. 69.
[18] Lehrbuch 66.
[19] Ebd. 66.
[20] Vgl. *H. Zahrnt,* Die Sache mit Gott. Die protestantische Theologie im 20. Jahrhundert, München 1972, 390.

An die katholische Seite stellte Linsenmann ebenfalls eine Forderung, deren Richtigkeit durch die spätere Entwicklung bestätigt werden sollte. Er verlangte, den reformatorischen Kampf um die evangelische Freiheit als berechtigtes Anliegen anzuerkennen, auch wenn man die Methode nicht gutheißen könne, mit der um Anerkennung und Durchsetzung des Ideals gerungen wurde.[21]

Beiderseits bedarf es heute noch großer Anstrengungen, um den nüchternen Einsichten zum Durchbruch zu verhelfen, die Linsenmann einer erfolgversprechenden Klärung des Problems ‚Gesetz und Freiheit' als Bedingung vorangestellt hatte. Linsenmann meinte, daß schon damals die Zeit einer vorbehaltlosen Klärung der Prinzipienfrage gekommen war. An erster Stelle sollte man die Frage klären, „ob Christus Gesetzgeber sei".[22]

2. *War Christus Gesetzgeber?*

Die Schwierigkeit der anstehenden Frage war Linsenmann bekannt. Für die Reformatoren bedeutete es einen „Widerspruch gegen das Evangelium", Christus als Gesetzgeber verstehen zu wollen. Linsenmann kannte die anomistischen Äußerungen Luthers und seiner Anhänger, die bis zur Behauptung gingen, daß gute Werke für den Heilsprozeß schädlich sein können.[23] In Luthers Kommentar zum Galaterbrief steht der markante Satz: „Lex est negatio Christi."[24] Um die Auslegung kann man sich streiten. Sicher jedoch ist, daß Luther die Bezeichnung des Evangeliums als ‚nova lex', sei es auch im Sinne einer ‚lex caritatis', abgelehnt hatte.[25]

Die polemische Antwort

Linsenmann war der Meinung, daß die gesetzesfeindliche Haltung Luthers eine Konsequenz seiner dogmatisch festgelegten Rechtfertigungslehre war.[26] Luthers Gesetzeslehre war somit nicht das Ergebnis einer neuen, unbefangenen Schriftauslegung. Vielmehr wurde die Schrift von einem doktrinären Vorverständnis her ausgelegt. Die Rechtfertigungslehre hatte also eine grundlegende Bedeutung für die Entwicklung der lutherischen Doktrin, aber sie löste die Reformation nicht aus. Am Anfang

[21] Vgl. Untersuchungen 112 f.
[22] Ebd. 95.
[23] Vgl. Untersuchungen: ThQ (1871) 69.
[24] *M. Luther,* In epistolam S. Pauli ad Galatas Commentarius 5, 3: D. Martin Luthers Werke. Kritische Gesamtausgabe, Weimar 1883 ff., Bd. 40/2 18.
[25] *Pesch,* a. a. O. 325.
[26] Vgl. Untersuchungen 69.

stand, nach Linsenmanns Meinung, nicht die Doktrin, sondern die praktische Auseinandersetzung mit der Kirche. Tatsächlich trennte die Kirche des späten Mittelalters nur „ein kleiner Schritt“ von der „Theokratie des Alten Testaments mit ihrem Glanz und ihrer Äußerlichkeit“.[27] Darum war die Wiedergeburt des ‚freien Evangeliums‘, das die hemmende und überfremdende Last der Institutionen nicht kannte, das Ideal, das die Träger der Reformation verwirklichen wollten. Sofern vertraten sie auch, nach Linsenmanns Ansicht, ein berechtigtes, prophetisches Anliegen. Die gute Absicht führte jedoch zur polemischen Einseitigkeit, weil die Reformatoren zunächst in ihrer Vorstellung vom freien Evangelium und dann auch in der praktischen Durchsetzung ihres Ideals zu weit gingen. Sie legten die paulinische Lehre von der Aufhebung des alten Gesetzes durch Christus dahin aus, „daß das Evangelium den gesetzlichen Charakter gänzlich aufgegeben, das Gesetz aufgehoben habe“.[28] Sie stellten Gesetz und Evangelium als unversöhnliche Gegensätze dar. Die polemische Absicht, die Kirche im Sinne des Ideals umzugestalten, fungierte als uneingestandenes Vorverständnis bei der Auslegung des Evangeliums. Für Linsenmann war deshalb die Unterscheidung so wichtig zwischen dem berechtigten Anliegen der Reformation und der polemischen Einseitigkeit ihres Vorgehens und ihrer Lehre.

Heute wird auch protestantischerseits vermerkt, daß Luthers Paulusdeutung – die Hauptquelle seiner Lehre über Gesetz und Evangelium – nicht frei war von polemischen Absichten.[29] Man stellt fest, daß sich die Gesetzeslehre des Paulus, ohne eine unzulässige Verkürzung, nicht auf eine einfache Formel bringen lasse. Ihr ist vielmehr eine gewisse Dialektik zu eigen: „Christus ist das Ende des Gesetzes, aber es ist weiter gültig. Wir sind frei, aber gefordert; gerechtfertigt aus dem Glauben, aber gerichtet nach den Werken.“[30] Die moderne Trennung von Dogmatik und Ethik war Paulus „völlig unbekannt“.[31]

Man weist heute protestantischerseits auch darauf hin, daß die Entstehungsursache der Reformation nicht in der Doktrin, sondern in der polemischen Auseinandersetzung mit vorherrschenden Mißständen zu suchen sei: „Nicht Luthers grandiose Thesen gegen die scholastische Theologie, sondern die Thesen über den Mißbrauch im Ablaßwesen haben die Dinge ins Rollen gebracht.“ Die Reformation war „kein rein theologisches Unternehmen . . . , ebensowenig ein rein christlich-religiöses“.[32]

[27] Ebd. 113.
[28] Lehrbuch 64.
[29] Vgl. *Wolf*, Gesetz und Evangelium, a. a. O. 1532.
[30] *H. Conzelmann*, Grundriß der Theologie des Neuen Testaments, München ^{2}1968, 248.
[31] *H. D. Wendland*, Ethik des Neuen Testaments, Göttingen 1970, 54.
[32] *K. G. Steck*, Luther für Katholiken, München 1969, 17. 38.

Folgende Tatsache war in Linsenmanns Augen ein Beweis dafür, daß die reformatorische Schriftauslegung polemisch beeinflußt war: Protestantische Theologen, die von einem „lebendigeren Gottesbegriff" ausgingen und ohne polemische Absichten forschten, die also „anders konstruierten als die Reformatoren", kamen auch zu einer „anderen Rechtfertigungslehre als Luther" und einer „anderen Ethik". Als Beispiel führt Linsenmann die Theologen an, die er bislang als Repräsentanten der ‚neueren protestantischen Theologie' zitiert hatte. Ihr Abstand zur katholischen Lehre scheint ihm nicht groß zu sein. Er schreibt: „Theologen wie Luthardt, Martensen, von Oettingen müßten sich mit uns vereinbaren können, sobald sie gewisse Mißverständnisse bezüglich der katholischen Lehre vollends überwunden hätten."[33] Also waren nach Linsenmanns Ansicht lediglich aufzuklärende Mißverständnisse das noch trennende Hindernis zwischen diesen Theologen und der katholischen Doktrin. Kurz gesagt: Wenn man beiderseits polemische Absichten aus dem Spiele lassen wollte, dann wäre, nach Linsenmanns Meinung, zumindest in der Prinzipienfrage ‚Gesetz und Freiheit' eine Verständigung zu erreichen.
Beachtenswert ist die Rolle, die Linsenmann dem ‚lebendigeren Gottesbild' für eine Verständigung zwischen protestantischer und katholischer Theologie zuschreibt. Linsenmann führt jedoch nicht aus, wie weit das Gottesbild für Luthers Lehre und Polemik bestimmend war. Heute wird die Ansicht vertreten, daß ein bestimmtes, durch die nominalistische Theologie geprägtes Gottesbild und die „stark vom Erleben her bestimmte Art" Luthers seine Lehre entscheidend geprägt hatten. Nach Aussagen Luthers waren es die harten, dunklen Züge am Gottesbild, die ihn am meisten beeindruckten.[34] Dieses Gottesbild war es wohl auch, das das Gesetz zu einer bedrückenden, anklagenden Größe werden ließ.
Es ist verständlich, daß Luther aus seiner Sicht des Gesetzes es ablehnte, Christus Gesetzgeber zu nennen. Ganz anders sieht jedoch die Gesetzgeberfunktion aus, wenn man mit Linsenmann betont, daß das Gesetz aus der Sicht des Evangeliums eine *befreiende* Funktion zu erfüllen habe. Die entscheidende Frage, ob Christus Gesetzgeber war, kann folglich nicht eindeutig und klar beantwortet werden, ohne vorhergehende Präzisierung des Gesetzesbegriffs.

Das ideale und das partikularistische Gesetz

Linsenmann hielt es für notwendig, bei einer Präzisierung des Gesetzesbegriffs nicht vom Rechtfertigungsdogma in protestantischer oder katholischer Fassung auszugehen. Er läßt durchblicken, daß man die dogmatisch

[33] Lehrbuch 14.
[34] Vgl. *J. Lortz – E. Iserloh*, Kleine Reformationsgeschichte, Freiburg 1969, 31 ff.

festgelegte Rechtfertigungslehre zwar nicht umgehen,[35] sich aber auch nicht mit ihrer Wiederholung begnügen sollte. Stattdessen sollte man zunächst zur Kenntnis nehmen, daß im Neuen Testament vom Gesetz in zweierlei Bedeutung gesprochen wird. „Das einemal ist die Rede von dem Gesetz im *idealen Sinne,* wie es ewig bestanden hat und bestehen wird; es ist jenes Gesetz, von welchem nicht ein Jota oder ein Pünktchen vergehen wird, bis der Himmel vergeht und die Erde (Mt 5, 18)." Das anderemal redet die Heilige Schrift vom Gesetz „in seiner empirisch unvollkommenen, *partikularistischen Gestalt,* auf welche die Israeliten gegen Christus und die Apostel sich beriefen. Daß dieses Gesetz nicht rechtfertige, wurde früher bemerkt; seine Abrogation zu verkünden, ist die spezifische Lehraufgabe des Völkerapostels; darüber widersteht er selbst dem Apostel Petrus ins Angesicht (Gal 2); darüber hat das Apostelkonzil entschieden (Apg 15, 6 ff)".[36]

Linsenmanns Berufung auf die Heilige Schrift war nicht gegen das kirchliche Lehramt gerichtet. Er hielt es für falsch, die „heilige Schrift an die Stelle der kirchlichen Lehrverkündigung" setzen zu wollen, d. h. den theologischen Beweis direkt aus der Heiligen Schrift zu eruieren, ohne Berücksichtigung des ‚kirchlichen Lehrbegriffs'.[37] Das wäre ein Vorgehen im Sinne des ‚protestantischen Schriftprinzips', das die Kirche übergeht und dafür den Preis willkürlicher Schriftauslegung zahlen mußte. Die Bilanz war, nach Linsenmanns Ansicht, abschreckend genug: „Die Jünger der verschiedenen Bekenntnisse lesen schon die Texte der geschichtlichen Urkunden verschieden, legen sie verschieden aus, legen ihnen Verschiedenes unter, lesen Verschiedenes zwischen den Zeilen."[38] Bei dieser Kritik ließ sich Linsenmann nicht von falscher Überheblichkeit leiten. An anderer Stelle fügte er nämlich hinzu: „Wir wollen nicht in der Zerfahrenheit des protestantischen Kirchenwesens einen Trost suchen für die traurigen Erfahrungen im eigenen Lager."[39]

Zu den traurigen Erfahrungen im katholischen Lager zählte Linsenmann die Tendenz, eine theologische Lehre oder Schultradition zum Auslegungsprinzip der Heiligen Schrift zu erheben. Die Heilige Schrift diene dann nur noch als nachträgliche Begründung vorgefaßter Meinungen, die sie beweisen ‚müsse'. So wird nur das aus der Heiligen Schrift übernommen, was in den festgelegten Rahmen hineinpaßt. Alles andere wird übergangen. Die Gefahr der Umdeutung und ‚Vergewaltigung' der Hei-

[35] Vgl. Lehrbuch 64.
[36] Untersuchungen 93. 95.
[37] Vgl. *Linsenmann,* Michael Bajus und die Grundlegung des Jansenismus, Tübingen 1867, 24.
[38] Rezension: ThQ 71 (1889) 653.
[39] Rezension: ThQ 54 (1872) 670.

ligen Schrift liegt auf der Hand.[40] Die Anspielung Linsenmanns auf die Praxis bekannter Theologen neuscholastischer Provenienz war unverkennbar. Einige Theologen behaupteten, die neuscholastische Richtung sei einfachhin die Theologie Roms, und insinuierten sofern eine Gleichsetzung ihrer Theologie mit dem kirchlichen Lehramt.[41]

Zwischen den Zeilen dieser Ausführungen steckt Linsenmanns Hinweis, daß nicht nur auf protestantischer, sondern auch auf katholischer Seite die Stellung zur Heiligen Schrift durch eine polemisch verkürzte Ekklesiologie getrübt war. Schon vor Linsenmann hatten Vertreter der katholischen Tübinger Schule – insbesondere Drey und Möhler[42] – kritische Gedanken dazu geäußert. Auf Ansätze dieser Schule zurückgreifend, vor allem auf Möhler, versuchten die Jesuiten Franzelin und Schrade, für das Erste Vatikanum von 1870 eine umfassendere Ekklesiologie vorzubereiten. Die Vorlage stieß jedoch auf den entscheidenden Widerstand derjenigen Konzilsväter, die am Bellarminschen Kirchenverständnis festhielten. Neueste Untersuchungen haben ergeben, daß das schwierige Thema auf dem Trienter Konzil, unter dem Stichwort ‚Schrift und Überlieferung' zur Debatte gebracht, bewußt offen gelassen wurde. Auch das Zweite Vatikanum führte nicht zur Kanonisierung eines eindeutigen Standpunktes.[43]

Die vermittelnde Antwort

Angesichts dieser Schwierigkeit ist es um so bezeichnender, daß Linsenmann allein von einer unvoreingenommenen Lektüre der Heiligen Schrift sehr viel erhoffte, sowohl für die Erhellung des Verhältnisses von Gesetz und Freiheit als auch für die vorangehende Frage, ob Christus Gesetzgeber war. Das Vertrauen auf die *Vernunft*, das hier zur Geltung kommt, war ein Merkmal der Tübinger Schule. Aber in der Moraltheologie war es Linsenmann, der die „thomistische Idee, daß sittliches Handeln vernunftgemäßes Handeln ist", wieder aufleuchten ließ.[44] Linsenmann war

[40] Vgl. Rezension: ThQ 60 (1878) 680.

[41] In diesem Zusammenhang wurde 1863 zwischen der Tübinger ‚Theologischen Quartalsschrift' (Mattes und Hefele) und der Zeitschrift ‚Der Katholik' (nicht signierte Artikel) eine heftige Kontroverse ausgetragen. Vgl. ThQ 45 (1863) 369.

[42] Vgl. *J. A. Möhler*, Symbolik oder Darstellung der dogmatischen Gegensätze der Katholiken und Protestanten nach ihren öffentlichen Bekenntnisschriften, Mainz ^{5}1838, § 48; vgl. die Einführung von J. R. Geiselmann zur neuen Ausgabe: Köln 1958, I 94 ff., 102 ff., 110.

[43] Vgl. *Y. Congar*, Kirche: HthG II 452 f.; vgl. *J. Ratzinger*, Einleitung zur dogmatischen Konstitution über die göttliche Offenbarung: LThK Ergänzungsbd. II 498 f., 515–526.

[44] Vgl. *Hadrossek*, Die Bedeutung des Systemgedankens 269; vgl. *J. R. Geiselmann*, Die Glaubenswissenschaft der katholischen Tübinger Schule: ThQ 111 (1930) 116 Anm. 1; vgl. Lehrbuch 29.

der Meinung, ein unvoreingenommener Leser der Heiligen Schrift müßte zur Einsicht gelangen, daß die christliche Sittenlehre weder den ‚Gesetzescharakter' aufgeben noch das ‚Prinzip der evangelischen Freiheit' opfern dürfe. Das aber bedeute, daß die christliche Sittenlehre aus neutestamentlicher Sicht „zunächst vor eine Antinomie" gestellt werde. Das einseitige Betonen der Freiheit, der Libertinismus, wie auch das einseitige Herausstellen des Gesetzes, der Rigorismus, erweisen sich aus der Sicht des Evangeliums als falsche Extreme.[45]
Unter ‚*Antinomie*' hat Linsenmann – auch wieder Tübinger Tradition gemäß – die Einheit gegensätzlicher Prinzipien verstanden.[46] Er forderte die dialektische Form des Denkens, die die starre Einseitigkeit extremer Theorien überwindet, um so der lebendigen Wirklichkeit näher zu kommen. Darum auch sollte man, nach Linsenmanns Ansicht, Gesetz und Freiheit als Spannungseinheit komplementärer Wirklichkeiten verstehen, die sich uns zwar als Gegensätze darstellen, aber sich letztlich doch nicht ausschließen, sondern gegenseitig fordern und tragen. Die einseitigen Lösungen der Libertinisten und Rigoristen bestechen zwar durch ihre scheinbare Folgerichtigkeit, aber sie werden dem Evangelium nicht gerecht. Den Reformatoren, „welche die Lehre von der evangelischen Freiheit dahin ausdeuten, daß das Evangelium außer dem Glauben keine Werke mehr von uns fordere", hielt Linsenmann entgegen, „daß Christus von der Erfüllung seiner Gebote die Erlangung des ewigen Lebens abhängig" mache. Christus habe nicht lediglich „theoretische Erkenntnisprobleme vorgelegt, sondern selbst auch die Bedingungen formuliert, unter denen wir Anteil an seinem Reiche haben; daraus entsteht das evangelische Gesetz".[47] Selbst wenn man Mt 19, 17 „Willst du aber ins Leben eingehen, so halte die Gebote" weniger betonen wollte als berechtigt, „so ist aus der Darstellung des jüngsten Gerichts (Mt 25, 31–46) hinlänglich ersichtlich, welchen entscheidenden Wert der Herr auf das *Tun* seines Wortes legt".[48] Den Rigoristen, d. h. den Vertretern eines „modernen Mosaismus" katholischerseits, hielt Linsenmann entgegen: „Einen Gesetzeskodex hat er (Christus) nicht gegeben; er hat die allgemeinen sittlichen Ideen in verschiedener Einkleidung vorgetragen, so z. B. in den Makarismen der Bergpredigt (Mt 5, 3–10), in den Parabeln, Gleichnissen, Sentenzen."[49] Der kasuistische Rigorismus habe also kein Vorbild und

[45] Vgl. Lehrbuch 102.
[46] Vgl. ebd. 6 f.
[47] Untersuchungen: ThQ 53 (1871) 94.
[48] Ebd. 93.
[49] Ebd. 93.

keine Grundlage in Leben und Lehre Christi und könne sich auch nicht auf den ‚sittlichen Rigorismus' der Kirchenväter berufen.[50]

Kann man also noch Christus, wie im tridentinischen Rechtfertigungsdekret, als Gesetzgeber (legislator) bezeichnen? Hierauf erteilt das Evangelium dem unvoreingenommenen Leser – nach Linsenmanns Ansicht – folgende Antwort: Christus hat für die Erlangung des ewigen Heiles ‚*Bedingungen*' aufgestellt, jedoch keinen ‚*Gesetzeskodex*' hinterlassen. Die Frage, ob Christus Gesetzgeber war, ist damit noch nicht endgültig geklärt. Sie wurde auf das Schlüsselwort ‚Bedingung' (condicio) reduziert.

Das Schlüsselwort ‚condicio'

Das Schlüsselwort ‚condicio' hat Linsenmann dem tridentinischen Rechtfertigungsdekret, Kanon 20, entnommen und mit der Bezeichnung ‚Christus-legislator', aus Kanon 21 desselben Dekrets, in Verbindung gebracht. Hiermit hatte er ein vernachlässigtes Kontroversthema aufgegriffen, dem man seit dem Tridentinum „geradezu ausgewichen" war.[51] Im tridentinischen Rechtfertigungsdekret, aus der 6. Sitzung von 1547, wurde das Kontroversthema „nur beiläufig behandelt".[52] Wahrscheinlich hat man es bewußt offen gelassen, also nur so weit präzisiert, wie dies zur Abwehr von Mißverständnissen notwendig war. In der nachtridentinischen Theologie überwog sowohl auf katholischer als auch auf protestantischer Seite die Polemik, die einer weiteren Klärung im Wege stand.

Mit dem tridentinischen Dekret war lediglich ein „Rahmen abgesteckt",[53] der zusätzliche Klarstellungen erforderte. Laut Kanon 20 dieses Dekrets war aus der Kirche ausgeschlossen, wer behauptete, daß der Gerechtfertigte allein zum Glauben gehalten sei und nicht auch zur Beobachtung der Gebote Gottes und der Kirche, als ob das Evangelium die bloße und unbedingte Verheißung des ewigen Lebens sei, ohne die *Bedingung* (condicio), die Gebote zu befolgen.[54] Nach Kanon 21 galt als ausgeschlossen, wer behauptete, Jesus Christus sei von Gott den Menschen als Erlöser gegeben, dem sie vertauen sollen, nicht aber als *Gesetzgeber* (legislator), dem zu gehorchen sei.[55]

Die Auslegung der angeführten Bestimmungen blieb eine schwierige Aufgabe bis auf den heutigen Tag.[56] Einseitige Behauptungen wurden abge-

[50] Vgl. Lehrbuch 103.
[51] Vgl. *G. Söhngen*, Gesetz und Evangelium, Freiburg 1957, 8.
[52] Ebd. 10.
[53] Ebd. 10.
[54] Vgl. DS 1570.
[55] Vgl. DS 1571.
[56] Vgl. *K. Rahner*, Die Frage nach der Rechtfertigung heute: Gnade als Freiheit (Herder-Bd. 322), Freiburg Br. 1968, 171 ff.

lehnt, aber sicher nicht die gegenteiligen, ebenso extremen Behauptungen gutgeheißen, wie manche Theologen anzunehmen schienen. Linsenmann wies darauf hin und meinte, die Wahrheit müsse folglich in der vermittelnden Sicht liegen.[57] Er unternahm den Versuch, das Kontroversthema ‚Gesetz und Freiheit' im Sinne der dialektischen Methode, die er lieber Vermittlungsmethode nannte, zu lösen. Zunächst stellte sich die Aufgabe, die Bezeichnung ‚Christus-legislator' durch das Schlüsselwort ‚condicio' zu klären. Weiterhin blieb zu klären, wodurch sich die Bedingungen (condiciones) vom Gesetzeskodex (lex scripta) unterscheiden. Linsenmann hatte nämlich behauptet, mit Hinweis auf das Tridentinum, daß Christus zwar Bedingungen formulierte, aber keinen Gesetzeskodex brachte. Schließlich muß dargelegt werden, wie die Bedingungen Christi zu konkreten Verhaltensnormen (zum Gesetzeskodex) werden. Diesen Prozeß kann man wohl am zutreffendsten als ‚schöpferische Normfindung' bezeichnen. Unter diesem Titel wollen wir den gesamten Fragenkomplex klären.

3. Schöpferische Normfindung

Wollte man die Bedingungen Christi als konkrete, sittliche Normen verstehen, so wäre ein moderner Mosaismus die Folge. Man müßte nämlich den Gehorsam dem Evangelium gegenüber mit Buchstabentreue gleichsetzen. Buchstabentreue aber endet schließlich in kleinlich-rigoristischer Kasuistik.

Linsenmann bemühte sich, dies klarzustellen und einer solchen Entwicklung entgegenzuwirken, da sie einer Vergesetzlichung der Moral gleichkommen würde. Darum mußten auch die tridentinischen Schlüsselworte ‚condicio' und ‚Christus-legislator' von einer legalistischen Auslegung befreit werden. Zunächst schien es Linsenmann wichtig, den Unterschied zwischen ‚condicio' und ‚lex scripta', zwischen ‚Bedingung' und ‚Gesetzeskodex' – Linsenmann sagt einfachhin ‚Gesetz' – klar zu umschreiben. Um dies einsichtiger durchführen zu können, griff Linsenmann auf eine bereits bekannte Unterscheidung aus der Lehre über das Naturgesetz zurück, nämlich auf die Unterscheidung zwischen ‚prima principia' und ‚praecepta secunda'.

‚Prima principia' und ‚praecepta secunda'

In der Lehre vom Naturgesetz hatte Linsenmann zwischen dem „ewigen göttlichen Weltgedanken" und den konkreten, „einzelnen Gesetzen"

[57] Vgl. Untersuchungen: ThQ 53 (1871) 93 ff.

unterschieden.[58] Die Unterscheidung galt für den Bereich der physischen wie auch der geistig-sittlichen Ordnung. Der „göttliche Weltgedanke" ist ewig, während die „einzelnen Gesetze" für „menschliche Erkenntnis und menschlichen Dienst erst von dem Momente an" existieren, „da sie gefunden, formuliert und in den Dienst gezogen worden sind".[59] Das entspricht der Unterscheidung zwischen dem Gesetz im „idealen Sinne" und dem Gesetz in „partikularistischer Gestalt", die Linsenmann für das Evangelium bereits getroffen hatte, um auf die Vieldeutigkeit des Begriffs ‚Gesetz' in der Heiligen Schrift hinzuweisen.[60] Linsenmann gebrauchte den Begriff nur in der zweiten Bedeutung, d. h. er verstand unter Gesetz grundsätzlich die konkrete, sittliche Norm.

Das ‚Finden' und ‚Formulieren' der Gesetze, die Konkretisierung also, ist *menschliche* Aufgabe. Diesbezüglich macht Linsenmann keinen Unterschied zwischen den physischen und sittlichen Gesetzen. Für beide Bereiche sind zwar die „ewigen göttlichen Weltgedanken" vorgegeben, aber ihre Konkretisierung, und damit auch ihr Wirksamwerden, ist der menschlichen Vernunft aufgetragen. Für beide Bereiche stellt Linsenmann zusammenfassend fest: „Demnach ist das Naturgesetz in gewisser Weise durch Menschen produziert, in Gesetzesform gefaßt, konkret geworden."[61] Eigens zu den Naturgesetzen geistig-sittlicher Ordnung schreibt er: „So gibt es nun auch ein ewiges Gesetz der geistig-sittlichen Ordnung, die sittlichen Ideen Gottes; auch diese sind niedergelegt in der Schöpfung, speziell im vernünftigen Menschengeiste, sie sind wirksam in der Geschichte und Entwicklung der Menschheit. Aber der Mensch muß die Gedanken Gottes nachdenken, Gesetze aus dem Zusammenhang der Dinge abstrahieren, produzieren, finden."[62]

Bei der Normfindung ist also die menschliche Vernunft kein passives Organ, das vorgefundene Gesetze einfach wahrnimmt. Im Gegenteil. Linsenmann versteht die Normfindung durchaus als *schöpferische* Leistung der Vernunft, die die Gedanken Gottes ‚nachdenken' muß und befähigt ist, die Gesetze aus dem ‚Zusammenhang der Dinge' zu eruieren. Mit anderen Worten, die Vernunft ist die schöpferische Befähigung des Menschen, anhand allgemeiner ‚Ideen', die in Schöpfung und Heiliger Schrift offenbart sind, das sittlich Zeit- und Situationsgerechte selber zu finden.

Zur Stützung seiner Doktrin verwies Linsenmann auf die mittelalterliche Theologie. In der Lehre vom Naturgesetz hatte sie den Unterschied zwi-

[58] Vgl. Lehrbuch 61 ff., 67 ff.
[59] Ebd. 61.
[60] Vgl. Untersuchungen 93. 95.
[61] Lehrbuch 61 f.
[62] Ebd. 62.

schen ‚allgemeinen Grundsätzen' (prima principia) und ‚abgeleiteten Lehren' (praecepta secunda) durchgeführt.[63] Linsenmann war es wohl entgangen oder er versäumte es hinzuzufügen, daß mit dieser Unterscheidung nicht der menschliche Beitrag bei der Erstellung sittlicher Normen verdeutlicht werden sollte. Der mittelalterlichen Theologie ging es um ein anderes Problem:

Als klassischer Beweis für die Existenz eines eingegebenen und daher auch allgemein verbindlichen Naturgesetzes galt die Schriftaussage: „Die Heiden, die kein Gesetz haben, erfüllen von Natur aus die Vorschriften des Gesetzes ... Die Forderungen des Gesetzes sind in der Heiden Herz geschrieben" Röm 2, 14 f.[64] Nun war aber ebenfalls der Heiligen Schrift zu entnehmen, daß die Patriarchen – an deren Heiligkeit die mittelalterliche Theologie nicht zu zweifeln wagte – in Vielehe lebten und noch andere Verfehlungen gegen das Naturgesetz begangen hatten.[65] Wollte man die Patriarchen nicht der Sünde – einer bewußten und freiwilligen Übertretung des Gesetzes – bezichtigen, dann blieb nur die Annahme, daß sie aus Unwissenheit handelten. Doch eine andere Schriftaussage, nämlich Röm 1, 20, schien Unwissenheit in bezug auf das Naturgesetz nicht zuzulassen. Als Lösung, die sowohl Röm 1, 20 als auch der Heiligkeit der Patriarchen gerecht werden konnte, blieb folglich die Unterscheidung zwischen den ‚prima principia' des Naturgesetzes, die allen Menschen eingegeben sind und daher Unwissenheit nicht zulassen, sowie den ‚praecepta secunda', bezüglich derer Unwissenheit durchaus bestehen konnte, und die dann auch – wenn sie unverschuldet war – eine Übertretung nicht zur Sünde werden ließ.[66]

Im Naturgesetz fand also Linsenmann eine Unterscheidung, die er nun auch auf das ‚positive göttliche Gesetz' des Alten und des Neuen Bundes

[63] Vgl. Lehrbuch 68 f.

[64] Vgl. *J. Th. C. Arntz,* Die Entwicklung des naturrechtlichen Denkens innerhalb des Thomismus: F. Böckle (Hg.), Das Naturrecht im Disput, Düsseldorf 1966, 91.

[65] Vgl. Sth I–II q 94, a 5, 2.

[66] Um Unwissenheit in bezug auf das Naturgesetz zu belegen, beruft sich Thomas interessanterweise nicht auf das Beispiel der Patriarchen, sondern auf die Räuberei der Germanen, die Caesar in ‚De bello Gallico' beschreibt (vgl. Sth I–II q 94, a 4). Aber gleich im folgenden Artikel (q 94, a 5) kommt Thomas auf die Patriarchen zu sprechen und sucht diesmal – das ist bemerkenswert – eine andere Lösung. Er behauptet, durch göttlichen Befehl, der an die Patriarchen erging, sei Tötung, Ehebruch, Diebstahl und dgl. „gewissermaßen natürlich" geworden (vgl. q 94, a 5, ad 2). Hier kommt Thomas in die Nähe der Nominalisten, die grundsätzlich meinten, Gott könne auch die Sünden zum Gebot machen. Doch Thomas bezieht seine Behauptung nur auf die „praecepta secunda", nicht auf die „prima principia" (vgl. Sth I q 105, a 6; I–II q 94, a 5), und schränkt sie zudem auf das Beispiel der Patriarchen ein. Thomas scheint in diesem Punkt einer traditionellen Auslegung gefolgt zu sein. Schon im Jahre 1201 gab der einflußreiche Papst Innozenz III. in einem Brief seiner Überzeugung Ausdruck, Gott habe den Patriarchen aufgrund einer Offenbarung die Vielehe gestattet (vgl. DS 778).

übertragen wollte. Es ging um die Unterscheidung zwischen den ‚allgemeinen sittlichen Ideen', die offenbart wurden, und dem abgeleiteten ‚Gesetzeskodex', der durch menschliches ‚Finden' und ‚Formulieren' entstanden war.[67] Die allgemeine, offenbarte Idee entspricht den ‚prima principia' des Naturgesetzes und das konkrete, abgeleitete Gesetz entspricht den ‚praecepta secunda'.

Die offenbarte Idee und das abgeleitete Gesetz

Da nach Linsenmanns Überzeugung das ‚eigentliche Sittengesetz' des Alten Bundes, nämlich der Dekalog, mit dem sittlichen Naturgesetz fast identisch ist,[68] können wir uns im folgenden auf das Neue Testament beschränken, um das es auch eigentlich geht.

Die wichtigste Aussage Linsenmanns zum ‚evangelischen Gesetz' lautet: „Bezüglich des Neuen Testaments muß an die Unterscheidung erinnert werden zwischen dem Gesetz im allgemeinen Sinne (Ideen des Guten und Heiligen) und dem Gesetz im konkreten positiven Sinne. Die christliche Offenbarung oder das Evangelium ist nicht als Gesetzbuch erlassen worden; die Offenbarung enthält allgemeine sittliche Wahrheiten, Ideen, aus welchen erst die Regeln für das sittliche Verhalten (praecepta secunda) abgeleitet werden müssen. Solche Ideen sind enthalten z. B. in den sogenannten acht Seligpreisungen und den darauf folgenden Ausführungen der Bergpredigt (Mt 5–7), in der Schilderung des jüngsten Gerichtes (Mt 25, 24 ff), in den Parabeln vom Samaritan, vom Pharisäer und Zöllner, vom verlorenen Sohn usw. Auch wo der Herr direkt eine sittliche Lehre ausspricht, trägt sie noch nicht die Form eines allgemein bindenden Gesetzes, sondern sie läßt mannigfache Deutung zu und bedarf einer geistigen Auslegung für die subjektive Anwendung. Die Fassung der im Evangelium fließenden Quellen sittlicher Erkenntnis in eine feste Form des Gesetzes ist menschliche Tat."[69]

Die ‚allgemeinen sittlichen Wahrheiten' oder ‚Ideen' des Evangeliums bedürfen also der Konkretisierung. Erst so werden sie zu sittlichen Regeln, die im alltäglichen Leben anwendbar sind. Es gibt aber auch bereits konkretisierte, ‚direkte' sittliche Lehren im Evangelium. Diese bedürfen einer ‚geistigen Auslegung', sozusagen einer Entkonkretisierung, bevor sie wieder konkretisiert werden können. Im Hintergrund dieser Ausführungen Linsenmanns steht die Überzeugung, daß jede Konkretisie-

[67] Vgl. Lehrbuch 71–74.
[68] Linsenmann versteigt sich sogar zu der vieldeutigen Aussage „Das natürliche Gesetz wurde durch Gott selbst zum positiven gemacht, in Gesetzesform gebracht" (Lehrbuch 63). Die Klarstellung erfolgt ebd. 71 f.
[69] Lehrbuch 73 f.

rung zeitbezogen und sofern auch zeitbegrenzt ist. Je konkreter, situationsbezogener die sittliche Idee formuliert wird, desto mehr verliert sie an überzeitlichem Wert und an Allgemeingültigkeit. Linsenmann vermerkt, daß diese Ansicht bereits in der aristotelischen Lehre von der Epikie enthalten sei, die später auch Thomas von Aquin übernommen hatte.[70] Von seinen eigenen Ausführungen behauptete Linsenmann, sie seien durchgeführt „ganz im Geiste der echten thomistischen Theologie".[71] Wir wollen auf diese Quelle zurückgreifen, um einen kritischen Vergleich durchführen zu können. Folgende Bemerkung sei vorausgeschickt: Wenn Thomas vom ‚Neuen Gesetz' schreibt, so meint er vorrangig die wegweisende, kraftspendende und auch befreiende Gnade des Heiligen Geistes.

Gesetz, Gnade und Freiheit

Das ist das Bemerkenswerte bei Thomas von Aquin, daß er das Wesen des ‚Neuen Gesetzes' in der Gnade des Heiligen Geistes gegeben sieht. Daher kommt er zum Schluß, das ‚Neue Gesetz' sei nur zweitrangig ein geschriebenes Gesetz.[72] Nach Thomas ist also nicht der Buchstabe der Innbegriff des ‚Neuen Gesetzes', sondern die *Gnade* – cháris. „So legt Thomas mit letzter Meisterschaft den charis-matischen Kern des Evangeliums frei, um ihn sowohl vom Buchstaben des Evangeliums wie auch von dessen Charakter als ‚Gesetz' klar abzuheben – ein Novum in der Geschichte der Theologie, soweit sie sich vor Thomas mit dem ‚Neuen Gesetz' beschäftigt hat."[73]

Thomas ist der Meinung, das ‚Neue Gesetz' werde gerade deshalb ‚Gesetz der *Freiheit*' genannt, weil es – im Gegensatz zum ‚Alten Gesetz' – wenig festlege und vieles dem einzelnen zur freien Selbstbestimmung überlasse.[74] Heißt das aber, daß christliche Ethik, die dem Evangelium gerecht werden will, überhaupt keine konkreten Formulierungen, also keine Gebote und Verbote mehr erstellen sollte? Man könnte meinen, daß dem so sei – schreibt Thomas. Paulus sagt nämlich in Röm 14, 17: „Das Reich Gottes besteht ja nicht in Speise und Trank, sondern in Gerechtigkeit, Frieden und Freude im Heiligen Geist."[75] Doch bei aller Betonung der Freiheit und Innerlichkeit ist Thomas kein Vertreter einer

[70] Vgl. Untersuchungen: ThQ 54 (1871) 244; vgl. Sth II–II q 120, a 1–2. Hierbei ist auch zu beachten, was Thomas über das Verhältnis der praktischen Schlußfolgerungen (conclusiones) zu den allgemeinen Prinzipien (communia principia) sagt: die Schlußfolgerungen werden um so fehlbarer, je mehr sie ins Partikuläre gehen (vgl. Sth I–II q 94, a 4).

[71] Lehrbuch 125.

[72] „Principaliter lex nova est ipsa gratia Spiritus Sancti, ... secundario autem est lex scripta" (Sth I–II q 106, a 1).

[73] *H. M. Christmann,* Einleitung zu Bd. 14 der DTA, Heidelberg 1955, 11.

[74] Vgl. Sth I–II q 108, a 1.

[75] Ebd. q 108,a 1.

Gesinnungsethik oder Liebesmoral, die ohne geschriebene Gesetze auszukommen scheint. Er weiß, daß die Gemeinschaft Gesetze braucht, um bestehen zu können.[76] Aber ebenso deutlich wird bei Thomas, daß die Gesetze in dieser notwendigen Konkretisierung im Evangelium nicht enthalten sind! Er bezeichnet die Gesetze als ‚ordinatio rationis', d. h. sinngemäß: als Produkt menschlicher Vernunft, die von Gott beauftragt ist, „für sich selbst und andere vorsehend zu wirken".[77] Nur zweitrangig ist das Evangelium ein geschriebenes Gesetz (lex scripta). Und zwar wurde im Evangelium als geschriebenes Gesetz lediglich festgelegt, was mit der Gnade notwendig in Verbindung steht, sei es als Zeichen der sakramentalen Gnade (opera sacramentorum), sei es als Werke, die der Gnade notwendigerweise entsprechen oder widersprechen (habent necessariam convenientiam vel contrarietatem ad interiorem gratiam). Als Beispiel führt Thomas das Gebot an, den Glauben zu bekennen, und das Verbot, den Glauben zu verleugnen (vgl. Mt 10, 32 f).[78] Wir stellen also fest, daß Thomas den Umfang des geschriebenen Gesetzes im Evangelium auf den Bereich des Heilsnotwendigen, d. h. auf den Bereich der „necessitas ad salutem",[79] beschränkt. Thomas ist der Meinung, daß die Werke, die nicht notwendig mit der Gnade in Verbindung stehen, durch Christus selbst, den Gesetzgeber, jedem Menschen nach Maß seiner Verantwortlichkeit überlassen wurden. Hier stehe es jedem *frei*, zu bestimmen, was geziemend zu tun oder zu lassen sei. In diesem Bereich könne auch jeder Vorsteher seinen Untergebenen vorschreiben, was sie tun und lassen sollen.[80]

In den letzten Sätzen des Thomas ließe sich die Grundlage finden für eine recht verstandene Mündigkeit des Gewissens und auch für die Eigengesetzlichkeit des weltlichen Bereiches. Aber vor allem ist darauf hinzuweisen, daß Thomas das ‚Neue Gesetz' als *eingegebenes* Gesetz (lex indita) versteht, ganz so wie das Naturgesetz, mit dem Unterschied allerdings, daß das ‚Neue Gesetz' nicht nur wegweisend, sondern auch kraftspendend dem Menschen dient.[81] Mit dem ausdrücklichen Hinweis, daß das neue Gesetz als eingegebenes Gesetz zu verstehen sei, kam ein *neuer* Gedanke zum Durchbruch, der in den frühen Werken des Thomas, und

[76] „(Lex est) quaedam rationis ordinatio ad bonum commune, ab eo qui curam communitatis habet, promulgata" (Sth I–II q 90, a 4).

[77] „Rationalis creatura excellentiori quodam modo divinae providentiae subiacet, inquantum et ipsa fit providentiae particeps, sibi ipsi et aliis providens" (Sth I–II q 91, a 2).

[78] Vgl. Sth I–II q 108, a 1.

[79] „. . . quae de se sunt vel necessaria vel repugnantia saluti" (Sth I–II q 108, a 1 ad 2).

[80] Vgl. Sth I–II q 108, a 1.

[81] Vgl. Sth I–II, q 106, a 1 ad 2.

auch bei seinen Vorgängern, in dieser Deutlichkeit nicht zu finden war.[82] Um seinen kühnen Gedanken abzustützen, zitierte Thomas folgende Aussage des Augustinus: „Das Alte Gesetz wurde auf steinerne Tafeln geschrieben, das Neue aber in die Herzen."[83]

So war also bereits bei Thomas von Aquin die Konkretisierung sittlicher Normen als menschliche, schöpferische Tat herausgestellt. Linsenmann brauchte diesen Gedanken nur zu übernehmen. Wie weit dies im einzelnen geschah, läßt sich nicht belegen. Anmerkungen sind nämlich bei Linsenmann nur spärlich vorhanden. Sie fehlen ganz, wo man sie zu dieser Frage vor allem erwartet hätte, nämlich in seinem Lehrbuchkapitel ‚Das neue Gesetz des Reiches Christi'.[84]

Ein Unterschied zwischen Thomas und Linsenmann in dieser Frage wird allerdings deutlich und sollte nicht übersehen werden. Die Bezeichnung ‚evangelisches Gesetz' ist bei Linsenmann umfassender als die Bezeichnung ‚Neues Gesetz' bei Thomas. Thomas versteht das ‚Neue Gesetz' grundsätzlich als eingegebenes, nichtgeschriebenes Gesetz. Linsenmann dagegen versteht unter Gesetz die konkrete Verhaltensnorm. Und in seiner Bezeichnung ‚evangelisches Gesetz' vereinte er sowohl die Bedingungen Christi, die er mit den nichtgeschriebenen ‚prima principia' des Naturgesetzes darin gleichstellt, daß sie nie vollgültig im Buchstaben des Gesetzes eingefangen und zur Geltung gebracht werden können, als auch die konkreten sittlichen Forderungen, die ‚praecepta secunda', die durch menschliches Bemühen aus den Bedingungen Christi abgeleitet werden. Somit ist der Linsenmannsche Begriff ‚evangelisches Gesetz' mißverständlicher als der thomasische Begriff ‚Neues Gesetz'. Die Linsenmannsche Bezeichnung besitzt allerdings den Vorteil, daß Gnade und Menschenwerk wie mit einer Klammer durch die gemeinsame Benennung umfaßt und damit auch das notwendige *Zusammenwirken* von göttlicher Gnade und menschlicher Vernunft im Prozeß der Normfindung deutlich zum Ausdruck kommt. Dieses Zusammenwirken präzisiert Linsenmann folgendermaßen: „Das Gesetz im allgemeinen ist der Wille Gottes; das Gesetz in concreto ist der Wille Gottes, wie er vom Menschen erkannt und formuliert worden ist als Norm des sittlichen Handelns."[85]

Es läßt sich nicht feststellen, ob Linsenmann für den Bereich der ‚necessitas ad salutem' dieselbe Ausnahme gelten läßt wie Thomas, daß nämlich die ‚lex indita', als welche sich grundsätzlich das Evangelium präsentiert,

[82] Vgl. *U. Kühn,* Via caritatis. Theologie des Gesetzes bei Thomas von Aquin, Göttingen 1965, 194.
[83] Vgl. Sth I–II q 106, a 1; vgl. *Augustinus,* De spiritu et littera, c 24: ML 44, 225; vgl. Jer 31, 31 ff.
[84] Vgl. Lehrbuch 185–192.
[85] Ebd. 62.

zur konkret formulierten ‚lex scripta' wird.[86] Übrigens wirkt Thomas verlegen, wenn es darum geht, für die ‚lex scripta' dieser Art konkrete Beispiele anzuführen.
Wichtiger und eindeutiger ist jedoch die Feststellung, daß das Gesetz des Neuen Testaments grundsätzlich als eingegebenes Gesetz zu verstehen sei. Dies steht auch bei Linsenmann deutlich da. Die Konkretisierung sittlicher Verhaltensnormen wird der menschlichen Verantwortung zugewiesen. So hat also nicht nur das natürliche Gesetz der Vernunft, sondern auch das neue Gesetz der Gnade mehr mit Einsicht und Erleuchtung gemeinsam als mit Buchstabe und Satzung.
Die Gültigkeit und Bedeutung des Gesetzesbuchstabens wird durch die dargelegten Ausführungen *relativiert*, aber nicht zur Unverbindlichkeit herabgemindert. Das ist ein weiterer Punkt, der ausführlich behandelt werden muß. Der Mensch ist nämlich ein Gemeinschaftswesen und vermag ohne konkrete Normen nicht auszukommen. Aus diesem Faktum resultiert die Notwendigkeit und die Verbindlichkeit des Gesetzesbuchstabens. Thomas von Aquin hatte diesen Zusammenhang berücksichtigt.[87] Dem Anliegen hat auch Linsenmann seine Aufmerksamkeit gewidmet. Trotzdem liegt der Schlüssel zum rechten Verständnis der Linsenmannschen Gesetzeslehre nicht im sozialethischen Aspekt, sondern in der spezifischen ‚condicio humana', die wohl am besten als ‚Situation des Zwischen' umschrieben werden kann.

4. Die Situation des Zwischen

Aus der „theistischen Weltanschauung" ergibt sich, nach Linsenmanns Ansicht, „jene Doppelstellung des Menschen und jene Zweiseitigkeit seiner Bestimmung, welche für die ganze Reihenfolge menschlicher Pflichtverhältnisse von entscheidender Bedeutung ist. Hineingestellt zwischen Gott und Welt, Zeit und Ewigkeit, gehört er zwei Welten an und ist beiden verpflichtet."[88] Das ist, kurz umschrieben, die spezifische ‚condicio humana', die Linsenmanns Ausführungen über das Gesetz voraus- und zugrundeliegt.
Die Abhängigkeit des Linsenmannschen Menschenbildes von seiner Methode der Vermittlung, wie er die dialektische Methode nannte, ist leicht

[86] Die Unterscheidung „zwischen Dogmen die ‚necessitate medii' und solchen, die ‚necessitate praecepti' kennen zu lernen seien", hielt Linsenmann für wissenschaftlich „nicht haltbar". Vgl. Lehrbuch 295.
[87] Vgl. Sth I–II q 90, a 2.
[88] Lehrbuch 9.

erkennbar. Auch im Menschenbild versucht er das vermittelnde Zwischen in den Vordergrund zu rücken. Er spricht von der „Doppelstellung“ des Menschen und „Zweiseitigkeit“ seiner Bestimmung, um aufzuweisen, daß sich der Mensch in diesem Spannungsverhältnis bewähren muß, indem er gegen eine Aufspaltung seiner Existenz oder einseitige Hinneigung zu einer der bestimmenden Wirklichkeiten immer wieder ankämpft. Für diese Eigenart der ‚condicio humana‘ haben wir, in Anlehnung an Martin Buber,[89] die Bezeichnung ‚Situation des Zwischen‘ gewählt.
Zu der ‚Reihenfolge menschlicher Pflichtverhältnisse‘, für die die Situation des Zwischen bestimmend ist, gehört nicht zuletzt unser Verhältnis zu Kirche und Staat. Hier stehen wir nämlich ‚zwischen‘ zwei gottgewollten Gesetzgebern, d. h. zwischen zwei Institutionen, denen die Aufgabe zukommt, konkrete Verhaltensnormen zu erstellen.

Der Christ zwischen Kirche und Staat
Daß das Evangelium kein Gesetzbuch und darum die Normfindung eine schöpferische Aufgabe des Menschen ist, wurde bereits gesagt. Nun kommt eine weitere Einsicht hinzu: Die Normfindung ist zwar menschliche Tat, aber *nicht Sache des einzelnen.* Kirche und ‚bürgerliche Gewalt‘ sind die gottgewollten Gesetzgeber.[90] Der Wille Gottes kommt indirekt dadurch zum Ausdruck, daß er den Menschen als *ζῷον πολιτικόν* erschaffen und die Kirche als „organisierte Gesellschaft“ gewollt hat.[91] Diese überlieferte Lehre weiterführend ging Linsenmann bis zur Behauptung, daß der Mensch ein „Produkt der gesellschaftlichen Zustände“ sei.[92] Eine Anspielung auf Marxens ähnlich lautende 6. These über Feuerbach[93] dürfte jedoch kaum vorliegen. Eine marxistisch-kollektivistische Anthropologie lag Linsenmann fern. Nur in der „rechten Verbindung“ der sozialethischen und individualethischen Sicht lag, seiner Meinung nach, „die richtige Lösung der tiefsten sittlichen Probleme“.[94] Linsenmann trug also der alten Einsicht Rechnung, daß der Mensch ein Gemeinschaftswesen ist und sich in seinem Verhalten nach dem konkret formulierten ‚bonum commune‘ ausrichten muß, ohne jedoch in der Gemeinschaft aufzugehen. Damit waren der Individualismus und der Kollektivismus – zwei einseitige Lösungen des Spannungsverhältnisses – abgewiesen. Die spezifisch menschliche Situation des Zwischen offenbart sich in der Notwendigkeit,

[89] Vgl. *M. Buber,* Das Problem des Menschen, Heidelberg 1961, 164 ff.
[90] Vgl. Lehrbuch 74.
[91] Vgl. ebd. 10.
[92] Vgl. ebd. 10.
[93] Vgl. *Karl Marx,* Ad Feuerbach: I. Fetscher (Hg.), Philosophie (Studienausgabe I), Frankfurt 1970, 139.
[94] Lehrbuch 9.

das Gemeinsame mit dem Individuellen zu vereinbaren. Eine höchst schwierige, aber nach Linsenmanns Ansicht die einzig richtige Lösung der ‚tiefsten' sittlichen Probleme.

Die eigenartige Situation des Zwischen trifft auch auf die *Kirche* selber zu. Sie ist einerseits von Christus gestiftet und wird vom Heiligen Geist geleitet, zugleich ist sie anderseits ein gesellschaftliches Gebilde und unterliegt soziologischen Gesetzmäßigkeiten. Dementsprechend ist sie auch in zweifacher Sicht befugt und beauftragt, konkrete Verhaltensnormen zu erstellen und ihren Gläubigen verbindlich aufzuerlegen: als *Auslegerin* des Gotteswortes in der Heiligen Schrift und als *Gesetzgeberin* in eigener Vollmacht, sofern sie eine organisierte Gemeinschaft ist, die ohne Gesetze nicht bestehen kann. Dies stellt Linsenmann als katholische Lehre dar. Er schreibt: „Nach katholischer Lehre ist die Kirche nicht nur rechtmäßige Auslegerin der sittlichen Ideen der heiligen Schrift vermittelst der kirchlichen Doktrin oder Wissenschaft, sondern sie ist auch Gesetzgeberin, d. h. sie hat die Vollmacht, entsprechend den allgemeinen sittlichen Forderungen des Evangeliums bestimmte Gesetze zu formulieren und die Gläubigen dazu zu verpflichten."[95]

Natürlich erzeugt der zweifache gesetzgeberische Auftrag der Kirche ein besonderes Spannungsverhältnis. Aber die Unterscheidung beider Funktionen ist für die Verbindlichkeit der erstellten konkreten Verhaltensnormen sehr wichtig.

Das ‚protestantische Schriftprinzip', das den einzelnen der kirchlichen Gemeinschaft gegenüber entpflichtete und direkt an die Heilige Schrift verwies, lehnte Linsenmann ab.[96] Ebenso entschieden widersetzte er sich theokratischen Bestrebungen,[97] d. h. der Überbetonung kirchlicher Macht auf Kosten des Staates. Er hob die *Eigenart* staatlicher Gesetze hervor. Auch bürgerliche Gewalt sei von „Gott gesetzt" und der „Gehorsam gegen sie, die Ehrfurcht und die Leistung von Abgaben" seien „evangelisches Gesetz", laut Röm 13, 1–6; Petr 2, 13–17; Tit 3, 1.[98] Die Theorie ‚reiner Pönalgesetze', nach der die gesamte ‚lex humana' lediglich unter Strafe, nicht aber im Gewissen verpflichten sollte, lehnte Linsenmann ab. Seiner Meinung nach verpflichten Menschengesetze nur dann – aber dann auch im Gewissen –, wenn sie „auf dem recht- oder verfassungsmäßigen Wege entstanden" und „einen Wert haben für das allgemeine Beste".[99] Also keine Verherrlichung der Macht stand im Spiel und schon gar nicht die Billigung einer bestimmten Gesellschaftsordnung. Linsenmann war

[95] Ebd. 74.
[96] Vgl. *Linsenmann*, Michael Bajus 24; vgl. Rezension: ThQ 71 (1889) 653.
[97] Vgl. Rezension: ThQ 50 (1886) 651.
[98] Vgl. Lehrbuch 410.
[99] Ebd. 82.

der Meinung, daß die angeführten Schriftstellen zwar die bürgerliche Gewalt als solche sanktionieren, doch keine „besondere Form der Organisation" gutheißen, insbesondere nicht die „absolute Despotie". Denn der geforderte Gehorsam sei im Sinne der „Vertragstheorie" zu verstehen, d. h. als „freie ethische Unterordnung des einzelnen unter das Ganze".[100]
Der zur Freiheit berufene Mensch bleibt also bei Linsenmann vorrangig im Blickfeld. Die gesetzgeberische Gewalt in Kirche und Staat wird als gottgewollt verstanden, aber nur im indirekten Sinn, nämlich *über den Menschen,* der darauf angelegt ist, in organisierter Gemeinschaft zu leben. Darum ist gottgewollte Macht zugleich *begrenzte* Macht. Sie ist an ebenfalls gottgewollte Höchstwerte gebunden, die das Wohl des Menschen betreffen. Wenn also einerseits gilt, daß sich der einzelne „der Kirche und ihren Verpflichtungen moralisch so wenig entziehen" könne, „als der Bürger sich der staatlichen oder bürgerlichen Gemeinschaft entziehen kann",[101] so gilt anderseits für Kirche und bürgerliche Gewalt die Verpflichtung, ihre Gesetze in Übereinstimmung mit den spezifischen Höchstwerten ‚suprema lex salus animarum' bzw. ‚suprema lex salus publica' zu formulieren.[102] Um Mißverständnissen vorzubeugen, fügte Linsenmann hinzu: „Wenn wir von der kirchlichen Gesetzgebung als von einer menschlichen reden, so schließen wir damit den höheren Faktor, das Walten des göttlichen Geistes in der Entwicklung der Kirche auf Erden, nicht aus."[103]
Die *Parallele* zwischen Staatsgesetz und Kirchengesetz, zwischen der ‚lex humana civilis' und der ‚lex humana ecclesiastica', tritt in den dargelegten Ausführungen deutlich zutage. Aber Linsenmann hält es für ebenso notwendig, auf den *Unterschied* zwischen ‚Heilsordnung der Kirche' und ‚staatlicher Ordnung' hinzuweisen.[104] Es handelt sich nicht um einen radikalen Unterschied im Sinne der Zwei-Reiche-Lehre Luthers, sondern um die Anerkennung einer ‚relativen Selbständigkeit' der staatlichen Ordnung.[105] Die bürgerlich-staatliche Gewalt muß sich zunächst genauso an der Offenbarung ‚orientieren' wie die kirchliche Gewalt. Nichts darf beschlossen werden, was der Vernunft oder dem Wort Gottes, d. h. der natürlichen oder übernatürlichen Offenbarung, widerspricht. Aber für die bürgerliche Gewalt gilt das nur mittelbar und im Sinne einer negativen Begrenzung ihrer gesetzgeberischen Gewalt. „In ihrer Quelle" ist nämlich die bürgerliche Gewalt „selbständig", denn über „bürgerliche

[100] Ebd. 619.
[101] Ebd. 365.
[102] Vgl. ebd. 74 f.
[103] Ebd. 75.
[104] Vgl. Rezension: ThQ 50 (1868) 650 f.
[105] Vgl. ebd. 651.

(staatliche und soziale) Ordnung ist uns eine unmittelbare Offenbarung nicht gegeben".[106]

Ein Dualismus besonderer Art

Läßt man die spezifische Sicht der ‚condicio humana' außer acht, dann wird man Linsenmann leicht mißverstehen. So erging es dem protestantischen Rezensenten Martin Kähler. Er bemängelte das „Nebeneinander der zwei Ordnungen, der religiösen und der bürgerlich-sozialen Pflichten als inhaltlich geschiedener Betätigungsgebiete". Kähler behauptete, eine „echt katholische Grundauffassung" komme hier zur Geltung. Linsenmann bekenne sich offen zu diesem „Dualismus zwischen dem an sich guten und berechtigten Natürlichen und dem durchaus daneben und darüber stehenden Übernatürlichen".[107]
In neuscholastischen Lehrbüchern der Dogmatik wurde tatsächlich eine ‚scharfe' Trennung von Natur und Übernatur vertreten.[108] Wohl deshalb hatten Grundlhuber, Noldin und Lehmkuhl – die neuscholastischen Kritiker Linsenmanns – in diesem Punkt nichts auszusetzen. Falsch ist es jedoch, den Dualismus von Natur und Übernatur als „echt katholische Grundauffassung" zu bezeichnen. „Bis zum 16. Jahrhundert bleibt die faktische Zuordnung von Natur und Übernatur, die in der Heilsökonomie deutlich zutage tritt, undiskutierte Voraussetzung der Gnadenlehre."[109] Nachdem Pius V., im Jahre 1567, die Thesen des Bajus verworfen hatte, kam es zu einer Wende in der Gnadenlehre.[110] In der verworfenen Doktrin wurde u. a. behauptet, die menschliche Natur habe einen rechtlichen Anspruch auf die gnadenhafte Selbstmitteilung Gottes. Nun entwickelte man in der katholischen Theologie die entgegengesetzte Lehre, die die Gnade als äußerlichen Überbau der Natur definierte. Durch die scharfe Trennung von Natur und Übernatur kam man demselben Dualismus nahe, von dem die reformatorische Lehre ausgegangen war.[111]

[106] Lehrbuch 75.
[107] *M. Kähler*, Rezension: Theol. Literaturzeitung 10 (1881) 242 f.
[108] Im Sinne der neuscholastischen Dogmatik befürwortet auch noch *L. Ott* eine scharfe Trennung zwischen natürlicher und übernatürlicher Ordnung (Grundriß der Dogmatik, Freiburg [8]1970, 281) und definiert das Übernatürliche als „superadditum", vermerkt jedoch einschränkend, das Übernatürliche sei „nicht rein äußerlich zur Natur hinzugefügt" (122 f.). – Kritische Anmerkungen Linsenmanns zu den Begriffen ‚Natur' und ‚Übernatur', vgl. Lehrbuch 18.
[109] *S. Otto*, Natur: HthG III 228.
[110] Vgl. ebd. 228 f.; vgl. DS 1901–1980.
[111] Linsenmann meint behaupten zu können, daß man die Lehre des Bajus mißverstanden hatte. Bajus habe nämlich einen Dualismus vertreten. „Der Dualismus, wie er in Bajus und Jansenismus versteckt ist, ist im wesentlichen derselbe, wie er in den Lehren Luthers und Calvins ausgedrückt worden ist" (*Linsenmann*, Michael Bajus und die Grundlegung des Jansenismus, 110). Vgl. Lehrbuch 13.

Sollte Linsenmann auch ein Opfer des Dualismus geworden sein, wie Kähler behauptet?
Es trifft zu, daß sich Linsenmann zum Dualismus bekannte. Aber es war Kähler entgangen, daß dies weder ein Dualismus neuscholastischer noch reformatorischer Prägung war, sondern ein Dualismus *besonderer* Art, der die menschliche Situation des ‚Zwischen' zum Ausdruck bringen sollte. Gerade hier erweist sich Linsenmann als ‚Selbstdenker' und zugleich als Kontinuator der dialektischen Methode, die schon vor ihm, in der ersten Hälfte des 19. Jahrhunderts, in der Tübinger Schule vertreten war.
Nach Linsenmanns Ansicht ergibt sich der Dualismus, oder zutreffender gesagt: die „Doppelstellung des Menschen" und „Zweiseitigkeit seiner Bestimmungen", aus dem Glauben an einen „persönlichen Gott" und bedingt den „besonderen Charakter der katholischen Moral".[112] Wer also die spezifische ‚condicio humana' nicht berücksichtigt, dem entgeht auch das *Unterscheidende* der ‚christkatholischen Sittenlehre'. Die Doppelstellung des Menschen könne man nur leugnen, „wenn man das Ideal für die Wirklichkeit nimmt und übersieht, daß die sittliche Ordnung seit dem Falle der Engel und Menschen gestört und daß die Wiederherstellung derselben durch Christus nicht eine schon fertig vollzogene, sondern erst eine werdende und dem zukünftigen Gottesreich vorbehalten ist".[113]
Menschliche Existenz, aber auch menschliches Erkennen und Begreifen, ist durch die spezifische Situation des „Zwischen" geprägt. „Schon der Gottesbegriff selbst, soweit er Gegenstand der sittlichen Erkenntnis ist, läßt sich in gegensätzliche Bestimmungen zerlegen."[114] Man kann also bereits im „Vernunftglauben" die Zweiseitigkeit erfassen, die „durch die ganze Weltstellung und Bestimmung des Menschen" geht.[115] Aber im Licht der „zweiten (positiven) Offenbarung" tritt sie noch „viel schärfer" hervor.[116] Linsenmann wagt die Behauptung: „Die positive Offenbarung setzt den Dualismus: Ordnung der Natur – Ordnung der Gnade; Reich dieser Welt – Reich Gottes; Abfall von Gott – Rückkehr zu Gott."[117]

Versöhnt in Christus
Man braucht wohl kaum zu vermerken, daß Linsenmann einen Dualismus manichäistischer Art, nämlich den ewigen Widerstreit „zweier kosmischer Prinzipien", ablehnte.[118] Wichtig ist dagegen die Abgrenzung

[112] Lehrbuch 5. 9.
[113] Ebd. 106.
[114] Ebd. 7.
[115] Vgl. ebd. 5 f., 107.
[116] Vgl. ebd. 11.
[117] Ebd. 12.
[118] Vgl. ebd. 12.

seiner Lehre vom reformatorischen und neuscholastischen Dualismus. Die immer noch gemeinsame Basis lag in der Glaubensgewißheit, daß in *Jesus Christus* die Gegensätze versöhnt wurden. Die „Person des menschgewordenen Erlösers“ – so schrieb Linsenmann – ist der „Koinzidenzpunkt des Natürlichen mit dem Übernatürlichen“.[119] Nun aber beginnen die Unterschiede.

Gegenüber der *neuscholastischen* Theologie betonte Linsenmann: Durch die Versöhnung in Christus wurde der Dualismus nicht in eine nur scheinbare Gegensätzlichkeit verwandelt, wie z. B. der Moraltheologe Konrad Martin behauptete.[120] Die endgültige Zusammenführung alles Gegensätzlichen, die endgültige Wiederherstellung der Einheit, bleibt dem kommenden Gottesreich vorbehalten. In der Weltzeit bleiben *reale* Gegensätze bestehen. „So bleiben auch die ethischen Probleme, die sich an die Antithesen Gottesdienst und Weltdienst, Glauben und Wissen, Staat und Kirche, Moral und Politik knüpfen, für uns bestehen.“[121] Paradoxerweise trat die neuscholastische Dogmatik für eine scharfe Trennung von Natur und Übernatur ein, während in der neuscholastischen Moraltheologie die Gegensätze verharmlost wurden. Linsenmann meinte dieser Verharmlosung entgegentreten zu müssen. Sie beeinflußte nämlich die Stellungnahme der Moraltheologie zur Pflichtenkollision – dem eigentlichen Problem des Probabilismus.[122] Mit der Erklärung, die Pflichtenkollision sei „nur Schein, entspringend aus der Befangenheit und Beschränktheit des menschlichen Geistes“, degradierte man das Grundanliegen des Probabilismus zu einem rein subjektiven Problem. Die Pflichtenkollision wurde als das Produkt eines „perplexen Gewissens“ gedeutet, das die „eine Pflicht zu verletzen glaubt, wenn es die andere erfülle und mithin zu sündigen fürchte, was es auch wählen möge“.[123] Dem könnte man aber, nach Linsenmanns Meinung, nur zustimmen, wenn auch die Störung der Weltordnung eine „rein subjektive“ wäre, hervorgerufen durch eine persönliche Einzelsünde. „Allein, die Sünde mit allen ihren Folgen für die menschliche Gesellschaft ist objektiv vorhanden; der einzelne ist durch ein Verhängnis der folgenschwersten Art in die Sünde des Geschlechts hineingezogen; ... der Irrtum ist nicht bloß subjektiv in ihm, sondern objektiv außer ihm. Der Irrtum, die Ungerechtigkeit der

[119] Ebd. 17.

[120] Vgl. *K. Martin,* Lehrbuch der katholischen Moral, Mainz [4]1859, 123; vgl. *Linsenmann,* Pflichtenkollision: ThQ 58 (1876) 16 ff.

[121] Lehrbuch 12.

[122] Vgl. Pflichtenkollision 8.

[123] *Martin,* a. a. O. 123.

Welt hat sich ein Reich aufgebaut, dem der einzelne als Bürger angehört und dem er verhaftet ist."[124]
Die Zweiseitigkeit menschlicher Bestimmung ist also als objektive Gegebenheit zu verstehen. Das wollte jedoch Linsenmann nicht überbetont und im Sinne der Zwei-Reiche-Lehre *Luthers* ausgelegt wissen,[125] die schließlich zur Aufspaltung in eine Welt- und Christenmoral führte.[126]
Die spezifische Situation des Menschen, im Verständnis Linsenmanns, war *kein Aufgespaltensein* sondern Hineingestelltsein ‚zwischen' Gott und Welt. Demgegenüber war die „strenge Entgegensetzung von Natur und Gnade, Fleisch und Geist, materieller Kultur und geistig-sittlicher Kultur, Staat und Kirche" ein Extrem, das Linsenmann ablehnte. Diese „Theorie von den beiden Heerlagern" ergibt sich, „wenn man die Welt unter dem Gesichtspunkt der Sünde betrachtet", doch einer solchen Sicht kommt „nicht das letzte und entscheidende Wort" zu. Denn „auf einer höheren Stufe der Betrachtung erscheinen die Gegensätze *versöhnt*, und darin besteht das Geheimnis der Erlösung durch Jesus Christus".[127]
Bei aller Betonung der Rolle, die der Vernunft in der „christ-katholischen Sittenlehre" zukommt, widersprach Linsenmann entschieden der Aufklärungsthese, die Moral lasse keine Geheimnisse zu. Wenn wir uns nämlich zur „positiven Offenbarung" bekennen, dann reicht auch der Forschungsgegenstand der Moral „in das Gebiet der Transzendenz" und damit auch des Mysteriums hinein.[128] Die letzte Antwort, die uns also auf moraltheologische Fragen in der Situation des Zwischen verbleibt, ist immer ein *Glaubensgeheimnis.*
Linsenmann war sich dessen bewußt, daß er mit seiner dialektisch vermittelnden Sicht die schwierigste Position gewählt hatte. Sowohl die neuscholastische Verharmlosung als auch die reformatorische Radikalisierung der Antinomien waren bequemere und zugleich in ihrer Einseitigkeit faszinierendere Lösungen. Ihr Grundfehler besteht jedoch – nach Linsenmanns Ansicht – darin, daß sie der spezifisch christlichen Konzeption der „condicio humana", der Situation des Zwischen, nicht gerecht werden.[129]
Von daher rücken sie auch das Verhältnis zwischen Kirche und Staat, Kirche und Welt, in falsches Licht. Die neuscholastische Verharmlosung der Unterschiede beschwört die Gefahr der Theokratie herauf. Die protestantische Radikalisierung der Unterschiede führt zum beziehungslosen

[124] Pflichtenkollision 19 f.
[125] Vgl. Lehrbuch 12.
[126] Vgl. *J. Flipsen,* Spannung zwischen Glaube und Welt, Rom 1970, 50 ff.
[127] Lehrbuch 12. Hervorhebung nicht im Original.
[128] Vgl. ebd. 11.
[129] Vgl. ebd. 5 ff.

Nebeneinander der „Zwei Reiche“. Von seinem Menschenbild her fordert Linsenmann das zwar spannungsreiche aber auch fruchtbare Miteinander, wobei er die *Eigenständigkeit* beider Bereiche nicht übersieht.
renden Sicht der Kirche ausgeht, versucht nun Linsenmann, die Notwendigkeit und Verbindlichkeit des Kirchenrechts, einer „Heilsordnung“, aufzuweisen.

5. *Erwägungen zur Heilsordnung der Kirche*

Mit welchem Recht stellt die Kirche für ihre Gläubigen eine Heilsordnung auf, d. h. verbindliche Gesetze, die – wie man protestantischerseits behauptet – „einen Abfall vom Geiste des Evangeliums und einen Rückfall auf den Gesetzesstandpunkt des Alten Bundes“ darstellen?[130]
In Antwort auf die herausfordernde Frage wiederholte Linsenmann im Kern die traditionelle, katholische Lehre. Ungewöhnlich war jedoch die Tatsache, daß sich ein Moraltheologe so ausführlich mit der Kirche befaßte. Tübinger Tradition kam hier ohne Zweifel wieder zur Geltung. Der Gründer der Schule, J. S. Drey, hatte bereits in seiner ‚Kurzen Einleitung in das Studium der Theologie‘ von 1819 einen beachtlichen Teil dem „System der christlichen Kirche“ gewidmet.[131] Dreizehn Jahre später hat J. A. Möhler in der ‚Symbolik‘, die von 1832 bis 1838 in fünf Auflagen erschienen war, eine Darlegung der katholischen und protestantischen „Gegensätze in der Lehre von der Kirche“ geboten.[132] Linsenmann konzentrierte sein Interesse auf die Gegensätze in der moraltheologischen „Prinzipienfrage“ Gesetz und Freiheit. Seine ‚Untersuchungen über die Lehre von Gesetz und Freiheit‘ aus den Jahren 1871–1872 sind seine „eigene schöpferische Leistung“.[133]

Der doppelte Auftrag der Kirche

Auf die protestantische Einschätzung der Kirchengesetze eingehend, gestand Linsenmann zunächst: „Es ist wahr, das christliche Sittengesetz nimmt in der Kirche wieder einen gesetzlichen Charakter an und verlangt, namentlich bezüglich der sogenannten Kirchengebote, wieder im gewissen Sinne einen Buchstabendienst.“[134] Die protestantische Sicht der katholischen Verhaltensnormen betont also einen Aspekt, der in der

[130] Vgl. Untersuchungen: ThQ 53 (1871) 97.
[131] Vgl. *J. S. Drey*, Kurze Einleitung § 268–307.
[132] Vgl. *J. A. Möhler*, Symbolik § 36–53.
[133] *Hadrossek*, Die Bedeutung des Systemgedankens 2.
[134] Untersuchungen 97.

Praxis tatsächlich in den Vordergrund tritt: Es handelt sich um konkrete, satzhafte Normen. Darf man jedoch solche Normen, mit Berufung auf das Neue Testament, als Fehlentwicklung einschätzen und ablehnen? Linsenmann ist nicht dieser Meinung. Er verweist auf die Entwicklung in den Apostelgemeinden. Unter „schweren Kämpfen" hatten sie die Lostrennung vom mosaischen Gesetz vollzogen, verblieben jedoch nicht in diesem Zustand. Die Apostelgeschichte 15, 29 berichtet über einen „Akt kirchlicher Gesetzgebung, der bedeutungsvoll ist; wir meinen das Gesetz über Enthaltsamkeit". Später hat die Kirche dieses Gesetz wieder fallen lassen. Ein Beweis dafür, daß es sich um eine zeitbedingte Konkretisierung handelte, die die Kirche in eigener Vollmacht getroffen und auch widerrufen hatte.[135]
Was die Protestanten als Rückkehr zum Mosaismus bezeichneten, ist also nach Linsenmanns Ansicht nichts anderes als ein lebensnotwendiger Prozeß einer jeden menschlichen Gemeinschaft. Ohne die Erstellung verbindlicher Gesetze, die das Zusammenleben ordnen, kann keine Gemeinschaft bestehen. Sofern bedarf auch die Kirche, als „organisierte Gesellschaft", einer „Konstitution", eines allgemeinverbindlichen Gesetzes.[136] Mit dieser soziologischen Beweisführung ist jedoch die Existenz der Kirchengesetze noch nicht zur Genüge fundiert. Die Kirche ist mehr als „organisierte Gesellschaft". Sie ist „rechtmäßige Auslegerin der sittlichen Ideen der hl. Schrift" und auch sofern befugt, sittliche Forderungen zu konkretisieren, d. h. „Gesetze zu formulieren und die Gläubigen dazu zu verpflichten".[137]
Aus den dargelegten Gründen steht es für Linsenmann fest, daß nicht die kirchliche Gesetzgebung als solche ein Verstoß gegen den Geist des Evangeliums darstellt. Die Gefahr des Mosaismus liegt vielmehr in der falschen *Handhabung* der Gesetze. Wenn nämlich dem Buchstaben des Gesetzes eine absolute, d. h. von Zeitumständen unabhängige Geltung zuerkannt wird, entwickelt sich bald ein ‚Buchstabendienst', wie ihn die Pharisäer betrieben haben. Hierbei darf nicht vergessen werden, daß Linsenmann unter ‚Gesetz' immer nur die satzhafte, konkrete Fassung einer sittlichen ‚Idee' versteht und daß er zudem die Satzung oder Konkretisierung als ‚menschliche Tat' herausgestellt und damit auch relativiert hat.[138]
Das Kirchengesetz – obwohl unter Einwirkung des Heiligen Geistes entstanden – wird von dieser Relativierung nicht ausgenommen. Linsenmann meint, es würde dem Geist des Evangeliums widersprechen, wollte man den kirchlichen Gesetzen denselben „Charakter der Verbindlichkeit und

[135] Vgl. ebd. 96 f.
[136] Vgl. Lehrbuch 74.
[137] Ebd. 74.
[138] Ebd. 74.

Unveränderlichkeit" zuerkennen, „wie den ewigen Ideen des Guten, die uns in Vernunft und Evangelium geoffenbart sind".[139]
Die letzte Bemerkung war gegen neuscholastische Theologen gerichtet, die in der zweiten Hälfte des 19. Jahrhunderts die Vorstellung von der Kirche als „vollkommener Gesellschaft" (societas perfecta) legalistisch auslegten und betonten, die Kirche sei mit „höchster Machtfülle" ausgestattet.[140] In diesem Zusammenhang wurde dann auch die Unveränderlichkeit und Verbindlichkeit des Kirchengesetzes überschätzt und der Begriff selber sehr weit ausgelegt. Es fehlte zum Beispiel nicht am Versuch, christliche Sittlichkeit auf dem ‚Syllabus' von 1864, einer päpstlichen Verurteilung von 80 Zeitirrtümern, aufzubauen.[141]
Sowohl die protestantische *Ablehnung* als auch die neuscholastische *Verabsolutierung* des Kirchengesetzes erachtete Linsenmann als Extrem. In drei ‚Erwägungen' versuchte er, die *eigentliche* Funktion der Kirchengesetze zu erhellen. Auf diese Weise sollte auch die Notwendigkeit und Verbindlichkeit einer Heilsordnung differenzierter dargelegt werden.

Drei Erwägungen

In der *ersten Erwägung* weist Linsenmann darauf hin, daß kirchliche Bestimmungen über das Gelübde, Sonntagsheiligung, Verpflichtungen gegenüber den Verstorbenen und dergleichen mehr, zwar Kirchengesetze genannt werden, im Grunde jedoch nichts anderes sind als *„authentische Auslegungen"* evangelischer Lehren.[142] Damit ist aber auch, nach Linsenmanns Ansicht, die Berechtigung solcher Konkretisierungen genügend erwiesen, da die Kirche von Christus selbst beauftragt wurde, die Heilige Schrift – und damit auch die sittlichen „Ideen" der Heiligen Schrift – authentisch auszulegen. Darin bestehe ja der entscheidende Unterschied zwischen dem protestantischen Schriftprinzip und der katholischen Lehre.[143]

139 Untersuchungen 105.
140 P. Huizing behauptet, der Begriff „societas perfecta" wurde erst 1862 geprägt. Das Vatikanum I hätte bewußt von diesem Begriff keinen Gebrauch gemacht (vgl. *P. Huizing*, Um eine neue Kirchenordnung: Vom Kirchenrecht zur Kirchenordnung, Einsiedeln 1968, 58). Leo XIII. hat in seiner Enzyklika ‚Immortale Dei' 1885 die Lehre von der Kirche als vollkommener Gesellschaft ausdrücklich vertreten: „(Ecclesia) societas est genere et iure perfecta ... eius potestas est omnium praestantissima" (DS 3167). K. Mörsdorf meint, daß die Rolle des Naturrechts im Zusammenhang mit dieser Lehre „überschätzt und teilweise falsch gedeutet" wurde (*K. Mörsdorf*, Kirchenrecht: HthG II 481).
141 Vgl. Rezension: ThQ 50 (1868) 639 f.
142 Vgl. Untersuchungen 98.
143 „Es ist die feste Überzeugung der Reformatoren, daß jeder, der zum Gebrauch der Vernunft gelangt ist, Gottes Wort aus der Schrift vernehmen kann, weil das nicht vom eigenen geistigen Fassungsvermögen, sondern von der ‚Eingebung des Heiligen Geistes' abhängt" (*Van de Pol*, Das Zeugnis 68).

Es gibt noch eine andere Art von Kirchengesetzen, die zwar nicht unmittelbar eine evangelische Forderung zum Ausdruck bringen, wie zuvor geschildert, die aber doch „in Angemessenheit zur christlichen Idee" stehen und „in Richtung" des evangelischen Gesetzes weisen. Vorschriften dieser Art nennt Linsenmann ‚*Fingerzeige*'. Dem Christen weisen sie den „Weg der Sicherheit".[144] Gemeint ist der „sichere Weg" (via tuta) der sittlich guten Werke, der zugleich der sichere Weg zum Heil ist. Mit der Bezeichnung „Weg der Sicherheit" (via tuta) hat Linsenmann ein Stichwort anklingen lassen, das im Probabilismusstreit, der in der zweiten Hälfte des 19. Jahrhunderts wieder ausgebrochen war, eine wesentliche Rolle spielte.[145] Linsenmanns Zeitgenossen fanden hier ein höchst aktuelles Anliegen angesprochen. Als Beispiel eines ‚Fingerzeiges' führte Linsenmann das Fastengebot an. Er meint, hier werden wir „über alle subjektiven Erwägungen" hinweg gebunden, obwohl die evangelische Freiheit es uns selbst überlassen würde, nicht ob wir überhaupt fasten wollen, „sondern *wie* wir diese Enthaltsamkeit üben wollen".[146]
Die Kirchengesetze in der Rolle der ‚Fingerzeige' sind also – ähnlich wie die ‚authentischen Auslegungen' – letztlich nichts anderes als die Konkretisierung einer an sich bestehenden Verpflichtung. Darum zählt Linsenmann beide Arten zu der ‚Substanz' der Kirchengesetze. Sie gehören zur „Moral des Evangeliums", deren *Mindestforderungen* sie zum Ausdruck bringen. Nur in bezug auf diese Kirchengesetze will Linsenmann die Aussage des Tridentinums gelten lassen, daß die Beobachtung der „Gebote Gottes *und* der Kirche" heilsnotwendig sei.[147]
Es ist bezeichnend für Linsenmann, daß er die Verbindlichkeit kirchlicher Gebote nicht einfachhin mit der gesetzgeberischen Gewalt der Kirche begründet, sondern mit dem Hinweis, daß sie die „ewigen Ideen" des sittlich Guten zum Ausdruck bringen, die uns in „Vernunft und Evangelium" offenbart wurden.[148] Die offenbarte ‚Idee' also verpflichtet. Der Buchstabe des Gesetzes verpflichtet nur so weit, so gut es ihm gelingt, diese Idee zum Ausdruck zu bringen. Das Kirchengesetz wird konsequent als menschliche Ordnung, als ‚lex humana' behandelt. Anderseits aber wird, bei aller Relativierung des Buchstabens, die Verbindlichkeit der sittlichen Forderung, die im Buchstaben zum Ausdruck kommt, betont. Linsenmann

[144] Vgl. Untersuchungen 98.
[145] Zur Verwirrung im Probabilismusstreit hat nicht wenig der Umstand beigetragen, daß man zwischen dem objektiven und subjektiven Aspekt, dem „sicheren Weg" (via tuta) und der „sicheren Entscheidung" (certitudo, via certa), nicht immer scharf genug unterschieden hat. Vgl. *J. G. Ziegler,* Moralsysteme: LThK VII 612.
[146] Untersuchungen 98.
[147] Vgl. Lehrbuch 369; vgl. DS 1570.
[148] Vgl. Untersuchungen 105.

schreibt: „Wer uns von den Kirchengeboten befreien wollte, könnte uns doch nicht von den in ihnen enthaltenen sittlich-religiösen Verpflichtungen befreien."[149] Die Eigenart dieser Begründungsweise leuchtet erst ganz auf, wenn man sie mit einem zeitgenössischen ‚Lehrbuch der katholischen Moral' vergleicht. Darin wird im Namen des Gehorsams der Kirche gegenüber einfachhin gefordert, „daß wir in ihrer Stimme die Stimme des heiligen Geistes selbst verehren und ihren Lehraussprüchen uns unbedingt und ohne allen Rückhalt unterwerfen".[150] Hier wird das Gesetz als nicht zu diskutierende Größe verstanden, der der Mensch vorbehaltlos zu dienen hat.

Damit sind wir bei der zweiten Eigenart der Linsenmannschen Gesetzeslehre angelangt. Linsenmann ist der Meinung, daß „am allermeisten in Sachen der Religion und Sittlichkeit die Institution um des einzelnen willen, nicht die einzelnen um der Institution willen da sind".[151] Das Gesetz, als Konkretisierung des sittlich Guten, hat eine ausgesprochen *dienende* Funktion. Für den Menschen ist es eine Hilfe auf dem Weg zum Heil. Darum versteht Linsenmann das Kirchengesetz als „Heils-Ordnung".

Linsenmann bewegt sich also in seiner Gesetzeslehre auf dem schmalen Grat zwischen Anomismus und Legalismus, zwischen Gesetzesfeindlichkeit und Gesetzeshörigkeit. Aufgrund seiner vermittelnden, dialektischen Methode versucht er das ‚Sowohl – Als auch' in den Griff zu bekommen. Nachdem er die dienende Funktion des Gesetzes betont hatte, weist er nun den einzelnen auf die Notwendigkeit hin, sich mit der Einschränkung der individuellen Freiheit abzufinden. Es geht um die ‚libertas specificationis', um die Möglichkeit, sich für diese oder jene Konkretisierung der sittlichen Idee entscheiden zu können.[152] Diesbezüglich wurde bereits im Gesetz, „über alle subjektiven Erwägungen" hinweg, eine Entscheidung getroffen. Aber der „denkende Christ" wird den Dienst der Wegweisung nicht vergessen, und darum die notwendig mitgegebene Einschränkung „nicht lediglich als Last" betrachten.[153] Heute wird auf die ‚Entlastungsfunktion' kultureller Verhaltensmuster (Normen, Gesetze) betont hingewiesen.[154] So gewinnt die Bemerkung Linsenmanns beachtenswerte Aktualität. Anderseits würde es gegen den Geist des Evangeliums verstoßen, wenn die

[149] Lehrbuch 369.
[150] *Martin,* Lehrbuch 613.
[151] Vgl. *Linsenmann,* Lehrbuch 369.
[152] Vgl. ebd. 60.
[153] Vgl. Untersuchungen 99.
[154] Vgl. *A. Gehlen,* Anthropologische Forschung (rde-Bd. 138), Reinbek bei Hamburg 1970, 70 f.; vgl. *I. Schwidetzky,* Kulturanthropologie: G. Heberer – I. Schwidetzky (Hg.), Anthropologie (Fischer-Lexikon 15), Frankfurt/M. 1970, 126 f.

Einschränkung durch das Gesetz einer Entmündigung des einzelnen gleichkommen sollte. Die Gefahr eines solchen Absolutismus bestand durchaus in der Kirche des ausgehenden 19. Jahrhunderts. Die Abhilfe lag nach Linsenmanns Ansicht nicht in der Theorie ‚reiner Pönalgesetze', die zur Aushöhlung des Gesetzes führte, sondern im Hinweis auf die begrenzte Funktion des Gesetzesbuchstabens. Entgegen neuscholastischen Autoren, die „unbedingten Gehorsam" forderten,[155] meint Linsenmann, daß es nicht „im Geiste kirchlicher Gesetzgebung" liege, ihre Satzungen „im kleinlichen, buchstäblich mosaistischen, pharisäischen Sinne" zu erfüllen.[156]

In seiner ersten Erwägung hatte Linsenmann darzulegen versucht, daß die Kirchengesetze in der Funktion als ‚Wegweiser' und ‚Fingerzeige' die Mindestforderungen der Moral des Evangeliums zum Ausdruck bringen. In seiner *zweiten Erwägung* stellt Linsenmann die „pädagogische und disziplinäre" Funktion der Kirchengesetze als „*Zuchtmittel*" heraus. Er beruft sich hierbei auf das Pauluswort von der Rolle des Gesetzes als „ ‚Zuchtmeister auf Christus hin' Gal 3, 4"[157] und führt als Kerngedanken von Eph 4, 13 die Worte an: „Wir können noch nicht Anspruch darauf machen, als Mündige behandelt zu werden."[158] Daß Linsenmann die politisch-gesellschaftliche Unmündigkeit ablehnte, ebenso wie die Bevormundung der theologischen Wissenschaft – ohne jedoch die staatliche und kirchliche Autorität selbst in Frage zu stellen –, das wurde zur Genüge betont. Die hier gemeinte Unmündigkeit ist heilsgeschichtlicher Art. Sie besteht in der Notwendigkeit, „noch den guten Kampf zu kämpfen wider die Begierlichkeit und die Mächte der Finsternis (Eph 6, 12)".[159]

Linsenmann läßt also das Kirchengesetz *auch* als Zuchtmittel gelten, lehnt aber die ähnlich lautende, protestantische Doktrin ab, die das Gesetz *nur* aus dieser Sicht angeht. Ein weiterer Unterschied in der Lehre „über den sittlichen Stand der Erlösten" kommt hinzu. Linsenmann stellt fest: „Die Theorie der Reformatoren in dieser Beziehung leidet an zwei Fehlern; für's erste daran, daß sie das Gesetz nur nach der einen Seite, wonach es Zuchtmittel ist, ins Auge faßt; für's zweite, daß sie den sittlichen Stand der Erlösten irrtümlich auffaßt ... Der Zweck des Gesetzes, ein Zuchtmittel und eine Schranke für den fleischlichen Menschen zu sein, sei hinfällig geworden in dem Augenblick, da die Erlösung eingetreten

155 Vgl. *Martin*, Lehrbuch 613. Immer war jedoch der Gehorsam dem Gesetz gegenüber an die Bedingung gebunden, daß es ein „gerechtes Gesetz" ist. Vgl. ebd. 48.
156 Vgl. Untersuchungen 99.
157 Lehrbuch 64.
158 Untersuchungen 100.
159 Ebd. 100.

und dem Menschen die Freiheit zurückgegeben worden sei."[160] Entsprechend zu dieser radikalen Theorie, die das Gesetz nur aus der Sicht der Sünde gelten ließ, wird die evangelische Freiheit ebenso radikal verstanden – nämlich als Freiheit vom Gesetz. Die menschliche *Mitwirkung* am Heilsprozeß wird übersprungen.[161] Die katholische Rechtfertigungslehre aber lautet: die „in Christo objektiv" vollzogene Erlösung müsse sich noch „subjektiv" im einzelnen vollziehen, nicht ohne dessen freie Mitwirkung. „Wir müssen aus Sündern, aus gebrechlichen Anfängern im sittlichen Leben, ja vielleicht aus Rückfälligen, uns zur sittlichen Freiheit stufenweise erheben, und in diesem Heilsprozeß ist uns das Gesetz Christi (der Kirche) ein Wegweiser und ein Zuchtmittel."[162] Der in Klammern beigefügte Zusatz „der Kirche" stammt von Linsenmann selbst. Er soll nochmals daran erinnern, daß es das „Gesetz Christi" – als Satzung – ohne die Kirche nicht gibt.

Neben der protestantischen Ablehnung des Gesetzes im Namen der evangelischen Freiheit, und der katholischen Bejahung des Gesetzes als Wegweiser und Zuchtmittel auf dem Wege zum Heil, gab es noch eine *Zwischenposition,* die Linsenmann als „Überspannung des mystischen Prinzips" – das an sich eine tiefe Wahrheit enthält – zurückwies. „Es ist eben schwer, einen wahren und schönen Gedanken nicht bis zu dem Punkte zu verfolgen, an welchem er anfängt, unwahr zu werden."[163] So hat man auch die Lehre großer Mystiker manchmal dahin ausgelegt, daß es auf dem Wege zur christlichen Vollkommenheit ein Stadium gebe, „wo der Christ der Gesetzeszucht nicht mehr bedürfe; das Gesetz sei nur für die Unvollkommenen; den Vollkommenen sei es vielmehr ein Hindernis, da sie sich um des Gesetzes willen mit äußeren Werken, mit Kirchenbesuch, Empfang der Sakramente, Fasten usw. abgeben müssen und dadurch von der inneren Beschaulichkeit und Ruhe in Gott abgezogen werden".[164] Linsenmann hält es zunächst „nicht für unmöglich", daß es einen „künftigen Zustand der Vollkommenheit" geben könne, „in welchem die Gläubigen ohne Zaum des Gesetzes doch das Gesetz des Herrn erfüllen würden". Linsenmann vertritt nämlich den Grundsatz: „Je vollkommener der Zustand einer Gesellschaft ist, desto weniger Gesetze braucht sie." Aber die „Theorie eines Joachim von Floris über die drei Weltalter", sowie die „moderne religiös-philosophische Hoffnung auf ein johannei-

[160] Lehrbuch 64 f. Die Satzstellung wurde verändert.
[161] Vgl. *W. Dettloff,* Rechtfertigung: HthG III 409; vgl. *K. Rahner,* Rechtfertigung: KlthW 309.
[162] Lehrbuch 65.
[163] Lehrbuch 28.
[164] Ebd. 65.

sches Zeitalter", vermag er nicht zu teilen. Seiner Meinung nach wird die Kirche nie aufhören, „als Heilsanstalt zu existieren und notwendig zu sein".[165] Darum stellt er den Vertretern der mystischen Vollkommenheits- oder Entwicklungstheorie folgende Argumente entgegen: „Auch angenommen, es trete hienieden schon ein Zustand wahrer Vollkommenheit ein, ... so wäre doch im einzelnen Falle die Überzeugung des Menschen von seiner bereits erlangten Vollkommenheit ein Selbstzeugnis, um nichts besser, als das der Pharisäer. Sodann ist außer acht gelassen, daß der einzelne mit seinem moralischen Charakter, mit Pflichten und Rechten nicht auf sich allein steht, sondern Angehöriger eines großen Ganzen ist und den gemeinsamen Gesetzen desselben unterworfen bleibt."[166]

Das letzte, soziologische Argument führt zu Linsenmanns *dritter Erwägung* über die Notwendigkeit und Verbindlichkeit einer Heilsordnung. In der ersten und zweiten Erwägung ging es um die Kirche in ihrer Funktion als *Auslegerin* der sittlichen Ideen, die in Vernunft und Heiliger Schrift offenbart sind. Die Kirche leistet hier die Funktion der ‚Wahrheitsmitteilung', die Linsenmann mit der Funktion der ‚Erziehung' engstens verknüpft, da ja auch Vernunft und Wille eine lebendige Einheit bilden.[167] Nun geht es in der dritten Erwägung um die Funktion der Kirche als *Gesetzgeberin im strengen Sinne,* d. h. als Gesetzgeberin dank „ihrer Bestimmung als sichtbare Gemeinschaft".[168] Die Kirchengesetze erfüllen diesmal die Rolle der Verfassung oder ‚Konstitution', wie sie jede geordnete Gemeinschaft notwendig braucht. Sofern ist auch die Kirche auf Gesetze angewiesen, die das Zusammenleben der Gläubigen ordnen. Sie muß, ebenso wie die staatliche Gemeinschaft, auf „positiven Institutionen und Gesetzen" ruhen, „welche dem einzelnen bestimmte Pflichten und Rechte zuweisen".[169] Auf mehr oder weniger kommt es nicht mehr an, „wo die Frage im Prinzip bejaht wird".[170]

Der letzte Satz Linsenmanns war an „positiv gläubige" protestantische Theologen gerichtet, die schon mehrmals erwähnt wurden. Sie waren – wie Linsenmann bezeugt – von der „Zerfahrenheit ihres heutigen Kirchenwesens" tief beeindruckt und darum auch bereit zu gestehen, daß eine Kirche nicht denkbar sei „ohne eine bestimmte Form der Lehre, des Gottesdienstes, der Verfassung". Aber zugleich lehnten sie eine verpflichtende Kirchenverfassung ab und wollten sie nur als rein innerliche,

[165] Ebd. 66.
[166] Ebd. 65.
[167] Vgl. ebd. 64.
[168] Lehrbuch 74.
[169] Untersuchungen 100.
[170] Ebd. 101.

„sittliche Macht" gelten lassen.[171] Linsenmann sah in dieser Haltung einen Subjektivismus, der – wie die Geschichte bewiesen hat – auch ins Gegenteil umschlagen kann: in einen Gesetzesrigorismus. Bekanntlich wurde die Kirchenzucht in der katholischen Kirche niemals so rigoristisch gefordert wie durch Calvin, sowie die Puritaner in Schottland und England.[172]

Der protestantische Rezensent, Martin Kähler, sprach den Verdacht aus, daß Linsenmann das „nun einmal kirchlich Gegebene" ohne volle Überzeugung verteidige. Kähler hat aber auch feststellen können, daß die kirchliche Fassung einer Lehre „zumeist als die rechte Mitte zwischen abirrenden Extremen" für Linsenmann erscheine.[173] Die letzte Bemerkung ist zutreffend. Für Linsenmann scheint die ‚rechte Mitte' als Kriterium zu gelten, um eine Doktrin als katholisch anzuerkennen.

Alle drei Erwägungen Linsenmanns führen zur Schlußfolgerung, daß eine Heilsordnung notwendig und sittlich verbindlich sei, trotz der Unzulänglichkeit, die allen Gesetzen anhaftet, soweit sie Menschenwerk sind. Kirchliche Satzungen kommen zwar „nicht ohne Mitwirkung" des Heiligen Geistes zustande, aber sofern sie „durch menschliche Faktoren Gesetzescharakter annehmen", sind auch sie den allgemeinen Bedingungen menschlicher Gesetze unterworfen. Es liegt in ihrem menschlichen Ursprung, daß sie „unvollkommen" sind.[174]

Unvollkommen, aber verbindlich

Linsenmann führt die Unvollkommenheit der Gesetze auf zwei Gründe zurück.

Die Unvollkommenheit aller Gesetze besteht zunächst darin, daß sich der Buchstabe nie vollständig deckt mit der Idee, die er zum Ausdruck bringen soll. Das hat seinen Grund in der „Unzulänglichkeit menschlicher Geistestätigkeit", der es nie gelingt, „eine Idee in absolut kongruenter und adäquater Form darzustellen".[175]

Ein weiterer Grund der Unvollkommenheit kommt hinzu, wenn die Kirche von ihrer Funktion als Auslegerin der Offenbarung übergeht zur Funktion als Gesetzgeberin im strengen Sinn des Wortes – wenn sie also Gesetze erstellt, die das Zusammenleben der Gläubigen ordnen. Nie wird es der Kirche vollauf gelingen, hierbei Gemeinwohl und Einzelwohl aus-

[171] Vgl. ebd. 101 und Anm. 1.
[172] Vgl. Untersuchungen 101; vgl. Lehrbuch 13.
[173] Vgl. *M. Kähler,* Rezension: Theologische Literaturzeitung 6 (1881) 242.
[174] Vgl. Untersuchungen 102.
[175] Ebd. 102.

zugleichen. Eine Spannung wird immer bestehen bleiben. Wie alle Gesetze dieser Art, müssen sich auch die kirchlichen „auf das Wohl der Kommunität" ausrichten und von daher versuchen, dem einzelnen gerecht zu werden. So kommt es, daß Kirchengesetze in Anwendung „auf das geistige Bedürfnis des einzelnen" manchmal hemmend, störend, „ja selbst materiell ungerecht" wirken. Da kirchliche Satzungen möglichst universalistisch sein wollen, können sie um so weniger partikulare Interessen berücksichtigen.[176]

Was könnte diese ‚materiell', d. h. unbeabsichtigt verursachte Härte kirchlicher Satzungen zum Teil mildern? Linsenmann beschäftigt sich auch mit dieser Frage. Eine wesentliche Erleichterung versprach er sich allein schon vom Fallenlassen überholter Gesetze.[177] Dies schrieb Linsenmann noch vor der Kodifizierung des heute geltenden ‚Codex juris Canonici' von 1917. Das „Durcheinander von noch geltendem und veraltetem Recht" war in der Tat damals sehr groß und wurde auch von den Konzilsvätern des Vatikanum I von 1870 beklagt.[178] Nach Linsenmanns Ansicht sollte die Kirche außerdem darauf bedacht sein, zwischen „Schuld und Strafe das richtige Verhältnis herzustellen".[179] Auch diese Aussage leuchtet erst auf, wenn man die damaligen Verhältnisse kennt. Es war die Zeit, in der das „System der Verdächtigungen, der Intrigen und Heimlichkeiten" blühte, „das manchem gläubigen und feinfühlenden Theologen zur Lebenstragik geworden ist".[180] Linsenmann meinte hierzu: die Kirche beanspruche zwar, „göttliches Gericht zu vollziehen" laut Mt 18, 18, aber sie bleibe doch – wie alle menschliche Justiz – „dem Irrtum unterworfen". Den Richtern sollte dies mehr Zurückhaltung auferlegen. Dem Angeklagten bleibt der Trost, „daß auch ein kirchlicher Urteilsspruch zuweilen die Sanktion des obersten Richters nicht erhält".[181]

Mehrmals hatte Linsenmann auf die sittliche Verbindlichkeit aller Gesetze, die auf gerechte Weise entstanden waren, betont hingewiesen. Und doch machte er einen *Unterschied* zwischen den Gesetzen, die die Kirche als Auslegerin der Offenbarung erstellt, und denen, die sie als Gesetzgeberin zur Ordnung der Gemeinschaft erläßt. Er schreibt: „Es wird zum voraus die Annahme nahe liegen, daß die Verpflichtung der kirch-

[176] Vgl. ebd. 103 f.
[177] Vgl. ebd. 104.
[178] Vgl. *F. Elsener,* Der Codex Juris Canonici im Rahmen der europäischen Kodifikationsgeschichte: Vom Kirchenrecht zur Kirchenordnung 33; vgl. *J. P. Gury,* Compendium theologiae moralis, Nr. 132.
[179] Untersuchungen 102.
[180] *Schnabel,* Deutsche Geschichte 317.
[181] Untersuchungen 103.

lichen Bestimmungen über Kirchenzucht, Kirchenstrafen usw. nicht eine gleich hohe und absolute ist, wie des natürlichen und evangelischen Gesetzes."[182]

Damit hat Linsenmann nochmals den Unterschied hervorgehoben, der zwischen den ‚authentischen Auslegungen' und ‚Fingerzeigen' einerseits, und den gemeinschaftstragenden Gesetzen der kirchlichen ‚Konstitution' anderseits, besteht. Doch die Klammer, die beide Dienste – den der Auslegung und den der Gesetzgebung im strengen Sinn – dialektisch vereint, ist die Sorge um das Seelenheil. Das ist das höchste Gesetz,[183] von dem aus jeder kirchliche Dienst überprüft werden muß. Auch das Kirchengesetz bedarf dieser kritischen Überprüfung. Sie besteht grundsätzlich in der „geistigen Auslegung des Gesetzes", die „nicht beim starren Buchstaben" stehenbleibt.[184] Von diesem Ansatzpunkt ausgehend, versucht Linsenmann die evangelische Freiheit zu umschreiben.

Dieser Ausgangspunkt ist beachtenswert. Um die christliche Freiheit zu definieren, hat Linsenmann zuvor den christlichen Gesetzesbegriff präzisiert. Die nun folgenden Ausführungen über die Freiheit sind die Krönung dessen, was Linsenmann bislang über die dienende und befreiende Funktion des Gesetzes aus christlicher Sicht dargelegt hat.

6. *Christliche Freiheit*

Linsenmanns Ausführungen über die Freiheit sind durch sein Gottes- und Menschenbild bestimmt. Für das Gottes- und Menschenbild wiederum ist die dialektische, vermittelnde Sicht Linsenmanns kennzeichnend. Freiheit offenbart sich, seiner Meinung nach, vor allem im Verhalten dem Gesetz gegenüber, angefangen bei der Normfindung. Das ist also eine spezifisch moraltheologische Sicht der Freiheit, die hier zur Geltung kommt. Die Normfindung stellt Linsenmann eindeutig als Aufgabe dar, die Gott der menschlichen, gnadenhaft erleuchteten Vernunft übertragen hat. Darum erscheinen Gesetz und Freiheit, im Linsenmannschen Verständnis, als Spannungseinheit sich gegenseitig fordernder und tragender Wirklichkeiten.[185]

Der Linsenmannsche Freiheitsbegriff ist grundsätzlich ethischer Art. Freiheit wird verstanden als verantwortliche Selbstbestimmung des Menschen. Die psychologische Wahlfreiheit wird vorausgesetzt. Insofern bleibt

[182] Untersuchungen 101 f.
[183] Vgl. Lehrbuch 74.
[184] Vgl. ebd. 67.
[185] Vgl. Lehrbuch 8.

Linsenmann auf der Linie der scholastischen Tradition. Kennzeichnend ist sein betonter Hinweis, daß die Wurzeln christlicher Freiheit im religiösen Bereich liegen. In der nachtridentinischen kasuistischen Moraltheologie wurde nämlich der religiös-biblische Aspekt der Freiheit zu wenig beachtet, wenn nicht ganz außer acht gelassen.

Freiheit aus dem Glauben

Der Glaube daran, daß in Jesus Christus Gottheit und Menschheit widerspruchslos vereint sind, war die Grundlage für Linsenmanns Überzeugung, daß Christus der ‚Koinzidenzpunkt' auch aller anderen Wirklichkeiten sei, die sich begrenzter, menschlicher Sicht als Antinomien darstellen. Dazu gehöre auch die Antinomie von Gesetz und Freiheit. Zwischen Gesetz und Freiheit besteht ein realer, aber zugleich in Christus *versöhnter* Gegensatz.[186]

Christus gebraucht das Wort ‚Freiheit' höchst selten. Auch im Alten Testament kommt es nicht oft vor.[187] Im Mittelpunkt der Verkündigung Christi steht *Gott*. Ob nun Jesus Seligpreisungen ausspricht oder Gleichnisse vorträgt: immer geht es um die rechte Vorstellung von Gott und die rechte Beziehung zu Gott. Hieraus darf man schließen, daß die rechte Vorstellung und Beziehung zu Gott *die* Wahrheit ausmacht, von der Christus verspricht, daß sie uns frei machen wird. In diesem Sinn schreibt Linsenmann: „Das Gesetz – nicht in dem beschränkten Sinne des Alten Testaments – hat befreienden, heiligenden Charakter, weil es ein Bruchteil der Wahrheit ist, von welcher es heißt: ‚Ihr werdet die Wahrheit erkennen, und die Wahrheit wird euch frei machen' (Jo 8, 32)."[188]

Unter Berufung auf das Evangelium hat also Linsenmann das Gesetz mit der frei machenden Wahrheit identifiziert. Die Gegensätzlichkeit von Gesetz und Freiheit wird damit aufgehoben. Aus der Sicht der *Gnade* stehen beide Wirklichkeiten im Verhältnis von Ursache und Wirkung zueinander. Das wird verständlich, wenn man – wie Linsenmann – von der dogmatischen Feststellung ausgeht, daß der Mensch nicht im Zustand „sittlicher Indifferenz" in die irdische Wirklichkeit hineingeboren wird. Die *Sünde* ist uns zuvorgekommen. „Wir sind ‚verkauft an die Sünde' (Röm 7, 14)."[189] Frei werden heißt demnach, „von schwachen Anfängen zu immer höherer Art von Sicherheit" voranschreiten, wobei Sicherheit die „moralische Unmöglichkeit" zu sündigen bedeutet. Der Anfang einer solchen Freiheit ist ein Geschenk göttlicher Gnade (libertas gratiae). Un-

[186] Vgl. ebd. 12. 17.
[187] Vgl. *G. Richter*, Freiheit: HthG II 23 f.
[188] Lehrbuch 64.
[189] Ebd. 60 f.; vgl. ebd. 63.

sere eigene Anstrengung muß jedoch hinzukommen. Aber diese Mitwirkung ist auch wieder nur möglich „aufgrund der Gnade Christi“.[190]
Die letzte Bemerkung galt dem protestantischen Dialogpartner, der die katholische Lehre von der Mitwirkung pelagianisch mißverstanden und abgelehnt hatte.[191] Interessant ist die Gleichsetzung von Gesetz und frei machender Gnade durch Linsenmann und das damit gegebene Verständnis des Gesetzes als Voraussetzung ethischer Freiheit.

Gesetz im Dienst der Gnade

Das Gesetz erscheint zunächst als *Gegensatz* (Antinomie) zur Freiheit. Das liegt daran – wie Linsenmann erklärt – daß uns Gottes Wille in der Form „menschlichen Denkens, menschlichen Wortes“ mitgeteilt wird. „Dabei bleibt immer eine Unangemessenheit der Form zum Inhalt bestehen.“ Zwar ist im Neuen Bund die Hülle abgetan, die auf Moses und dem Alten Testament lag (vgl. 2 Kor 3, 14–16), aber wir schauen auch jetzt noch „durch einen Spiegel im Gleichnis (1 Kor 13, 12). Darauf nun bezieht sich das Wort, daß wir nicht nach dem Buchstaben, sondern nach dem Geist urteilen sollen, weil der Buchstabe tötet, der Geist aber lebendig macht (2 Kor 3, 6)“.[192] Also erst dann, wenn wir beim sinnlich faßbaren Buchstaben des Gesetzes nicht stehenbleiben, sondern zum eigentlich Gemeinten, zum ‚Geist‘ des Gesetzes vordringen, kann uns das Gesetz als Voraussetzung der Freiheit erscheinen.
Wollten wir daraus schließen, daß also die Antinomie von Gesetz und Freiheit nur eine scheinbare Gegensätzlichkeit sei, dann würden wir Linsenmann mißverstehen. Es ist eine objektiv gegebene Gegensätzlichkeit, aber doch wieder nicht unüberwindbar in dem Sinne, als würden sich Gesetz und Freiheit gegenseitig ausschließen. Das Gesetz engt zwar unsere Entscheidungsmöglichkeiten ein, aber letztlich zum Wohl unserer Freiheit. Linsenmann ist bemüht aufzuweisen, daß das Gesetz in beiden Grundfunktionen, als ‚Wegweiser‘ und als ‚Zuchtmeister‘, *im Dienst* der frei machenden *Gnade* steht.
In der Funktion des ‚*Wegweisers*‘ ist das Gesetz für das sittlich relevante Handeln die „notwendige Voraussetzung“. Denn „wie sollte der Mensch von seinem freien Willen den richtigen, menschenwürdigen Gebrauch machen, wenn ihm der Wille Gottes, die Erkenntnis der sittlichen Ord-

[190] Ebd. 61.
[191] Luther hatte ein „ockhamistisch verzerrtes Bild von der katholischen Lehre“. Hieraus folgt jedoch nicht mit Sicherheit, daß es zum Konflikt mit der Kirche nicht gekommen wäre, wenn Luther die Lehre des Thomas von Aquin gekannt hätte. Van de Pol ist der Ansicht, es liege mehr vor als nur ein Mißverständnis. Gnade stehe bei Luther „in Antithese zu eigener Tugend und eigenen Werken“ (*Van der Pol,* Das Zeugnis 143 ff.).
[192] Lehrbuch 4. Das erste Bibelzitat Linsenmanns (2 Kor 3, 14–16) wurde korrigiert.

nung, nicht aufgeschlossen wäre?" Das Gesetz befreit den durch die Erbsünde verdunkelten Verstand vom Irrtum. In dieser Funktion ist das Gesetz „Befreiung und nicht ein Gegensatz zur Freiheit". Es ist einfachhin „jene Wahrheit, welche frei macht. Jo 8, 32"[193]

Wäre die Aufklärung der Vernunft allein imstande, „die sittlichen Dispositionen für die Annahme des Reiches Gottes im Menschen herzustellen", dann hätte das Gesetz nur die Funktion des Wegweisers, d. h. der Wahrheitsmitteilung zu erfüllen. Aber die Sünde muß nicht nur in der Gestalt des Irrtums in der Vernunft überwunden werden, sondern „vorzugsweise im Willen, der dem Bösen zugewandt ist von Jugend an".[194]

Daher hat das Gesetz auch die pädagogische Aufgabe des *„Zuchtmeisters"* (Gal 3, 24). In dieser Funktion ist das Gesetz „eine Schranke, die dem Willen angelegt ist gegen Unordnung und Sünde".[195]

Linsenmann bringt also die zweifache Funktion des Gesetzes mit dem Erkennen und Wollen, den zwei seelischen Grundfunktionen,[196] in Verbindung, die durch die Erbsünde beeinträchtigt wurden. Das Verhältnis zwischen Gesetz und Freiheit gestaltet sich in den zwei Gesetzesfunktionen unterschiedlich. Das Gesetz als Wegweiser ist die ‚Bedingung' sittlicher Freiheit. Als Zuchtmeister ist es eine ‚Schranke' für die Freiheit. Aber auch als Schranke bleibt das Gesetz Wille Gottes und dient so letztlich dem Wohl des Menschen. Daher darf nicht übersehen werden, daß beide Gesetzesfunktionen, trotz der genannten Unterschiede, auf eine *gemeinsame* Wurzel zurückgehen, die im religiösen Bereich liegt. Wir können daher beide Gesetzesfunktionen unter der gemeinsamen Bezeichnung ‚personal-religiöses Gesetzesverständnis' zusammenfassen, um sie vom ‚sachlich-magischen Gesetzesverständnis' strengstens zu unterscheiden. Linsenmann vollzieht diese Unterscheidung nicht mehr. Sie gewährt jedoch Einsichten, die sein Gesetzes- und Freiheitsverständnis prägnanter hervortreten lassen.

Das sachlich-magische und das personal-religiöse Gesetzesverständnis

Das Gesetz im *sachlich-magischen* Verständnis ist eine apersonale, *absolute* Größe, wie zum Beispiel der Nous bei den Vorsokratikern. Das so verstandene Gesetz beherrscht Welt und Menschen; es entscheidet über Erfolg oder Niederlage, Leben oder Tod. Um diese Kraft in den Dienst

[193] Untersuchungen: ThQ 53 (1871) 86 f.

[194] Ebd. 91. Linsenmann übernimmt die Formulierung des Thomas von Aquin: „Peccatum originale per prius respicit voluntatem" (Sth I–II q 83, a 3).

[195] Lehrbuch 64; vgl. Untersuchungen 91.

[196] Vgl. *M. Reding*, Philosophische Grundlegung der katholischen Moraltheologie, München 1953, 21.

des Menschen zu zwingen, ist die genaue Kenntnis der entsprechenden Formel – der technischen Formel oder der Zauberformel – notwendig. Also auf den *Buchstaben* kommt es an. Die Gesinnung des Handelnden nützt nichts. Magie und Technik haben in dieser Einstellung ihre „gemeinsame Wurzel".[197] Auf moralischer Ebene wird dieses Gesetzesverständnis zuweilen mit dem Wort „Tabu" wiedergegeben.[198]

Die Heilige Schrift versteht das Gesetz grundsätzlich als *personal-religiöse* Größe. Das Gesetz gilt als Weisung eines personal verstandenen Gottes.[199] Durch die geforderte, glaubendliebende Beziehung des Menschen zu Gott (relatio) wird das Gesetz im guten Sinne des Wortes *relativiert.* Dem Glaubenden wird nämlich bewußt, daß das Gesetz nicht Selbstzweck ist. Es kommt letztlich nicht auf den Buchstaben des Gesetzes an, sondern auf Gottes Barmherzigkeit (vgl. Ps 119, 77). Die *Gesinnung,* das *‚Herz'* des Handelnden, ist entscheidend. Durch Äußerlichkeit läßt sich Gott nicht täuschen. So wird Gott selbst, und nicht das Gesetz, zum letzten Beziehungspunkt menschlichen Handelns. Es ist ein Gott, der nicht den Tod des Sünders will, sondern daß er sich „bekehre und lebe" (Ez 33, 11).

Manches spricht dafür, das Gesetz in der Funktion des Zuchtmeisters mit dem sachlich-magischen Gesetzesverständnis gleichzusetzen. Aber die Unterschiede sind größer und entscheidender. Zwischen Bedrohung der Freiheit einerseits und Einschränkung der Freiheit anderseits muß klar unterschieden werden. Zudem darf man die jeweils dahinter stehenden Mächte nicht außer acht lassen, die die Bedrohung oder Einschränkung hervorrufen. Denn Bedrohung der Freiheit liegt vor, wo das Gesetz als absolute, apersonale Macht verstanden wird. Dagegen kommt die Einschränkung von einem personalen Gott, der den Menschen vor dem Verderben zu bewahren sucht (vgl. Ps 119, 92 ff).

Die „bewahrende Macht" des Gesetzes weiß man heute auch protestantischerseits zu schätzen, wie einige Stimmen beweisen.[200] Katholischerseits wird die Übereinstimmung mit bekannten Vertretern der Anthro-

[197] *Gehlen,* Anthropologische Forschung 96; vgl. *M. Oraison,* Eine neue Moral für unsere Zeit, Freiburg 1968, 64 ff.

[198] Es geht um das Wort ‚Tabu' im übertragenen Sinne (vgl. *H. Schoeck,* Tabu: Kleines soziologisches Wörterbuch [Herder-Bd. 312/313], Freiburg Br. 1969, 322), als Ausdruck der Angst vor dem Gesetz, das als unbefragte Größe blind befolgt wird. Vgl. *E. Kellner* (Hg.), Sexualität ohne Tabu und christliche Moral, München 1970, 66 f. Vgl. *R. Egenter,* Christliche Freiheit – grundsätzlich und konkret: K. Forster (Hg.), Freiheit und Determination, Würzburg 1966, 125 ff.

[199] Vgl. *M. Limbeck,* Von der Ohnmacht des Rechts. Zur Gesetzeskritik des Neuen Testaments, Düsseldorf 1972, 63; vgl. ebd. 40 ff.

[200] Vgl. *W. Trillhaas,* Ethik, Berlin [3]1970, 39. Trillhaas verweist auf K. E. Logstrup und G. Wingren.

pologie hervorgehoben bei der Feststellung: „Kein Mensch und keine Gemeinschaft kann ohne das Halteseil der von der menschlichen, sei es von der staatlichen oder kirchlichen Autorität verfügten gesetzlichen Normen auf die Dauer überleben.“[201]

Für den Moraltheologen ist es bedeutsam, feststellen zu können, daß sich das *Freiheitsverständnis* – in Abhängigkeit vom jeweils vorausgesetzten Gesetzesverständnis – sehr unterschiedlich gestaltet. Als sachlich-magische Größe steht das Gesetz der menschlichen Freiheit unversöhnlich gegenüber. Gesetz und Freiheit schließen sich hier gegenseitig aus. Wo das eine herrscht, kann das andere nicht zur Geltung kommen. Menschliche Freiheit muß sich also *gegen* die Macht des Gesetzes behaupten, entweder dank exakter Formelkenntnis (Technik) oder mit Hilfe von Beschwörung (Magie).

Das Verhältnis von Gesetz und Freiheit gestaltet sich völlig anders, wenn das Gesetz als personal-religiöse Größe verstanden wird. Dann eröffnet nämlich das Gesetz den Raum, in dem Freiheit erst möglich wird. Unter Gesetz ist hier an erster Stelle die frei machende Gnade zu verstehen, und erst an zweiter Stelle das Gesetz als Satzung, das durch menschliches Bemühen zustande kommt und im Dienste der Gnade zu stehen hat.[202] Freiheit wird mit Hilfe des Gesetzes – im ersten und zweiten Verständnis – errungen. Ziel göttlichen und menschlichen Wirkens ist nicht das Gesetz, sondern die „Freiheit der Kinder Gottes“ (Röm 8, 21).[203]

Begrenzte, aber unaufgebbare Freiheit

Christliche Freiheit, wie sie Linsenmann versteht, ist eine gnadenhaft geschenkte *Anlage*, die weiterer Entwicklung bedarf und insofern auch menschliche Mitwirkung erfordert. Linsenmann schreibt: „Die ethische Freiheit in ihrem Vollbegriff ist nicht der Ausgangspunkt, sondern das Ziel des menschlichen Strebens. Sie ist zuerst im Keime vorhanden, ist einer Entwicklung fähig und bedürftig, wird durch Übung befestigt und

[201] *J. G. Ziegler*, Vom Gesetz zum Gewissen. Das Verhältnis von Gewissen und Gesetz und die Erneuerung der Kirche, Freiburg 1968, 58. Ziegler verweist auf A. Gehlen und H. Schelsky.

[202] Das Gesetz ruft uns also nicht nur in die „Freiheit der Entschiedenheit“ (*B. Schüller*, Gesetz und Freiheit, Düsseldorf 1966, 22; vgl. 27 f. Berufung auf Linsenmann). Das Gesetz ist mehr. Es ist, wie Linsenmann in seinen ‚Untersuchungen‘ ausführt, die „notwendige Voraussetzung“ der Freiheit. Vgl. Untersuchungen: ThQ 53 (1871) 86 f.

[203] Das Verhalten Jesu besagt letztlich nur eines: „Gott will so vorbehaltlos das Gute für den Menschen, daß das Gesetz immer dann aufhört, den göttlichen Willen auszudrücken, wenn es irgendeinem Menschen – gar in Gottes Namen! – sein mögliches Heil mindert oder gar ganz verwehrt“ (*Limbeck*, a. a. O. 69).

vollendet."[204] Das christliche Freiheitsverständnis wird also durch zwei Glaubenswahrheiten bestimmt: durch den Glauben an den *allgemeinen Heilswillen* Gottes und die Glaubensgewißheit vom Widerstand, der in Gestalt der *Erbsünde* dem Heilswillen entgegengesetzt wird, wobei jedoch die Sünde immer umfangen bleibt von der mächtigeren Gnade.[205]
Die ethische, konkrete Freiheit muß folglich ebenso schöpferisch durch den Menschen erarbeitet werden, wie das konkrete Gesetz. Allerdings ist die letzte Vollendung, die Freiheit der Seligen (libertas gloriae), erst im Jenseits erreichbar.[206] Christliche Freiheit ist eine *illusionslose* Freiheit. Linsenmann weist darauf hin, daß die praktischen Schlußfolgerungen in bezug auf die Freiheit auch den empirischen Tatsachen entsprechen: „Der empirische Mensch ist nicht der fertige und vollkommene, sondern er ist ein werdender. Er muß sich seine ethische Freiheit täglich neu erkämpfen ... Die Entwicklung selbst ist aber gebunden an die anthropologischen Gesetze des Menschenlebens, sie kann auch hintangehalten, zurückgedrängt und zerstört werden durch äußere zufällige Hemmnisse."[207]
Damit kommen wir zu einem weiteren Kerngedanken, der in den Begriff der christlichen Freiheit hineingehört: Im Menschen selbst, dessen Sein von der Sünde gekennzeichnet ist, liegen die *Grenzen* seiner Freiheit, ja selbst die Möglichkeit ihrer Zerstörung! Linsenmann schätzte das Problem der Freiheit als das „erste Problem aller Ethik" ein. Aber er meinte damit nicht die Frage, „ob es eine sittliche Verantwortlichkeit gebe", denn die „hat nicht die Ethik zu beantworten". Es geht vielmehr um die „Grenzen dieser Verantwortlichkeit", die „die Natur, die menschliche Gesellschaft, ja die eigene Tat selbst, die nicht mehr ungeschehen gemacht werden kann, dem freien Willen entgegenstellt".[208]
Die Freiheit des einzelnen in der *Gesellschaft* wirft besondere Probleme auf. Es liegt an den „unvollkommenen Zuständen unseres Daseins", daß „bürgerliche Freiheit" nicht ohne „einen gewissen Zwang angestrebt und erhalten" werden kann. Die Antinomie, die darin besteht, daß es „wahre Freiheit nicht ohne Gesetze, Schranken" gibt, steigert sich hier „bis zur Paradoxie", daß nämlich Freiheit durch *Zwang* gewährleistet wird.[209]
Nach Linsenmanns Ansicht ist also auch Zwang mit der Freiheit vereinbar. Aber hier steigert sich die spezifische Situation des ‚Zwischen' von der ‚Antinomie' bis zur ‚Paradoxie'. Es ist eine Grenzsituation. Wann aber führt Zwang zur Vernichtung der Freiheit, die er zu bewahren vor-

[204] Lehrbuch 39.
[205] Vgl. ebd. 11.
[206] Vgl. ebd. 61.
[207] Ebd. 39. Satzfolge umgestellt.
[208] Lehrbuch 7. 39; vgl. die Einzelausführungen 41 ff.; 46 ff.
[209] Vgl. ebd. 8.

gibt? Eine brennende Frage menschlichen Zusammenlebens im Alltag und in allen politischen Bereichen steht hier zur Diskussion. Linsenmann vertritt den Grundsatz: „Eine Freiheit, die man den einen gewaltsam aufdringen muß, ist keine ihres Namens werte Freiheit. Man kann den Menschen zur Freiheit so wenig zwingen, als zur Liebe.“[210]

Der Vergleich mit der Liebe ist ein indirekter Hinweis darauf, daß eine genaue Umschreibung der Grenze nicht möglich ist, an der das Gesetz seiner dienenden Funktion entfremdet und als Machtmittel mißbraucht wird. Doch ein wirksames Mittel, dieser Gefahr zu entgehen, liegt in der Relativierung des Gesetzesbuchstabens durch die geistige Auslegung, die evangelischer Freiheit entspricht. Christi Beispiel bezeugt, daß der Mensch niemals dem Gesetz geopfert werden darf. Darum ist der Christ aufgerufen zur „denkenden Betrachtung“ des Gesetzes, die vom Buchstaben fortschreitet „zu dem geistigen Inhalt, zu den tieferen und verborgenen Gründen und Motiven“. Christus hat zudem bezeugt, „daß eine freie geistige Auslegung des Gesetzes nicht heiße das Gesetz auflösen, sondern es erfüllen“.[211] Geistige Auslegung macht also – nach Linsenmanns Ansicht – die eigentliche Erfüllung des Gesetzes erst möglich. Wer sich ängstlich an den Buchstaben klammert, der verfehlt den eigentlichen Willen Gottes, wie die Pharisäer. Zudem macht er sich und andere zum Sklaven des Gesetzes und verfehlt damit auch die christliche Freiheit.

Die Ausführungen über die christliche Freiheit haben wir mit dem Gesetz begonnen. Die Ausführungen über das Gesetz enden mit der Umschreibung christlicher Freiheit. Die dialektische Spannungseinheit von Gesetz und Freiheit – wie sie Linsenmann versteht – kommt auf diese Weise auch in der Darlegung zum Ausdruck.

Um das spezifisch christliche Anliegen bei der Erstellung konkreter Verhaltensnormen – in der Darstellung Linsenmanns – auf eine kurze Formel zu bringen, haben wir die Bezeichnung ‚schöpferische Norm*findung*‘ gewählt. Analog dazu können wir für die geistige Auslegung des Gesetzes, die christlicher Freiheit entspricht, die Bezeichnung ‚schöpferische Norm*auslegung*‘ wählen.

Wo die Moraltheologie den Mut zur schöpferischen Normfindung und Normauslegung nicht mehr aufbringt, da sinkt sie „zurück auf den Stand der rabbinischen und talmudistischen Gesetzesauslegung, die ebenso zum Rigorismus wie zum Laxismus führen kann“.[212] Linsenmann erinnert an die Schulen des Rabbi Schammei und Rabbi Hillel.[213] Und

210 Ebd. 52.
211 Ebd. 4.
212 Lehrbuch 67.
213 Vgl. Untersuchungen: ThQ 53 (1871) 238 f.

zum Anliegen des Probabilismus überleitend, fügt Linsenmann hinzu: „Wir werden später sehen, wie gerade die viel angefeindete, weil viel mißverstandene probabilistische Moral einer geistigen Auslegung des Gesetzes Vorschub leistet, weil sie die Freiheit in ihre Rechte einsetzt gegenüber dem Rigorismus."[214]

Hiermit ist bereits das Anliegen des nächsten Kapitels angedeutet.

[214] Lehrbuch 67.

Zweites Kapitel

Freiheit und Probabilistische Kasuistik

Um die Mitte des 17. Jahrhunderts fanden die ‚Lettres à un provincial' (1656) von Blaise Pascal († 1662) großen Anklang, in denen er die ‚Jesuitenmoral' mit beißendem Spott überschüttete. Das Kernstück dieser Moral, die probabilistische Kasuistik, war in seinen Augen nichts anderes als eine verdammungswürdige Aufweichung christlicher Ethik. Seine Polemik fand nicht wenige Gesinnungsgenossen und löste gegenüber der probabilistischen Moral eine Welle der Ablehnung aus.[1] Indessen wurden auch die Verteidiger des Probabilismus nicht müde, ihre Position sowohl wissenschaftlich als auch mit Gegenanklagen zu festigen. Die nachfolgenden Generationen setzten den Kampf fort, der mit unverminderter Schärfe bis zur Aufhebung des Jesuitenordens (1773) ausgetragen wurde.
In der zweiten Hälfte des 19. Jahrhunderts, zu Linsenmanns Zeit, lebte der Streit um den Probabilismus nochmals auf. Die pauschale Ablehnung des Probabilismus wirkte auf Linsenmann nicht überzeugend. Seiner Meinung nach lag der probabilistischen Kasuistik der ernste Versuch zugrunde, die christliche Freiheit vor einem zunehmenden Rigorismus zu schützen.[2] Aber Linsenmann war auch nicht von der Beweisführung der Neuscholastiker eingenommen, die sich kritiklos für den Probabilismus einsetzten.[3] Er behauptete, sie hätten – wie schon ihre Vorgänger – das Grundanliegen, die christliche Freiheit, aus den Augen verloren. Ihr leidenschaftlicher Streit um das beste ‚System der Probabilität' betreffe Nebensächlichkeiten. Darum bliebe für die protestantische Theologie der Zugang zum Grundanliegen des Probabilismus verbaut, „solange man nicht katholischerseits Hand anzulegen wage, um den seit Jahrhunderten aufgehäuften

[1] Vgl. *Döllinger – Reusch,* Moralstreitigkeiten 31–40.
[2] Vgl. *Linsenmann,* Untersuchungen: ThQ 53 (1871) 244; vgl. Rezension: ThQ 51 (1869) 149.
[3] Vgl. Probabilismus und probabilistische Systeme (nicht signierte Artikelfolge): Der Katholik 54 (1874/I) 45–57; 143–168; 283–309; 543–558; 682–699.

Schutt abzuräumen".[4] Diese notwendige aber auch schwierige Aufgabe wollte nun Linsenmann in Angriff nehmen.
Zu Linsenmanns Ausgangsthese gehört die erwähnte Unterscheidung zwischen dem Grundanliegen des Probabilismus, die christliche Freiheit zu wahren, und der geschichtlichen Ausformung des Probabilismus in Gestalt verschiedener ‚Systeme der Probabilität', die Linsenmann als Fehlentwicklung des Grundanliegens einschätzte.

1. Die Freiheit – das vergessene Grundanliegen

Um die Mitte des 19. Jahrhunderts hatten die Neuscholastiker sehr rasch die Führung in der katholischen Theologie übernommen. Die biblisch fundierte und kerygmatisch ausgerichtete Moral eines Sailer und Hirscher wurde aufgegeben. Nicht zuletzt deshalb, weil sie mit einem antischolastischen Affekt durchsetzt war. Man kehrte zur nachtridentinischen, kasuistischen Moral zurück.[5] Was dieser Schritt für die weitere Entwicklung der katholischen Moral bedeutete, läßt sich kaum ermessen. Jedenfalls lebten auch die Streitigkeiten des 17. und 18. Jahrhunderts um das beste ‚Moralsystem' – wie man die ‚Systeme der Probabilität' auch nannte – neu auf. „Namentlich seit den letzten Jahrzehnten" – so schrieb 1871 Linsenmann – (gibt es) „keinen katholischen Moralisten, der nicht über den alten Streit zwischen den Systemen der Probabilität neues Licht zu verbreiten gesucht hätte." Linsenmann verglich die schnell anwachsende Literatur zu diesem Thema mit einem „Gestrüpp, durch welches man nur mit dem Schwerte unerbittlicher Kritik sich Bahn brechen kann", um das Grundanliegen – die Freiheit – überhaupt wieder ans Licht und zur Geltung zu bringen.[6]
Trotz dieser markanten Ankündigung ging Linsenmann in seiner Kritik behutsam vor. Er versuchte zunächst, den Kernbegriff ‚Probabilität' zu klären. Wir schicken einige Bemerkungen zum Begriff ‚System' voraus, dem eine spezifische Bedeutung zukam.

Die Begriffe ‚System' und ‚Probabilität'

Bei den ‚Moralsystemen' handelt es sich nicht, wie man irrtümlich meinen könnte, um „theologische Systeme des Sittlichen".[7] Wir finden hier keine geordnete, logisch zusammenhängende Darlegung der Gesamtmoral. Mit

[4] Untersuchungen 226.
[5] Vgl. *Tillmann,* Die Idee der Nachfolge Christi, 40 f.
[6] Vgl. Untersuchungen 221.
[7] *K. Rahner – H. Vorgrimler,* Moralsysteme: Kleines theologisches Wörterbuch (Herder-Bd. 108/109), Freiburg Br. 1962, 247.

diesem, heute üblichen Gebrauch des Wortes ‚System' haben die ‚Moralsysteme' kaum etwas zu tun. Im 17. Jahrhundert, in dem sie entstanden, war ‚System' ein Modewort. Man hat es aus der Naturwissenschaft übernommen und auf die verschiedenen Gebiete übertragen.[8] Manche Forscher sind der Meinung, daß die probabilistischen Kasuisten bewußt zum Wort ‚System' gegriffen hatten, um die Dürftigkeit ihrer Systematik zu überdecken.[9]

Den wesentlichen Bestandteil der ‚Moralsysteme' bildete ein „universales reflexes Prinzip".[10] Damit ist eine Regel gemeint, die im Falle der Pflichtenkollision, auch Gewissensfall oder ‚casus' genannt, dem Handelnden eine Entscheidung ermöglichen soll, die sowohl der objektiven Forderung des Gesetzes als auch der subjektiven Überzeugung des Gewissens gerecht wird. Diese Umschreibung ist vorerst noch weit gefaßt. Wir werden nämlich gleich sehen, daß in der probabilistischen Kasuistik die subjektive Überzeugung kaum zur Geltung kommen konnte. Im Sinne der vorläufigen, weiten Umschreibung können wir sagen: Das Anliegen der ‚Moralsysteme' bestand darin, für den Entscheidungsfall (also ‚pro casu' und nicht ‚in genere') zwischen Gesetz und Gewissen ein rechtes Verhältnis zu garantieren, das der Freiheit des Evangeliums entspricht. So jedenfalls verstand Linsenmann das Grundanliegen der probabilistischen Kasuistik. Dem Gesetz wurde eine Vorrangstellung eingeräumt, denn das Gewissen war als ‚norma normanda' gehalten, sich am Gesetz auszurichten. Nur das Gewissen, das dieser Aufforderung nachkam, galt als ‚conscientia recta', das heißt als ‚richtige' und somit verbindliche Verhaltensnorm. Soweit befand man sich noch in Übereinstimmung mit der Lehre der Hochscholastik.

Die Abweichung von dieser Lehre begann mit einer positivistischen Einengung des Gesetzesbegriffs, anders ausgedrückt, mit einer Überbewertung des Gesetzesbuchstabens. Die probabilistische Kasuistik verstand unter Gesetz grundsätzlich die Satzung, den Gesetzesbuchstaben.[11] Diesem Positivismus lag die im 17. Jahrhundert vorherrschende Überzeugung zugrunde, daß sich alle Probleme – auch die sittlichen – ‚more geometrico' darstellen und lösen lassen.[12] Man war dementsprechend auch überzeugt, daß sich die Vielfalt sittlicher Verhaltensweisen im Modell des ‚casus'

[8] Vgl. *J. Klein,* Vom Werden und Wesen der Moralsysteme: Evangelische Theologie 10 (1968) 501.

[9] Vgl. *Hadrossek,* Die Bedeutung des Systemgedankens 10.

[10] *J. G. Ziegler,* Moralsysteme: LThK VII 612.

[11] Vgl. *ders.,* Vom Gesetz zum Gewissen, 20 f., 27 f.; vgl. *ders.,* Geschichte der Moraltheologie: LThK VII 621 f.

[12] Vgl. *K.-H. Kleber,* De parvitate materiae in sexto. Ein Beitrag zur Geschichte der katholischen Moraltheologie, Regensburg 1971, 89–94.

repräsentativ einfangen und durch gesetzliche Vorschriften ordnen und lösen lasse. Durch diese Voraussetzung erhielt die notwendige und nützliche Kasuistik einen falschen Stellenwert in der Moral. Sie diente nicht mehr der Situationserhellung, sondern der Deduktion von Gesetzen. Sie baute nicht Verantwortung auf, sondern ab. Das erwies sich an der Auswirkung auf die Rolle des Gewissens in der Moral. Von der biblischen Auffassung des Gewissens als ‚Herz' und ‚Mitte' des Menschen war man bald abgekommen.[13] Das Gewissen war nicht mehr, als nur „Zeuge einer Gesetzesverpflichtung, die mit Hilfe eines mehr oder weniger langen Syllogismus auf eine gegebene Situation angewandt werden soll".[14] Der Bereich, in dem sich das Gewissen – im Sinne der thomasischen Epikie – über den Gesetzesbuchstaben hinwegsetzen konnte, wurde auf die ‚lex dubia', auf den Bereich zweifelhafter Gesetzesverbindlichkeit, beschränkt.[15] Die zweifelhafte Gesetzesverbindlichkeit mußte ‚pro casu' durch eine probable Meinung (opinio probabilis) attestiert werden, die dann auch die Stelle des Gesetzes einnahm und für den gegebenen Fall verbindlich war. Aus der positivistischen Sicht, die dem Gesetzesbegriff zugrunde lag, war mit der probablen Meinung nicht die eigene Meinung des Handelnden gemeint, sondern die Meinung verbindlicher Autoritäten.

Aus der umrissenen, positivistischen Sicht lautete die entscheidende Frage: Wann kann eine Meinung für ausreichend probabel gelten, um die Gesetzesverbindlichkeit für den anstehenden Fall in Zweifel zu ziehen? Der Kernbegriff, um den also die Auseinandersetzungen um die ‚Moralsysteme' seit Mitte des 17. Jahrhunderts kreisten, war der lateinische Terminus ‚probabilis' – begründbar. Die deutsche Übersetzung, die ‚probabilis' mit ‚wahrscheinlich' wiedergab, hielt Linsenmann für unzureichend. Er blieb grundsätzlich bei der Bezeichnung ‚probabel' bzw. ‚Probabilität'.[16] Der Unterschied zwischen den verschiedenen ‚Moralsystemen' bestand im Grad der Probabilität (Begründbarkeit), den sie einer Meinung abverlangten, damit sie das Gesetz in Zweifel ziehen konnte. So bildeten sich die verschiedenen ‚Moralsysteme' heraus.

Die extremen Systeme des Laxismus und Rigorismus wurden schon in der zweiten Hälfte des 17. Jahrhunderts durch päpstliche Dekrete verworfen. Zunächst die laxistische Theorie, daß durch jede probable Meinung, auch vagester Art, die Gesetzesverbindlichkeit in Frage gestellt

[13] Vgl. *C. Spicq,* Personale Entscheidung vor Gott nach der Heiligen Schrift: Lebendiges Zeugnis 4 (1965) 48 ff.

[14] *F. Furger,* Gewissen und Klugheit in der katholischen Moraltheologie der letzten Jahrzehnte, Luzern 1965, 20.

[15] Vgl. Probabilismus und probabilistische Systeme 48 ff.

[16] Vgl. Rezension: ThQ (1869) 139.

werde.[17] Das zweite, verworfene System, der Rigorismus, trat für eine absolute Gesetzesverbindlichkeit ein, die auch bei bestbegründeten, gegenläufigen Meinungen erhalten bleiben sollte.[18] Nach Verurteilung dieser Extreme blieben grundsätzlich, wenn man von leichten Abwandlungen absieht, drei mögliche Unterschiede der Probabilität und somit drei ‚Moralsysteme' übrig: der Probabiliorismus, der Aequiprobabilismus und der (Minus-) Probabilismus.[19] Das strengste der verbliebenen Systeme war der Probabiliorismus. Er sah vor, daß die Gesetzesverbindlichkeit erst dann als zweifelhaft gelten durfte, wenn die Meinung gegen das Gesetz probabler (probabilior) war als die Meinung für das Gesetz. Das nächste System, der Aequiprobabilismus, hielt den Fall der ‚lex dubia' für gegeben, wenn die Meinungen für und wider das Gesetz gleich begründbar (aeque probabiles) waren. Das dritte System, der gemäßigte oder Minus-Probabilismus, sah die Gesetzesverbindlichkeit bereits in Frage gestellt, wenn die Meinung gegen das Gesetz zwar weniger begründbar, aber doch gut fundiert (vere ac solide probabilis) war. Auf die gute Fundierung hat man nach der Verurteilung des Laxismus besonderen Wert gelegt und dies hervorgehoben, um sich von der verurteilten Lehre klar abzugrenzen.[20]

Linsenmann hielt das Abwägen der Probabilitätsgründe, das den ‚Moralsystemen' als Unterscheidungsmerkmal zugrunde lag, für eine Fiktion. Seiner Meinung nach täuschte man hier eine Meßbarkeit von Beweisgründen vor, die es gar nicht gab. Schon im 17. Jahrhundert hatte Caramuel von Lobkowitz die Probabilitätsgründe mit einer Münze verglichen, deren Wert nicht vom meßbaren Gewicht abhängig ist, sondern durch den wandelbaren Kurs bestimmt wird.[21] Auch Linsenmann meinte, daß der Beweiswert von nicht genau berechenbaren Komponenten abhängt. Ob ich einen Probabilitätsbeweis für ausreichend oder unzulänglich halte, „das hängt zuletzt doch nur von dem eigenen Anteil ab, den mein Kopf und mein Herz an ihnen hat".[22] Mit anderen Worten, die positivistische Illusion einer umfassenden Objektivierbarkeit sittlicher Probleme hat sich auch in der Vorstellung von den Probabilitätsgründen durchgesetzt. Was Linsenmann den ‚Moralsystemen' zum Vorwurf macht, ist bedingt durch den positi-

[17] Vgl. DS 2103 und Anm. zu 2103. Der Laxismus wurde zensuriert durch Innozenz XI. im Jahre 1679. Es bleibt unklar, ob der Laxismus als ‚Moralsystem' von einem Theologen vertreten wurde. Vgl. *Linsenmann,* Lehrbuch 120; vgl. *Noldin,* Moralsysteme: WW VIII 1887.

[18] Vgl. DS 2303 und Anm. zu 2303. Der Rigorismus wurde zensuriert durch Alexander VIII. im Jahre 1690. Vgl. *Mausbach-Ermecke,* Katholische Moraltheologie [9]I 180.

[19] Vgl. *Linsenmann,* Lehrbuch 120.

[20] Vgl. *Noldin,* Moralsysteme 1888.

[21] Vgl. Untersuchungen 259 und Anm. 1.

[22] Lehrbuch 118.

vistischen Ansatzpunkt der probabilistischen Kasuistik. Der Positivismus, in seinen vielfältigen Abwandlungen, setzt voraus, was er erst beweisen müßte: daß das Objektive, faktisch Gegebene ohne die Reflexion auf das Subjekt überhaupt möglich ist.[23]

Der Anlaß zu neuem Streit

Die unüberschaubare Literatur zu den verschiedenen ‚Moralsystemen' hatte Linsenmann mit einem Gestrüpp verglichen. Die Vertreter der probabilistischen Kasuistik fühlten sich hart getroffen und mißverstanden.[24] Doch übertrieben hatte Linsenmann nicht.

Schon im 18. Jahrhundert waren die unterschiedlichen Meinungen und Systeme so verwirrend, daß Alfons von Liguori (1696–1787) sich intensiv darum bemühte, „durch die verwickelten, teils laxeren, teils strengeren Meinungen der Theologen einen sicheren Weg (viam tutam)" zu bahnen.[25] Liguoris ‚sicherer Weg' bestand in der Regel, „sich an die gesetzlich formulierte Forderung des Guten zu halten, solange nicht ebenso oder annähernd ebenso wahrscheinliche Gründe dafür sprechen, daß ein spontanes, nicht von einem allgemeinen Gesetz vorgeschriebenes Tun des Guten gleich gut oder besser ist".[26] So legt Bernhard Häring heute die Regel aus, wobei er die Möglichkeit spontanen Handelns überbetont und somit der damaligen, positivistischen Sicht der Dinge nicht ganz gerecht wird.

Die Hoffnung, Liguoris ‚sicherer Weg' würde den Probabilismusstreit eindämmen, erfüllte sich nicht. Gerade um das rechte Verständnis von Liguoris Lehre ist 1874 zwischen Redemptoristen und Jesuiten ein neuer Streit ausgebrochen. Der Anlaß war aus heutiger Sicht banal. In einer überarbeiteten Neuauflage der Moraltheologie Liguoris, nach J. P. Gury, äußerte der Jesuit Ballerini die Meinung, der heilige Alfons habe einen gemäßigten Probabilismus vertreten.[27] Einige Redemptoristen, denen die Originalität ihres Stifters geschmälert schien, verfaßten noch im gleichen Jahr die Replik ‚Vindiciae Alphonsianae'. Liguori stellten sie als Begründer eines eigenständigen ‚Systems', nämlich des Aequiprobabilismus, dar. Sie gingen in ihrem Eifer so weit, daß der Leser annehmen konnte,

[23] Vgl. *J. Möller*, Wahrheit als Problem. Traditionen – Theorien – Aporien, München 1971, 96–129.

[24] Vgl. Probabilismus und probabilistische Systeme 46 f.

[25] Die Worte stammen von Papst Pius IX., der 1871 Liguori geehrt hatte. Der Originaltext lautet: „Inter complexas theologorum sive laxiores sive rigidiores sententias tutam stravit viam" (*Koch*, Lehrbuch der Moraltheologie, Freiburg 1905, 13 Anm. 3). Die deutsche Übersetzung zit. nach: Döllinger-Reusch, Moralstreitigkeiten 465. *B. Häring* bringt in seiner Übersetzung (Das Gesetz Christi I 235) das Wort „Gestrüpp".

[26] *B. Häring*, Moralsysteme: Sacramentum Mundi III 620.

[27] Vgl. *Linsenmann*, Pflichtenkollision: ThQ (1876) 4 f. mit Anm.

Liguori sei ein Gegner des gemäßigten Probabilismus gewesen. Dadurch fühlten sich die Vertreter dieses ‚Systems' herausgefordert.[28] Die Spannung verschärfte sich.
Man kann die Leidenschaftlichkeit, mit welcher der Streit um die Moralsysteme im 19. Jahrhundert und auch zuvor ausgetragen wurde, nicht allein von der Sache her verstehen. Den Streit verschärfte die Rivalität zwischen den Ordensgemeinschaften. Im 17. und 18. Jahrhundert wurde die theologische Auseinandersetzung sehr stark durch die Rivalität zwischen den mächtigen Orden der Jesuiten und Dominikaner belastet.[29] Außerdem kam in Frankreich die Polemik der Jesuiten mit den Jansenisten und in Deutschland mit den Protestanten hinzu. Das Feld, auf dem die Streitigkeiten zwischen den genannten Parteien ausgetragen wurden, war zum Großteil die ‚Jesuitenmoral' – wie man die probabilistische Kasuistik seit den Angriffen Pascals nannte. Auf die letzten Zusammenhänge hat in einseitiger, aber doch beachtenswerter Formulierung J. E. Pruner, ein Zeitgenosse Linsenmanns, hingewiesen. Pruner schreibt: „Die Reformation und später der Jansenismus griffen alle Prinzipien des christlich-sittlichen Lebens an.... Der Protestantismus hatte alle Verpflichtung durch ein Gesetz und jeden inneren Wert der christlich-sittlichen Handlungen geleugnet; die auf ihn folgende jansenistische Heuchelei verwarf jede sittliche Freiheit. Da war es die Hauptaufgabe eines jeden Moralisten, das richtige Verhältnis von Gesetz und Freiheit in allen einzelnen Beziehungen des menschlichen Handelns festzustellen."[30]

Der vergessene ‚Balken'
In Pruners Aussage finden wir die These Linsenmanns wieder, daß das richtige Verhältnis von Gesetz und Freiheit das Grundanliegen bzw. die Hauptaufgabe der probabilistischen Kasuistik darstelle. Diese Sicht der Dinge war auch der Grund dafür, daß Linsenmann den neu aufflammenden Streit zwischen Redemptoristen und Jesuiten mit Unbehagen verfolgte. Seiner Meinung nach war man vom Grundanliegen weit abge-

[28] Vgl. Probabilismus und probabilistische Systeme 162. Heute scheint der Redemptorist B. Häring zwischen dem gemäßigten Probabilismus und der Lehre Liguoris keinen Unterschied zu machen. Er schreibt: „Den gemäßigten Probabilismus, der sich nach der Unterdrückung der hauptsächlich den Probabilismus vertretenden Gesellschaft Jesu Äquiprobabilismus nannte und dessen Hauptvertreter Alfons von Liguori ist, könnte man etwa so charakterisieren: Die Freiheit der Kinder Gottes liebt die Offenbarung des Willens Gottes gleicherweise in einer gesetzlich formulierten und gesetzlich nicht formulierten Gestalt, so daß sie sich jeweils für das entscheidet, wofür die stärkeren Gründe sprechen" (Moralsysteme 620). Die Deutung Härings ist geschichtlich nicht korrekt. Den ‚Systemen' lag ein anderes Gesetzesverständnis zugrunde.
[29] Vgl. Moralstreitigkeiten 303.
[30] *J. E. Pruner*, Moraltheologie: WW VIII 1896 f.

kommen. Er schreibt: „Es ist nun wiederum ein Umgehen der Hauptfrage, wenn man neuestens, was die feinste Differenz zwischen den ‚Vindiciae Alphonsianae' und Ballerini bildet, sich auf die Unterscheidung beschränkt, ob die opinio, welche man trotz der entgegenstehenden opinio probabilior et tutior befolgen dürfe, richtiger als opinio minus oder certe, oder vere probabilis gefaßt werden müsse. Das sind nur die Splitter, um die man sich streitet; am Balken stößt sich keine der streitenden Parteien."[31]

Dem vergessenen ‚Balken', dem Grundanliegen, wollte sich Linsenmann zuwenden, um es wieder zur Geltung zu bringen. Es handelt sich um das Problem, „wie sich die evangelische Freiheit zum strikten (alttestamentlichen) Gesetzesstandpunkt verhalte".[32] Mit dem ‚strikten, alttestamentlichen Gesetzesstandpunkt' war das positivistische, buchstäbliche Gesetzesverständnis gemeint, das die probabilistische Kasuistik ihren ‚Systemen' zugrunde gelegt hatte. Da Bartholomäus Medina, der einflußreiche Thomaskommentator aus Salamanca, als Begründer des Probabilismus angesehen wurde, griff Linsenmann auf seinen Kommentar zur ‚Theologischen Summe' zurück.

2. *Die umstrittene Rolle Medinas*

Linsenmanns Zeitgenossen waren sich nicht einig, welche Rolle der Thomaskommentator aus der Dominikanerhochschule zu Salamanca, Bartholomäus Medina (1527/28–1581), in der Entwicklung des Probabilismus gespielt hatte. Die Frage ist auch heute noch nicht befriedigend beantwortet. Zwei Meinungen stehen sich gegenüber. Die eine hält Medina für den „Vater dieses Systems".[33] Die andere behauptet, er habe für eine „allgemein anerkannte Wahrheit nur den richtigen und treffenden Ausdruck gefunden".[34]

Vater des Probabilismus oder Erfinder der treffenden Formel?

In der zweiten Hälfte des 17. Jahrhunderts hat der Löwener Professor Christian Lupus geschichtliche Beweise zusammengestellt, aus denen hervorgehen sollte, daß bereits den Kirchenvätern und dem frühen Mittelalter die probabilistische Sittenregel nicht unbekannt war.[35] Zu Linsen-

[31] Pflichtenkollision 8.
[32] Rezension: ThQ 51 (1869) 151.
[33] *F. Morgott*, Medina: WW VIII 1169 f.
[34] *Noldin*, Moralsysteme 1169.
[35] Vgl. *H. Hurter*, Lupus, Christian: WW VIII 304 ff.; vgl. *Noldin*, Moralsysteme 1879 f.

manns Zeit war es vor allem der Neuscholastiker Noldin, der diese Meinung vertrat. Als durchschlagender Beweis galt für Noldin folgende Überlegung: Hätte Medina eine neue Lehre vorgetragen, so wäre er „nicht von den Theologen aller Schulen ohne Widerspruch akzeptiert und nachgesprochen worden... Der Probabilismus besaß bis in die Mitte des 17. Jahrhunderts die Alleinherrschaft in der Moral".[36] Daher die Schlußfolgerung: Medina habe nicht den Probabilismus selbst, sondern lediglich die zutreffende Formel für das probabilistische Anliegen gefunden.
Die gegenteilige Meinung besaß zu Linsenmanns Zeit ebenso bedeutsame Vertreter. Döllinger und Reusch hatten in ihrer ‚Geschichte der Moralstreitigkeiten' die Behauptung zu untermauern versucht, daß Medina der „erste Vertreter des Probabilismus" war. Indirekt bestätigten sie jedoch die anderslautende Behauptung Noldins, indem sie feststellten, daß der Probabilismus bis zur Mitte des 17. Jahrhunderts die herrschende und kaum angefochtene Theorie blieb. Erst durch die Angriffe der Jansenisten auf die sogenannte ‚Jesuitenmoral', bei denen Blaise Pascal federführend war, kam es zur antiprobabilistischen Wende.[37] Die Meinung also, die auch Noldin vertrat, hatte zunächst die besseren Argumente. Zu Beginn unseres Jahrhunderts versuchte Mandonnet, das Hauptargument Noldins durch den Hinweis zu entkräften, man habe die neue Lehre Medinas ohne Widerspruch hingenommen, weil man mit anderen Auseinandersetzungen beschäftigt war.[38] Für das Argument spricht einiges, denn Medina war aus der Dominikanerschule zu Salamanca der erste, der seine Schriften nach dem Tridentinum veröffentlichte. Trotzdem meint Ternus, der die Vorgeschichte des Probabilismus von Vitoria bis Medina (im Zeitraum von 1526–1580) eingehend untersucht hatte (1930), die Erklärung Mandonnets sei unwahrscheinlich. Aber Ternus deutet auch die Schwierigkeit der anstehenden Frage durch die Feststellung an, daß man bereits im 17. Jahrhundert, im Streit um die Rolle Medinas, nicht selten die gleichen Texte anführte und verschieden auslegte.[39] Aufgrund dieser Schwierigkeiten ist um so höher der Entschluß Linsenmanns einzuschätzen, direkt auf den Originaltext Medinas zurückzugreifen. Zwei Fragen waren für Linsenmann von Bedeutung: „1. Wie schließt sich die Auffassung Medinas an die seiner Vorgänger und Gewährsmänner an; 2. welches sind die ‚septem argumenta', womit er seine Auffassung stützt, und welche ist ihre Beweiskraft?"[40]

[36] *Noldin,* Moralsysteme 1880.
[37] Vgl. *Döllinger-Reusch,* Moralstreitigkeiten 29–35.
[38] Vgl. *P. Mandonnet,* Frères Prêcheurs: DThC VI 919.
[39] Vgl. *J. Ternus,* Zur Vorgeschichte der Moralsysteme von Vitoria bis Medina, Paderborn 1930, 13. 18.
[40] *Linsenmann,* Rezension: ThQ 51 (1869) 142 f.

Medinas Entscheidung gegen seine Vorgänger

Die Begriffe ,Meinung' (opinio) und ,probabel' (probabilis) hatte Medina schon vorgefunden. Ebenso die Entscheidung, daß man bei entgegengesetzten, *gleich* begründbaren Meinungen (opiniones aeque probabiles, pariles opiniones) sich jeder zuwenden und ihr gemäß handeln dürfe, sowohl der Meinung, die der eigenen Überzeugung entsprach, als auch der gegenteiligen, ohne im Gewissen schuldig zu werden. Das konnte Medina bei Dominikus Soto (1495–1560), einem seiner Vorgänger auf dem Lehrstuhl zu Salamanca, nachlesen. Und er hat es auch getan.[41] An Richter und Regierende in Kirche und Staat hatte Soto die Mahnung hinzugefügt, sie dürften sich bei der Wahl der Meinung nicht von Parteilichkeit leiten lassen und sollten auch Ärgernis durch Meinungswechsel vermeiden.[42] Zweihundert Jahre vor Liguori wurde hier also der Aequiprobabilismus behandelt. Zudem ist beachtenswert, daß weder Soto noch Medina der Meinung, die dem Gesetz entsprach (opinio pro lege), von vornherein den Vorrang gewährten, wie die späteren Kasuisten. Sucht man nach einer Erklärung, so stößt man bei Medina auf Erwägungen, die mit seiner nachfolgenden, probabilistischen These (Formel) engstens zusammenhängen.

Der Thomaskommentator Medina legt das Gesetz im thomasischen Sinne aus, nämlich als „ordinatio rationis".[43] Von diesem Verständnis her ist der ethisch entscheidende Beziehungspunkt für den Handelnden nicht die Satzung, d. h. das konkret formulierte Gesetz, sondern die Ratio, deren Produkt die Satzung ist. Mit Thomas von Aquin stellt Medina die Grundregel auf: „Bonitas voluntatis dependet a ratione",[44] wobei jedoch Medina präziser formuliert: „Illa voluntas bona erit, quae fuerit conformis rectae rationi, proponenti verum bonum."[45] Um diese *Grundregel* zu bekräftigen und zu erläutern, führt Medina gleich darauf einen Satz an, der eigentlich bei Thomas auf einem anderen Blatt steht, nämlich in seinen Erwägungen über das Wesen des Gesetzes. Thomas schreibt: „Regula autem et mensura humanorum actuum est ratio, quae est primum principium actuum humanorum."[46] Medina wiederholt sinngemäß: „Recta namque ratio . . . regula est et norma humanorum operationum."[47] Das

[41] Vgl. *B. Medina,* Scholastica commentaria in primam secundae (Salamanca 1577), Köln 1619, q 19, a 6, col 463. Medina beruft sich auf Sotos Werk ,De justitia et jure' (Salamanca 1553), Lyon 1559, lib 3, q 6, a 5, ad 4, pag 197.

[42] Vgl. *Soto,* a. a. O. pag 197.

[43] Vgl. bei *Thomas von Aquin* Sth I–II q 90, a 1 und a 4. Bei *Medina* siehe Commentaria q 90, a 1, col 1230.

[44] Sth I–II q 19, a 3.

[45] Commentaria q 19, a 3, col 445.

[46] Sth I–II q 90, a 1.

[47] Commentaria q 19, a 3, col 446.

ist der *neue Kontext,* in den Medina die Ausführungen über die ,opiniones' hineinstellte, die er aus Sotos Werk ,De justitia et jure' übernommen und eigenwillig ergänzt hatte.

Nachdem Medina die Grundregel angeführt und erläutert hatte, wendete er sich, in Anlehnung an Thomas, den Fragen zu, wie weit die Übereinstimmung oder die Abweichung von der Ratio den sittlichen Wert der Handlung beeinflußt. Beide Fragen werden als Einheit gesehen und ausgelegt.[48] Hier kommt die interessante Problematik des ,error invincibilis' und der ,ignorantia inculpabilis' zur Sprache. Die mit Thomas übereinstimmende Schlußfolgerung Medinas lautet: Die ,conscientia erronea', soweit sie durch einen ,error invincibilis' oder eine ,ignorantia inculpabilis' bedingt ist, bleibt – als ,dictamen rationis' – verpflichtende Verhaltensnorm für den einzelnen.[49]

Damit war eigentlich schon die nächstliegende Frage beantwortet, die den Erwägungen Medinas über die ,opiniones aeque probabils' – diesmal in Auseinandersetzung mit Soto – direkt vorausging. Die bemerkenswerte Frage lautete: Ist es erlaubt, gegen die eigene Überzeugung (opinio propria) zu handeln?[50] Medina brauchte nur klarzustellen, daß die ,opinio propria' nichts anderes sei als das Gewissen (conscientia). Mit Berufung auf Röm 14, 23 konnte er dann die Antwort erteilen: Das Handeln gegen die eigene Überzeugung ist Sünde.[51]

Diese Antwort, die den sittlich unaufgebbaren Wert der Überzeugung (opinio propria, conscientia) herausstellte, war für Medina die Grundlage und Aufforderung zugleich, um bei der nächsten Frage eine Meinung zu wagen, die der Lehre Sotos und anderer Autoritäten widersprach. Es ging um die Frage, ob der Handelnde gehalten sei, der besser begründbaren Meinung (opinio probabilior) zu folgen, oder ob es genüge, sich an eine Meinung zu halten, die als gut begründbar (opinio probabilis) gelten konnte.[52] Aus der Überleitung Medinas zu dieser Frage[53] geht

[48] Vgl. Commentaria q 19, a 5: Utrum voluntas discordans a ratione errante sit mala; a 6: Utrum voluntas concordans rationi erranti sit bona. – Beginn der „explicatio articulorum 5 et 6", ebd. col 451.

[49] „Dicendum est ergo quod conscientia recta et erronea obligant coram Deo, sed diversa ratione" (Commentaria q 19, explicatio articulorum 5 et 6, col 454).

[50] „Utrum sit licitum agere contra propriam opinionem" (Commentaria q 19, expl 5 et 6, col 461).

[51] Vgl. ebd. col 462.

[52] „Utrum teneamur sequi opinionem probabiliorem, relicta probabili, an satis sit sequi opinionem probabilem" (Ebd. col 464).

[53] Vgl. ebd. col 464. In der Überleitung spricht Medina nochmals vom Handeln gegen die ,opinio propria'. Der beachtenswerte Text lautet: „Ad argumenta in principio dicendum est, quod qui in his casibus agit contra opinionem propriam, agit contra dubium, vel opinionem speculativam; caeterum non agit contra conscientiam; nam certus est, et

hervor, daß mit der ‚opinio probabilis' die ‚opinio propria', die eigene Überzeugung, gemeint war. Sinngemäß stand also folgendes Problem zur Debatte: Muß man die gut begründbare (probabilis) eigene Überzeugung aufgeben, wenn die gegenteilige Meinung besser begründbar (probabilior) ist?

Thomas von Aquin hatte, „zwar nach Abaelard, aber im übrigen gegen die bisherige Tradition" dargelegt, daß das Einzelgewissen die höchste subjektive Norm des Handelns ist, die auch noch im unverschuldeten Irrtum verpflichtet.[54] In dieser Richtung, die den Wert des Einzelgewissens hervorhebt, geht nun Medina weiter, indem er – gegen Soto und andere Theologen – behauptet, daß die gut begründbare, eigene Überzeugung die subjektiv verpflichtende Höchstnorm bleiben darf und soll, auch wenn bessere Argumente auf der anderen Seite stehen. Damit war nicht das starre Beharren bei der eigenen Meinung wider besseres Wissen (pertinacia) sanktioniert, das ein Kennzeichen der Häresie war.[55] Vielmehr sollte die sittlich entscheidende Bedeutung der Ratio konsequent zur Geltung kommen, die schon bei Thomas – das ist das Interessante – mit der subjektiven Einsicht in engste Beziehung gebracht wurde. Die Aufwertung der ‚conscientia erronea' macht dies deutlich.

Soto hatte für den Fall entgegengesetzter Meinungen mit *ungleicher* Probabilität entschieden, daß man sich dem weniger Begründbaren (minus probabilia) nur „in speculabilibus scholarum disputationibus" zuwenden dürfe, also nur in der Schule zur Einübung der Diskussionskunst. In der Praxis dagegen, soweit sie das Recht anderer betraf, habe man sich an die ‚opinio probabilior' zu halten. Beispielhaft für diese Notwendigkeit war, nach Sotos Ansicht, die Praxis des Arztes, des Theologen und des Richters.[56] Diese Einschränkungen blieben fortan ein fester Bestandteil der probabilistischen Kasuistik. Dieselben Beispiele finden wir im 18. Jahrhundert in der Moraltheologie des Alfons von Liguori und im 19. Jahrhundert im ‚Compendium theologiae moralis' von Gury.[57] Linsenmann machte hierzu die treffende, kritische Bemerkung: „In der Tat hat diese Einschränkung zur Folge, daß der Probabilismus nicht mehr auf

certum habet iudicium quod quando sunt duae opiniones probabiles, licet utrique adhaerere indifferenter. Sed ex hoc nascitur magna quaestio: Utrum teneamur sequi opinionem probabiliorem, relicta probabili, an satis sit sequi opinionem probabilem?" (Ebd. col 464.)

[54] Vgl. *Oeing-Hanhoff,* Der Mensch 26.

[55] Vgl. Sth. II–II q 11, a 2 ad 3.

[56] Vgl. *Soto,* De justitia et jure, lib 3, q 6, a 5 ad 4, pag 197.

[57] Vgl. *J. P. Gury,* Compendium theologiae moralis, Regensburg ²1857, Nr. 56 f. Hier Hinweis auf die Parallelstellen in der ‚Theologia moralis' des hl. Alfons von Liguori, bearb. von P. M. Haringer, Regensburg 1846.

eigentlich große und wichtige, sondern nur noch auf kleinliche und fast kindische Fragen anwendbar ist."[58]

Aber schon Medina – was Linsenmann nicht erwähnt – war mit der Einschränkung Sotos nicht einverstanden. Er hielt die ‚opinio probabilis' für eine durchaus genügende Sicherheit bei der Sakramentenspendung und anderen Funktionen von ähnlicher Bedeutung, die das Recht anderer betrafen.[59] Darum widersprach Medina der Lehre Sotos, man dürfe die ‚minus probabilia' nur diskutieren, jedoch nicht in die Tat umsetzen. Die vielzitierte *These Medinas,* die eigentlich nur eine Schlußfolgerung aus den vorangegangenen Erwägungen darstellt, hat folgenden Wortlaut: „Sed mihi videtur, quod si est opinio probabilis, licitum est eam sequi, licet opposita probabilior sit."[60]

Linsenmann sah in der These die „richtige Konklusion" aus den Darlegungen Sotos. „Wenn man in spekulativen Dingen vernünftigerweise bei der bloß probablen Meinung stehen bleiben kann, so muß es auch in sittlichen Dingen ein vernünftiges, also erlaubtes Handeln geben aufgrund einer bloßen Wahrscheinlichkeit."[61] Doch mit dieser Feststellung traf Linsenmann nicht den Kern der Sache. Medina zieht hier nicht die ‚richtige Konklusion' aus Sotos Überlegungen. Im Gegenteil. Er stellt Sotos Überlegungen in einen neuen Kontext und kommt daher zu einer Entscheidung, die der Meinung Sotos widerspricht. Zumindest in bezug auf Soto trifft auch nicht zu, was Noldin behauptet, daß nämlich Medina für eine allgemein anerkannte Lehre nur den treffenden Ausdruck gefunden habe. Freilich war die Anlehnung Medinas an Thomas von Aquin hierbei entscheidend. Aber Medina ging einen Schritt weiter in der von Thomas aufgewiesenen Richtung, die einer Aufwertung der Überzeugung, des Gewissens, gleichkam. Medina war sich auch dessen bewußt, daß er eine ‚magna quaestio' anging.[62] Ebenso bewußt setzte er sich über die Autorität des ‚doctissimus Soto' und anderer, höchst angesehener Theologen hinweg. Medina zählt sie auf. Es waren: Sylvester de Prierias († 1523), Verfasser einer vielgelesenen Beichtsumme, dann der Tübinger Professor Konrad Summenhart († 1502), und – „quod magis movet" – der berühmte Thomaskommentator Cajetan († 1534).[63] Die Argumente,

[58] *Linsenmann,* Lehrbuch 119.

[59] Vgl. Commentaria q 19, expl 5 et 6, col 463.

[60] Ebd. col 464.

[61] *Linsenmann,* Rezension: ThQ 51 (1869) 144.

[62] Vgl. Commentaria col 464: „Sed ex hoc nascitur magna quaestio."

[63] Vgl. ebd. col 464: „Hanc quaestionem difficilem satis explicat doctissimus Soto lib 3. de justitia, q 6, a 5 ad 4. . . . Sentiunt idem Sylvest. ‚verb. opinio § 2', Conrad. ‚in lib. de contract. quaest. ult.', et quod magis movet, Dn. Caietan. ‚in sua summa, verb. opin.'."

mit denen die erwähnten Autoren, in Übereinstimmung mit Soto, ihre Lehre begründen, hält Medina für sehr gut. Dennoch setzt er ihnen die eigene Meinung zur ‚opinio probabilis' entgegen und leitet sie mit den prägnanten Worten ein: „Sed mihi videtur . . .".[64]

Mit Linsenmann wollen wir uns nun den Argumenten zuwenden, die Medina für seine These ins Feld führt.

Die Beweisführung Medinas

Entgegen der Lehre Sotos und anderer Gewährsmänner hatte Medina zu behaupten gewagt, daß man die ‚minus probabilia' nicht nur diskutieren, sondern gemäß der ‚opinio (minus) probabilis' auch handeln dürfe. Eigentlich ging es um die These, daß man die eigene Überzeugung nicht schon aufgeben müsse, wenn die gegenteilige Meinung die besseren Argumente für sich hat. Der Klärung des Begriffspaares ‚opinio probabilis' kam folglich große Bedeutung zu. Medina hat den Abschnitt über die Opinio breiter als Soto und sehr selbständig ausgebaut.[65]

Um Medinas Beweisführung recht zu verstehen, darf man sich nicht – wie Linsenmann es getan hat[66] – auf die Argumentationsreihe beschränken, durch die Medina seine probabilistische These untermauert.[67] Der gesamte *Opinio-Traktat* Medinas[68] ist zu berücksichtigen, da aus ihm die probabilistische These wie eine Schlußfolgerung hervorgeht. Sogar der noch größere Rahmen, in dem der Opinio-Traktat selber steht, nämlich Medinas gemeinsamer *Kommentar zu Artikel 5 und 6* der 19. Quaestio,[69] muß in seinen Grundzügen beachtet werden. Es geht um die Fragen der Artikel 5 und 6: wie weit die Übereinstimmung (Artikel 5) oder die Abweichung (Artikel 6) von der Ratio den sittlichen Wert der Handlung bestimmt. Bei Thomas von Aquin hatte Medina gelesen und nach ihm fast wörtlich wiederholt, daß diese Fragen gleichbedeutend sind mit den anderen: wie weit die ‚conscientia erronea' verpflichtet, beziehungsweise entschuldigt.[70] Der sittliche Wert der eigenen Überzeugung, die Medina mit der ‚conscientia' des Thomas und der ‚fides' aus Röm 14, 23 gleichsetzt, ist also das *Hauptproblem*, das dem Opinio-Traktat voransteht.

Medina mußte die Entwicklung berücksichtigen, die in der Gewissenslehre seit Thomas stattgefunden hatte. Zur ‚conscientia recta' und zu ihrem Gegensatz, der ‚conscientia erronea', hatte Thomas wesentliche Einsich-

[64] „Certe argumenta videntur optima, sed mihi videtur . . ." (Ebd. col 464.)
[65] Vgl. *Ternus,* Zur Vorgeschichte der Moralsysteme 78.
[66] Vgl. *Linsenmann,* Rezension: ThQ 51 (1869) 144 f.
[67] Vgl. Commentaria col 464 f.
[68] Vgl. ebd. col 461–465.
[69] Vgl. ebd. col 451–461.
[70] Vgl. Sth I–II q 19, a 6; vgl. Commentaria q 19, a 6, col 450.

ten vorgetragen, denen nichts zuzufügen war. Aber die Gewissenslehre wurde inzwischen zu einem Traktat ausgebaut und um weitere Unterscheidungen bereichert. Bei Soto fand Medina vier Gewissensarten aufgezählt.[71] Medina bleibt bei der Vierteilung ‚conscientia recta, erronea; dubia et scrupulosa' nebst Definitionen.[72] Auch bei der ‚conscientia dubia' und der ‚conscientia scrupulosa', die Thomas nicht kannte, fand Medina festgelegte Definitionen vor. Demnach war für die ‚conscientia dubia' die Unentschiedenheit kennzeichnend, und für die ‚conscientia scrupulosa' die Angst und Bedrängnis, mit der die Entscheidung getroffen wurde.[73]

Von den Erwägungen Medinas zur ‚conscientia scrupulosa' können wir absehen, da sie nach dem Opinio-Traktat folgen und inhaltlich mit ihm nur lose verbunden sind. Wichtig sind dagegen die Ausführungen zur *‚conscientia dubia'*. Ihnen voran steht die überlieferte These: Entgegen einem unentschiedenen Gewissen (contra conscientiam dubiam) darf nicht gehandelt werden, denn das würde einem Handeln ohne Überzeugung gleichkommen, von dem der Römerbrief 14 sagt, daß es Sünde ist.[74] Für den Ausnahmefall, in dem sofortiges Handeln dringend notwendig war, galt die Regel: Das kleinere Übel ist zu wählen.[75] In beiden Fällen war die Verantwortung des einzelnen gefordert und damit seiner Überzeugung Rechnung getragen. Das Gewissen wurde weder übergangen noch auf eine Autorität verwiesen, die die Stelle des Gewissens einnahm. Daher erwuchs folgende Frage zu einem schwierigen Problem: Was war zu tun, wenn ein rechtmäßiger Vorgesetzter befahl, was Sünde war?

Mit diesem Fall, in dem der eigenen Überzeugung die Gehorsamspflicht gegenüberstand, hatten sich die Theologen – wie Medina berichtet – sehr ausführlich befaßt.[76] Sollte ich, zum Beispiel, ein nur mir bekanntes Vergehen offenbaren und dadurch den anderen diffamieren, wenn es der Vorgesetzte befahl? Die Vorgänger Medinas hatten grundsätzlich – obwohl mit gewissen Absicherungen – den Gehorsam als Pflicht nahegelegt. Medina bestand auf dem unaufgebbaren Wert der eigenen Überzeugung und meinte, im genannten Fall sei der Ungehorsam das kleinere Übel, das zu wählen sei. Den überlieferten Grundsatz, dem rechtmäßigen Vorgesetzten ist zu gehorchen, wollte Medina als pauschale Verhaltensregel nicht anerkennen. Statt dessen forderte er, man sollte zunächst die Qualität des Vorgesetzten prüfen. Wenn er ein „vir doctus et pius" ist, sollte

[71] Vgl. *Ternus,* a. a. O. 69.
[72] Vgl. Commentaria q 19, expl 5 et 6, col 452.
[73] Vgl. ebd. 452.
[74] Vgl. ebd. 457.
[75] Vgl. ebd. 459.
[76] Vgl. ebd. 461.

man ihm den Grund des eigenen Zögerns vortragen. Beharrt nun der Vorgesetzte trotz allem bei seinem Befehl, dann sollte man gehorchen.[77]
Medina verlangte also vom einzelnen, daß er für seine Überzeugung viel Mut aufbringe. Er forderte kritischen Gehorsam anstelle des blinden Gehorsams.
Vom besprochenen Fall geht Medina über zur grundsätzlichen Frage, ob man gegen die eigene Überzeugung handeln dürfe.[78] Mit dieser Frage leitet Medina seinen *Opinio-Traktat* ein. An dessen Ende steht die vielzitierte, probabilistische These Medinas, daß man die eigene, gut begründete Überzeugung nicht schon aufgeben müsse, wenn die gegenteilige Meinung bessere Argumente für sich hat.[79] Aber zunächst wenden wir uns der einleitenden Frage zu. Medinas Antwort lautet sinngemäß: Wir haben nachgewiesen, daß es nicht erlaubt ist, gegen das unentschiedene Gewissen (contra conscientiam dubiam) zu handeln; doch mehr als ein Handeln gegen das unentschiedene Gewissen ist ein Handeln gegen die eigene Überzeugung (contra opinionem propriam).[80]
Um seine These abzustützen, greift Medina auf die überlieferte Unterscheidung zwischen Zweifel (dubium) und Meinung (opinio) zurück. Wer zweifelt, der enthält sich der Zustimmung. Wer dagegen eine Meinung vertritt, der hat sich entschieden, wenn auch „cum formidine", d. h. mit der Befürchtung, daß die gegenteilige Meinung zutreffend sein könnte. Also sündigt schwerer, wer gegen seine eigene Meinung handelt.[81]
Nicht jedes Beharren bei der eigenen Meinung wollte Medina durch seine probabilistische These als richtig und sittlich verbindlich darstellen. Er gibt zu, daß es außer probablen Meinungen auch improbable gibt. Als probabel dürfen lediglich die Meinungen gelten, die gut begründet und durch die Autorität weiser Männer gestützt sind. Wer sein Handeln nach einer improbablen Meinung ausrichtet, die die genannten Qualitäten nicht besitzt, begeht eine Sünde.[82]
Auf diese Weise hatte Medina den Wert der eigenen Überzeugung herausgestellt und zugleich einen extremen Subjektivismus abgewiesen. Probabel ist nur die Überzeugung, die bereit ist, sich durch andere korrigieren zu lassen. Das geforderte Beharrungsvermögen darf nicht in Sturheit ausarten. Auf diese Mitte hin zielt die probabilistische These Medinas. Wir wollen uns nun der eigentlichen Beweisführung zuwenden, die der These nachfolgt.

[77] Vgl. ebd. 461.
[78] Vgl. ebd. 461.
[79] Ebd. 464.
[80] Vgl. ebd. 462.
[81] Vgl. ebd. 462.
[82] Vgl. ebd. 462.

Linsenmann spricht von den ,septem argumenta' Medinas, aber im Originaltext sind nur fünf Argumente nachzuweisen.[83] Wir beschränken uns auf die ersten drei Argumente. Sie werden eingeleitet durch die Klarstellung des Begriffspaares ,opinio probabilis'. Medina betont nochmals, daß durch dieses Begriffspaar eine Meinung gekennzeichnet ist, der man ohne Gefahr des Irrtums im Denken und ohne Gefahr der Sünde im Handeln folgen könne.[84]

Im zweiten Argument konzentriert sich Medina auf den Begriff ,probabilis'. Der Sinngehalt wird mit Berufung auf Aristoteles umgrenzt. Demnach ist nicht jede Meinung probabel, zu deren Gunsten einleuchtende Beweise vorgebracht werden und die Vertreter und Verteidiger besitzt. Andernfalls wären alle Irrtümer probable Meinungen. Medina wiederholt: Eine Meinung verdient die Bezeichnung probabel nur dann, wenn sie von weisen Männern vertreten und mit besten Argumenten untermauert wird. Einer solchen Meinung kann man ohne Mißbilligung und Tadel folgen.[85]

Im dritten Argument liegt der Höhepunkt von Medinas Beweisführung. Zwischen der ,opinio probabilis' und der ,recta ratio' stellt Medina eine Gleichung her: „Opinio probabilis est conformis rectae rationi." Widerspricht eine Meinung der Ratio, so kann sie nicht probabel genannt werden, denn sie ist ein offensichtlicher Irrtum.[86] Nach alledem, was Medina über die Ratio zuvor gesagt hatte, konnte er sich mit dieser knappen Feststellung begnügen. Medina geht sogleich zum möglichen Einwand über: Vollkommener als die ,opinio probabilis' wird der ,recta ratio' die ,opinio probabilior' gerecht, folglich soll man ihr folgen. Medina antwortet hierauf: Niemand ist zum Vollkommeneren verpflichtet.[87]

Hier setzt Linsenmanns Kritik zur Beweisführung Medinas an: „Nehmen wir Akt von diesem Sophisma! Die Frage, ob etwas erlaubt oder verboten sei, wird überspielt in die andere, ob etwas Pflicht oder Rat sei; als ob es sich wirklich bei der ganzen Streitfrage darum handelte! Diese Sophistik, wodurch dem eigentlichen Problem ausgewichen wird, klebt dem Probabilismus fast durchgehend an."[88]

Hat Linsenmann recht mit dieser Kritik? Der Einwand, auf den Medina

[83] Vgl. *Linsenmann,* Rezension: ThQ 51 (1869) 142 f.; vgl. Commentaria q 19, expl 5 et 6, col 464 f.

[84] Vgl. Commentaria col 464.

[85] Vgl. ebd. col. 464 f. Medina beruft sich auf *Aristoteles,* Topik I, 1 und Nikomachische Ethik I, 4. In seiner Topik unterscheidet Aristoteles das wahre vom scheinbaren Probabile. Vgl. dazu *Ternus,* Zur Vorgeschichte 85.

[86] Vgl. Commentaria col 465.

[87] Vgl. ebd. col 465.

[88] *Linsenmann,* Rezension: ThQ 51 (1869) 145.

im dritten Argument eingeht, entspricht sinngemäß dem tutioristischen Grundsatz aus der Dekretalensammlung ‚Liber Extra' (13. Jahrhundert): „In dubiis id quod certius existimamus est sequendum."[89] Diesem Grundsatz stellt Medina einen anderen, ebenfalls überlieferten entgegen, der die Verwirklichung des Vollkommeneren als nichtverpflichtend darlegt: „Nemo obligatur ad id quod melius et perfectius est."[90] Die Gegenüberstellung der Grundsätze ist keine Erfindung Medinas. In dieser Konfrontierung findet man beide Grundsätze hundert Jahre früher in der ‚Summa moralis' (1477) des Dominikaners und späteren Erzbischofs von Florenz, Antonin († 1459). In der sechsten Regel zur Überwindung des ‚skrupulösen Gewissens' – hier noch ein sehr weiter Begriff – führt Antonin die erwähnten Grundsätze an und fügt hinzu: Wäre das Bessere und Vollkommenere geboten und nicht bloß geraten, dann müßten alle den Ordensstand wählen.[91] Ebenso führt später Medina sein Argument zu Ende.

Die Verknüpfung von Probabilitätsfrage und Vollkommenheitslehre, die Linsenmann kritisiert, lag somit als Traditionsgut schon vor. Medina formulierte lediglich präziser, was zumindest Antonini, in nicht so klarer Terminologie,[92] auch schon gelehrt hatte. Die Beschuldigung, Medina sei mit der Probabilitätsfrage in die Vollkommenheitsfrage sophistisch ausgewichen, ist unzutreffend. Medina konnte den traditionellen, tutioristischen Einwand nicht umgehen, da er seine probabilistische These gegen Soto und andere Autoritäten durchsetzen und darum auch gut begründen mußte. Anderseits hat Linsenmann von der Sache her recht, daß die ‚opinio probabilis' nicht unbedingt und von vornherein weniger vollkommen sein müsse als die ‚opinio probabilior'. Das scheint jedoch Medina vorausgesetzt zu haben, denn er wehrt sich lediglich gegen die Behauptung, das Nichtbefolgen der ‚opinio probabilior' zugunsten der ‚opinio probabilis' sei eine Gefahr zur Sünde.[93]

Auch mit diesem Einwand hatte sich schon Antonin auseinandergesetzt. Es ging um das Schriftzitat: „Wer die Gefahr liebt, der kommt in ihr um" (Sir 3, 26). Antonin verwies auf die Unterscheidung zwischen ‚echtem' und ‚leichtem' Zweifel. Inhaltlich entspricht dies der Unterscheidung zwischen ‚dubium' und ‚opinio' bei Medina. Antonin erklärt nämlich: bei echtem Zweifel ist das Für und Wider gleichgewichtig; bei leichtem

[89] Commentaria col 464; vgl. *Ternus* a. a. O. 85.
[90] Commentaria col 465.
[91] Vgl. Summa Antonini (Inkunabel 2159 des Mainzer Gutenberg-Museums, ohne Pagination). Ohne Ort und Jahr (Venedig 1477 u. ö.), p I, tit 3, c 10, § 10, sexta regula.
[92] Vgl. *F. J. Bürck,* Die Lehre vom Gewissen nach dem hl. Antonin: Der Katholik 89 (1909) 99.
[93] Vgl. Commentaria col 465, ad primum.

Zweifel besitzt man eine ‚opinio', obwohl mit Furcht. Das ist, nach Ansicht Antonins, ein wesentlicher Unterschied. Wer nämlich sein Handeln auf eine begründbare Meinung (opinio probabilis) stützt, der handelt nicht mehr im echten Zweifel und setzt sich folglich auch nicht der Gefahr zu sündigen aus. Sollte die ‚opinio probabilis' falsch sein, so liegt trotzdem keine Sünde vor, es sei denn, die Meinung verstoße gegen eine manifeste Aussage der Heiligen Schrift oder der Kirche.[94]
Aufgrund dieser Ausführungen sahen manche Theologen in Antonin den Begründer des Probabilismus. Andere wiederum hielten ihn für einen Vertreter des Probabiliorismus.[95] Wenn man die Abhängigkeit Antonins von Thomas von Aquin berücksichtigt – wie übrigens auch bei Medina –, dann kann man wohl kaum von einer Begründung des Probabilismus sprechen. Die zweite Annahme, daß Antonin den Probabiliorismus vertreten habe, scheint zumindest im Licht des Grundsatzes fraglich zu sein, den Antonin nach Heinrich von Segusia († 1270) anführt: „Ubi sunt diversae opiniones et diversa judicia, semper humanior es praeferenda et aequior!" Als ‚opinio aequior' bezeichnet Antonin die Meinung, die der Tugend der Epikie entsprach und von den Lateinern ‚aequitas' genannt wurde.[96]
Die Gegenüberstellung der Autoren Antonin und Medina führt uns zu folgendem Schluß: Was bei Antonin noch selbstverständlich war, nämlich das Handeln gemäß der ‚opinio probabilis', muß Medina ein Jahrhundert später gegen die rigoristische Meinung Sotos und anderer Theologen neu durchsetzen und begründen. Ein Zeichen für das Voranschreiten des Moralpositivismus, dem auch bald wieder die mutige, probabilistische These Medinas zum Opfer fiel. Sie wurde von den nachfolgenden Kasuisten positivistisch ausgelegt und sofern mißverstanden. Die Moralsysteme mit ihrem positivistischen Gesetzesverständnis und der verflachten Gewissenslehre liefern den Beweis.
Linsenmann war bemüht, die Ursachen dieser Fehlentwicklung möglichst umfassend aufzuspüren und zu beschreiben.

[94] Vgl. Summa Antonini, sexta regula; ad quartam omissam.
[95] *Noldin,* Moralsysteme 1880, erwähnt, daß manche den heiligen Antonin für den Begründer des Probabilismus hielten. *Prümmer,* Manuale theologiae moralis I 225 ad 110, meint zur Lehre Antonins: „Potius favet probabiliorismo." Prümmer scheint Antonin mißverstanden zu haben. In der „vierten Regel" (ad quartam omissam) spricht zwar Antonin von der „probabilioris pars", meint jedoch die Opinio, die es ermöglicht, dem echten Zweifel und damit dem Zustand der Unentschiedenheit zu entrinnen. Antonin fordert nicht, daß man sich der Opinio anschließen solle, die die besseren Argumente für sich hat. Er sagt ausdrücklich: es genüge, daß die Opinio von „notabiles doctores" vertreten werde, daß Ärgernis ausgeschlossen sei und daß sie nicht gegen eine manifeste Aussage der Heiligen Schrift oder der Kirche verstoße.
[96] Vgl. Summa Antonini, septima regula.

3. Der Zentralismus der nachtridentinischen Kirche

Die Moraltheologie entwickelt sich in der Kirche und in großer Abhängigkeit von dem, was in der Kirche vorgeht. Aus katholischer Sicht wird diese Abhängigkeit für richtig empfunden. Die Kirche, wie Linsenmann betont, ist laut katholischer Lehre als Auslegerin der Heiligen Schrift und als Gesetzgeberin in eigener Vollmacht befugt, ihren Gläubigen sittlich verbindliche Gesetze aufzuerlegen. „Wir betrachten diese Gesetzgebung der Kirche keineswegs als einen unberechtigten Eingriff in die evangelische Freiheit.“[97]

Die Kirche nimmt also, aus katholischer Sicht, die erste Stelle unter den Einflüssen ein, die für die Entwicklung der Moraltheologie entscheidend sind. Das gilt auch in negativer Form. In der bedenklichen Annäherung des nachtridentinischen kirchlichen Lebens „an die Theokratie des Alten Testaments“ lag, nach Linsenmanns Ansicht, die erste der äußeren Ursachen für die Fehlentwicklung der Moraltheologie.[98]

Das entscheidende Kriterium

Der Standpunkt, von dem aus Linsenmann die Entwicklung der Kirche und – in Abhängigkeit von ihr – die Entwicklung der Moraltheologie beurteilte, war die Frage: In welchem Verhältnis steht das Gesetz zur evangelischen Freiheit, d. h. zur verantwortlichen Selbstbestimmung des Christen, die er im Licht des Glaubens verwirklichen soll? Solange dem Gesetz im Verhältnis zur Freiheit eine wegweisend-dienende Funktion zugewiesen wird, bleibt die Moraltheologie, nach Linsenmanns Meinung, auf der Linie des Evangeliums. Sobald das Gesetz zur entscheidenden Größe und zum letzten Beziehungspunkt sittlichen Verhaltens erhoben wird, erliegt die Moraltheologie einer Fehlentwicklung.

Als Testfall führt Linsenmann, aus einer zeitgenössischen ‚Anleitung zur Verwaltung des hl. Bußsakramentes‘, folgende Lösung eines Gewissensfalles an: „Ich halte die zweite Meinung für die richtigste, die dritte für einen Behelf, die erste aber für die sicherste – daher in praxi zu befolgen.“[99]

Als ‚sicherste‘ Meinung wird hier die ‚opinio legi favens‘ empfohlen, die Meinung also, die dem Gesetzesbuchstaben entspricht. Sie wird der ‚richtigsten‘ Meinung vorgezogen, die der ‚recta ratio‘ gemäß war. Linsenmann meinte hierzu, er kenne die Terminologie und die Begründung,

[97] Lehrbuch 74.

[98] Vgl. Untersuchungen: ThQ 53 (1871) 113.

[99] Rezension: ThQ 61 (1879) 169 f. Linsenmann zitiert *A. Tappehorn*, Anleitung zur Verwaltung des heiligen Bußsakramentes, Dülmen 1878, 21.

mit welchen man solche Lösungen plausibel machen wolle. „Aber es gibt gegen den Mißbrauch der Sprache und gegen jede Art von Sophistik einen Aufschrei des natürlichen Verstandes, und er muß sich erheben, wo immer jemand behauptet, man sei nicht sittlich gehalten, diejenige Entscheidung zu fassen, die man nach der ganzen Sachlage und nach bestem Wissen und Gewissen für die ‚richtigste' hält."[100]

Das angeführte Beispiel war kein Einzelfall. Eine offensichtliche Fehlentwicklung der Moraltheologie lag vor. „Der Standpunkt ist durchweg der der modernen Kasuistik" – behauptet Linsenmann.[101] Prüft man diesbezüglich J. P. Gury, den bedeutendsten Kasuisten des 19. Jahrhunderts, der die Moral von Busenbaum (17. Jh.) und Liguori (18. Jh.) fortsetzte, so kann man Linsenmann nur beistimmen. Gury schrieb ebenfalls im Sinne der kritisierten Akzentverschiebung von der Ratio auf die positivistisch verstandene Lex. Die entsprechende Regel lautete: „Hinc opinio est tuta, vel tutior, aut minus tuta, prout simpliciter favet legi, vel eiusdem plus minusve favet."[102] Ganz anders dachte noch Medina. Für ihn war die Meinung die ‚opinio probabilior et tutior', die durch bessere Vernunftbeweise gestützt war.[103] Diese Gegenüberstellung genügt, um schlaglichtartig den Wandel aufzudecken, der inzwischen eingetreten war.

Eine geschichtliche Parallele

Durch die Schriften des Dominikaners Daniel Concina († 1756), der in der ersten Hälfte des 18. Jahrhunderts zur Klärung des Probabilismusstreites als erster auf geschichtliche Ursachen zurückgegriffen hatte,[104] wurde Linsenmann auf eine „ganz besonders merkwürdige Erscheinung" des nachtridentinischen Kirchenlebens aufmerksam. Linsenmann bezeichnete sie als „strengere Konzentration" und meinte damit den zunehmenden Zentralismus, mit dem eine „straffere Handhabung der kirchlichen Disziplin" und Verschärfung des „verpflichtenden Charakters der einzelnen kirchlichen Gesetze" einherging.[105]

Um die Ursachen dieser Entwicklung aufzudecken, griff Linsenmann auf eine geschichtliche Parallele zurück. Sie bestand, seiner Meinung nach, in der nachbabylonischen Periode Israels (6. bis 4. Jahrhundert vor Christus). Nach der Rückkehr aus dem babylonischen Exil änderte sich die Einstellung Israels zum Gesetz tiefgreifend. In der vorangegangenen

[100] Rezension: ThQ 61 (1879) 170.
[101] Ebd. 169.
[102] *Gury,* Compendium Nr. 52.
[103] Vgl. Commentaria, q 19, expl 5 et 6, col 464.
[104] Vgl. *Döllinger-Reusch,* Moralstreiitgkeiten S. IV.
[105] Vgl. Untersuchungen: ThQ 53 (1871) 241.

Periode betonten die großen Propheten Isaias, Jeremias und Ezechiel den Unterschied zwischen Buchstabendienst und geistigem Gehorsam. Rein äußerliche Gesetzestreue, bei gleichzeitigem inneren Abfall vom Geist des Gesetzes, brandmarkten sie als Widerspruch und Lippendienst, den Jahwe ablehnt. Nach dem Exil, unter Esra, war Israel bestrebt, sich als Nation neu zusammenzufinden. Das Bundesgesetz zwischen Jahwe und seinem auserwählten Volk wurde zum Kristallisationspunkt. So kam es, daß ein religiöses Gesetz in ein positives Staatsgesetz umgewandelt wurde. Ungehorsam gegenüber dem Staatsgesetz wurde gleichbedeutend mit einem Verstoß gegen den Willen Jahwes. Das Gesetz erlangte die Bedeutung einer absoluten, überzeitlichen Größe. Die fachkundige Auslegung des Gesetzes erwuchs zur wichtigsten Aufgabe aus staatlicher und religiöser Sicht. Die rabbinische Kasuistik rückte in den Mittelpunkt religiösen und staatlichen Lebens. Das Fazit dieser Entwicklung faßt Linsenmann in dem Satz zusammen: „Die Religion wurde einem zeitlichen Interesse dienstbar gemacht: die wichtigsten Gesichtspunkte der Sittlichkeit wurden aus dem Auge gerückt.“[106]

Wir würden heute nicht mehr so unbefangen geschichtliche Parallelen ziehen. Wir wissen mehr über die vielfältige Bedingtheit menschlichen Verhaltens, die kaum ein eindeutiges Urteil darüber zuläßt, welche Ursache für eine bestimmte Entwicklung entscheidend war. Aber der Unterschied zwischen der vor- und nachbabylonischen Einstellung Israels zum Gesetz, wie ihn Linsenmann beschrieben hat, wird heute grundsätzlich bestätigt. Nach dem Exil wurde das Gesetz in Israel zu dem, „was Paulus dann bekämpfen wird, während die paulinische Gesetzeskritik das vorexilische Gesetz nicht treffen kann“.[107] Ebenso zutreffend erweist sich Linsenmanns Kritik an der nachtridentinischen Kirche. Ihr negatives Merkmal war ein zunehmender Zentralismus. Die einseitige, romanische Prägung, die Linsenmann an der Theologie der Neuscholastik kritisierte, kommt als Merkmal hinzu. „Beides (ihr Zentralismus und ihr romanisches Gepräge) waren keine Wesenszüge, die ihr als Kirche eigneten. Aber beides charakterisiert das geschichtliche Wesen und die historische Gestalt der katholischen Kirche in den 400 Jahren zwischen Trient und dem Zweiten Vatikanischen Konzil.“[108]

Die *Ursache* dieser Entwicklung lag – nach Linsenmanns Ansicht – in der „Reaktion gegen die Reformation“. Ähnlich wie im nachbabylonischen Judentum galt es, eine Bedrohung von außen abzuwehren. Und ähnlich

[106] Ebd. 236.
[107] *Lohfink,* Das Siegeslied 156.
[108] *E. W. Zeeden,* Das Zeitalter der Gegenreformation (Herder-Bd. 281), Freiburg Br. 1967, 285.

wie damals versuchte man, der Gefahr entgegenzuwirken durch eine „strengere Konzentration“ innnerhalb der gläubigen Gemeinschaft, durch einen „gesteigerten Zug zur kirchlichen Einheit“. Dem folgte ein wachsender Rigorismus auf sittlichem Gebiet.[109] Linsenmann, der gegenüber der Beweisführung des Zisterziensers Johannes Caramuel († 1682) ansonsten Zurückhaltung übte, schloß sich jedoch dessen Schlußfolgerung an, „daß der Rigorismus etwas Neues sei, das sich erst im Laufe der Jahrhunderte an der christlichen Moraltheologie angesetzt habe“.[110] In dieser Meinung bestärkten Linsenmann die ‚Beiträge zur Kirchengeschichte‘ von Karl Josef Hefele († 1893).[111] Die alte Kirche besaß nur wenige Gesetze im strengen Sinn des Wortes. Der Sieg der christlichen Botschaft bestand unter anderem auch darin – so stellt Linsenmann an anderer Stelle fest –, „daß man keine einzelne Lebensregel allen Christen als bindende Vorschrift auferlegte, daß man verschiedene Lebensweisen in ihrem relativen Werte anerkannte, die Freiheit in der Wahl der Mittel zur christlichen Vollkommenheit aufrecht erhielt und jeden Rigorismus und Puritanismus verwarf“.[112] Die Entwicklung in der nachtridentinischen Kirche war gegenläufig und besaß daher „einige Ähnlichkeit“ mit dem nachexilischen Judentum: „Das Schriftgelehrtentum bemächtigte sich nun der kirchlichen Sitten- und Rechtsgesetze und schuf die Kasuistik.“[113] Nach Pharisäerart wurden dem christlichen Volke Lasten aufgebürdet, „welche nur diejenigen drückten, die es ehrlich und einfältig damit meinten“, während die „Klügeren“ durch geschickte Auslegung oder Dispens sich vom Gesetz zu befreien wußten.[114]

Verabsolutierung des Gesetzes

Linsenmanns Anliegen bestand darin, die bewußt gesetzten Ursachen aufzudecken – an erster Stelle die Reaktion gegen die Reformation –, aber auch die Mechanismen, die unerkannt am Werk waren. Dazu gehörte die Ablösung der kirchlichen Gesetzgebung durch die Gesetzes*auslegung*. Nach dem Tridentinum erreichte die Entwicklung des Kirchenrechts einen Ruhepunkt.[115]

[109] Vgl. Untersuchungen: ThQ 53 (1871) 241 f.

[110] Ebd. 240. Linsenmann beruft sich auf *J. Caramuel,* Apologema pro antiquissima et universalissima doctrina de probabilitate contra novam, singularem improbabilemque D. Prosperi Fagnani opinationem, Lyon 1663.

[111] Vgl. Untersuchungen 240. Linsenmann beruft sich auf *K. J. Hefele,* Beiträge zur Kirchengeschichte, Tübingen 1864, I 16 ff.

[112] Rezension: ThQ 62 (1880) 327.

[113] Untersuchungen 242.

[114] Vgl. ebd. 113.

[115] Vgl. ebd. 240 f.

Hinter der Rolle, die Linsenmann dieser Ablösung zuerkennt, steht die Annahme, daß der Gesetzgeber, der die Satzungen formuliert, auch ihre Relativität eher zugeben müßte als der Gesetzesausleger, dessen Aufgabe damit beginnt, die Satzungen als gegebene hinzunehmen. Das muß jedoch nicht immer zutreffen. Vielmehr besteht zwischen dem vorherrschenden Verwaltungsstil der Kirche und der Rolle, die dem Gesetz zuerkannt wird, ein enger Zusammenhang. Ein zentralistischer Verwaltungsapparat wird geneigt sein, die Unveränderlichkeit der Gesetze besonders hervorzukehren. Damit ist dann auch die Gefahr verbunden, die Dienstfunktion der Gesetze aus dem Auge zu verlieren und das Gesetz als unveränderliche Größe über das Leben zu stellen. Die unvermeidliche Härte, die nun einmal mit jedem Gesetz als Schranke individueller Freiheit gegeben ist und ertragen werden muß, wenn Gemeinschaft gelingen soll, ist hier nicht gemeint.

Nach dem Tridentinum trat tatsächlich ein bemerkenswerter Ruhepunkt in der kirchlichen Gesetzgebung ein. Mit der Drucklegung des ‚Corpus iuris canonici' (1580–82), in welches Gratians Dekret und die päpstlichen Dekretalen eingingen, war die mittelalterliche Gesetzgebung abgeschlossen.[116] Das ‚Corpus' blieb bis ins 20. Jahrhundert, bis zum Inkrafttreten des ‚Codex iuris canonici' im Jahr 1918, verbindlich. Dreieinhalb Jahrhunderte hat also die Gesetzesauslegung das kirchliche Leben geprägt.

Linsenmanns Kritik richtete sich gegen die falsche Grundeinstellung zum Gesetz, die aus der Satzung den letzten Beziehungspunkt menschlichen Verhaltens macht und dadurch zu einer Verrechtlichung des sittlichen Lebens beiträgt. Die Fehlhaltung dem Gesetz gegenüber führt unausbleiblich zur Fehlentwicklung des Gewissens. Das verabsolutierte Gesetz erzeugt nicht nur kleinliche Gewissen, die Mücken seihen und gleichzeitig Kamele verschlucken (Mt 23, 24), sondern auch skrupellose Sophisten, die sich den ernsten Verpflichtungen durch geschickte Gesetzesauslegung zu entziehen verstehen.[117]

Eine Folge der Verabsolutierung des Gesetzes bestand auch darin, daß man die Entscheidung dem Einzelgewissen abgenommen und an die Stelle den Gehorsam gegenüber der Autorität des Gesetzesauslegers gesetzt hatte.[118] Die Moraltheologie verlor auf diese Weise den Bezug zur Lebenswirklichkeit. „Während vorher die Schule sich nach dem Leben gerichtet und aus dem Leben heraus ihre Kenntnisse geschöpft hatte, muß sich fortan das Leben nach der Schule richten."[119]

[116] Vgl. *Elsener*, Der Codex Juris Canonici 31.
[117] Vgl. Untersuchungen 113. 236.
[118] Vgl. ebd. 238.
[119] Ebd. 238.

Linsenmann hatte hiermit den Entwicklungsmechanismus der Lebensfremdheit aufgedeckt, die heute der katholischen Moraltheologie oft zum Vorwurf gemacht wird. Der Weg führte von äußeren Ursachen zur Entmündigung des Einzelgewissens. Das Gewissen verlor die aktive Rolle der verantwortlichen Entscheidungsinstanz und erhielt die passive Rolle eines Erfüllungsorgans gesetzlicher Vorschriften. Dieses Verständnis der Gewissensfunktion erlaubte der neuscholastischen Moraltheologie, in der die nachtridentinische Moral wieder voll zur Geltung kam, zu behaupten, das Gewissen bleibe notwendigerweise im Zweifel, „solange nicht etwas durch höhere Autorität festgelegt wird".[120] Dem Einzelgewissen traute man nicht mehr zu, das sittlich Gute auch dann noch zu finden, wenn es nicht satzhaft umschrieben war. Man behauptete stattdessen, mit dem Bereich der ‚lex dubia' decke sich notwendigerweise der Bereich der ‚conscientia dubia'. Mit der letzten Bezeichnung war das führungslose Gewissen gemeint, dem man die ‚Moralsysteme' sozusagen als Gesetzesersatz zugedacht hatte, damit es überhaupt zu einer handlungsbefähigenden, praktischen Gewißheit gelangen konnte.[121]
Medina hatte mit seiner probabilistischen These die Aufwertung des Einzelgewissens, d. h. der eigenen gut begründeten Überzeugung, angestrebt. Nicht nur von diesem Bestreben war man weit abgekommen, sondern sogar vom Bedeutungsinhalt der ‚lex dubia'. Medina meinte damit nicht das führungslose, sondern das unentschiedene Gewissen, das die Vernunftgründe gegenteiliger Meinungen noch abwog und daher zu keinem Gewissensspruch gekommen war.[122]
Beide negativen Merkmale der nachtridentinischen Moraltheologie, ihre Entfremdung gegenüber dem Leben sowie die fortschreitende Entmündigung des Einzelgewissens, brachte Linsenmann in Verbindung mit dem zunehmenden Zentralismus der nachtridentinischen Kirche und näherhin mit der Verabsolutierung des Gesetzes. Linsenmann läßt außer acht, daß die Fehlentwicklung auch mit einer durchaus positiven Zielsetzung der nachtridentinischen Kirche verbunden war, nämlich mit der Hervorhebung der Seelsorge, insbesondere des Bußsakraments.

Dominanz des Bußsakraments

Ausdruck der nachtridentinischen Kirche um die Seelsorge ist der ‚Catechismus ex decreto Concilii Tridentini ad parochos' (Rom 1566), der die Beschlüsse des Konzils in eine verständliche Glaubensinformation und in

[120] Probabilismus und probabilistische Systeme: Katholik 54 (1874/I) 51.
[121] Vgl. ebd. 57.
[122] Vgl. Commentaria q 19, expl 5 et 6, col 457.

praktische Anweisungen für den Seelsorger umsetzen sollte.[123] Um der Zielsetzung des Konzils entgegenzukommen, hatten die Jesuiten beschlossen, in ihrer neuen ‚Ratio studiorum' von 1599 die Moraltheologie aus dem Gesamt der scholastischen Theologie herauszulösen und als „Studium der Gewissensfälle" zu konzipieren mit dem Ausbildungsziel, der Kirche nach zweijährigem Studium „gediegene Pfarrseelsorger das heißt Spender der Sakramente" zu stellen.[124] Im Hinblick auf das Trienter Rechtfertigungsdekret legte man größten Wert auf die Verwaltung des Bußsakraments und in diesem Zusammenhang auf die Kenntnis kirchenrechtlicher Zensuren. Das Handbuch, das der neu konzipierten Moraltheologie am meisten zum Durchbruch verhalf, nämlich die in mehr als 200 Auflagen herausgegebene ‚Medulla theologiae moralis' (Münster 1645 oder 1650) des Jesuiten Hermann Busenbaum, trägt im Vorwort die Anmerkung, daß es hauptsächlich für Priester gedacht ist, wenn sie als Richter im Gewissenstribunal sitzen.[125] Das Ausbildungsziel und der Aufbau dieser Traktatenmoral blieb vorherrschend bis zum Zweiten Vatikanum.[126]

Durch starres Beharren beim alten Konzept erwies sich als verhängnisvoll, was im 16. Jahrhundert ein Gebot der Stunde war. Linsenmann bemängelte am überlieferten Handbuch der Moral, daß es eigentlich ein „kirchliches Strafgesetzbuch" ist, das nur die „Nachtseite menschlichen Lebens" erörtert. Zudem beschränkt es sich auf das äußere Tun, denn das „subjektiv-psychologische Moment, welches der Handlung doch erst ihren wahren sittlichen Charakter gibt", bleibt dem Urteil des „kirchlichen Prätors" entzogen. Auch die Mystik, in der die „eigentlich christliche Moral" erst zur Geltung kommt, wurde aus diesem Handbuch verbannt.[127]

Vorboten dieses Handbuches waren die Bußbücher und kasuistischen Summen,[128] die seit dem 13. Jahrhundert zahlreich erschienen. Das Anliegen, das den Verfassern der ‚Ratio studiorum' von 1599 vorschwebte, war hier vorweggenommen. Es bestand nämlich darin, „dem einfachen Priester die für die Seelsorge notwendigen theologischen und kanonistischen Kenntnisse in leicht verständlicher Form und in einer übersichtlichen Zusammenfassung darzubieten, (um dem Seelsorger vor allem zu helfen), den rechten Zuspruch wie das richtige Bußurteil für das Beicht-

[123] Vgl. *J. Hofinger,* Catechismus Romanus: LThK II 977 f.

[124] Vgl. Ratio atque institutio studiorum Societatis Jesu (Neapel 1599), Mainz 1600, 71.

[125] *H. Busenbaum,* Medulla theologiae moralis (Münster 1645 oder 1650), Passau 1701, Vorwort: „. . . quae novis Sacerdotibus, in tanto munere exequendo, praesertim quoties in conscientiae tribunali Judices sederent, praesidio foret."

[126] Vgl. *Häring,* Das Gesetz Christi I 65; vgl. ebd. 59.

[127] Vgl. *Linsenmann,* Lehrbuch 26 f.

[128] Vgl. Untersuchungen: ThQ 53 (1871) 242.

kind zu finden".[129] Als Entstehungsursache der Bußbücher wird interessanterweise, neben dem beginnenden Individualismus, auch der im 13. Jahrhundert sich durchsetzende „rechtliche Zentralismus" der Kirche angegeben.[130]

Der Zentralismus, den Linsenmann als Ursache der Fehlentwicklung der Moral mit dem 16. Jahrhundert, nach dem Tridentinum, beginnen läßt, muß also auf das 13. Jahrhundert vordatiert werden. Und was Linsenmann an den Handbüchern der nachtridentinischen Moraltheologie bemängelt, kann schon auf die Bußbücher bezogen werden. Sie häuften die Gesetze, „indem sie Vorschriften, welche vorher direktiv waren, als präzeptive darstellen, die Gewohnheit zum Gesetz erheben, die Ansichten der einzelnen Autoren mit autoritativem Ansehen umkleiden, bis schließlich für jede, auch die kleinste Frage ein bestimmter Kanon mit gesetzlicher Verpflichtung herausgestellt wird".[131]

Auf einen wesentlichen Unterschied muß jedoch abschließend aufmerksam gemacht werden. Die Bußbücher und späteren Beichtsummen waren nicht als Darlegung der christlichen Gesamtmoral konzipiert worden, wie die nachtridentinischen Lehrbücher der Moral.[132] Bis ins 16. Jahrhundert war die Moraltheologie ein Bestandteil der scholastischen Theologie, die als Einheit verstanden und doziert wurde. Was Linsenmann dem Beichtvater zuerkannte, nämlich kasuistisch vorzugehen, weil „Gerechtigkeit, justitia, am Buchstaben des Gesetzes gemessen werden muß",[133] das verurteilt er als Fehler, wenn es als Darlegungsmethode der Gesamtmoral gehandhabt wurde. Denn die Anforderungen, „welche an den wahren Christen gestellt werden, sind doch ganz andere als die Verhaltensregeln für die Verwaltung des Bußgerichts".[134] Insofern kann der Vorwurf der Fehlentwicklung erst den nachtridentinischen Handbüchern der Moral gemacht werden.

Als äußere Ursache der Fehlentwicklung hatte Linsenmann, neben dem Zentralismus der nachtridentinischen Kirche, auch den „allgemeinen Stand der theologischen Wissenschaft des 16. Jahrhunderts" verantwortlich gemacht.[135] Linsenmann behauptete, die skeptische Erkenntnislehre des Nominalismus, mit ihrer Geringschätzung der Vernunft, habe die nachtridentinische Theologie weitgehend ergriffen und zersetzt.

[129] *J. G. Ziegler,* Die Ehelehre der Pönitentialsummen von 1200–1350. Eine Untersuchung zur Geschichte der Moral- und Pastoraltheologie, Regensburg 1956, 4 f.
[130] Vgl. ebd. 5.
[131] Untersuchungen 243 f.
[132] Vgl. *Häring,* Das Gesetz Christi I 45. 52.
[133] Untersuchungen 242.
[134] Lehrbuch 4. 26 f.
[135] Rezension: ThQ 51 (1869) 141 f.

4. Der Nominalismus der nachtridentinischen Theologie

Bei Karl Werner fand Linsenmann einen Hinweis darauf, daß die Geringschätzung der Vernunft zur Fehlentwicklung der Theologie führte. Der Hinweis, „mehr nur die Sache berührend als erschöpfend",[136] war geschichtlich nicht ganz zutreffend lokalisiert. Was Werner der „molinistischen und kongruistischen Freiheitslehre" zuschreibt, nämlich das rational Aufweisbare in der Theologie zugunsten einer voluntativ bedingten Unberechenbarkeit geschmälert zu haben, führt Linsenmann auf den Nominalismus zurück. Die molinistische Gnadenlehre dagegen bewertete Linsenmann positiv, nämlich als Versuch, „die nominalistisch pelagianisierenden Anschauungen in der Lehre von der Gnade und Prädestination zu vertiefen", ohne ins andere Extrem, den „schroffen Augustinismus", zu fallen.[137]

Linsenmann greift also weiter in die Geschichte der Theologie zurück als Werner, um die Fehlentwicklung zu klären.

Die Phase der Selbstauflösung

Auf den Nominalismus ist Linsenmann über Gabriel Biel aufmerksam geworden, dem er 1865 zwei dogmengeschichtliche Abhandlungen und später einen Lexikonartikel widmete.[138] Biel war in der vorreformatorischen Zeit und auch in der Geschichte der Universität Tübingen eine bedeutsame Gestalt. Graf Eberhard hatte Biel, den Nominalisten, zusammen mit dem Realisten Konrad Summenhart, 1484 auf die neu errichtete theologische Fakultät nach Tübingen berufen. Wahrscheinlich stand dahinter die Absicht, den Vertreter der ‚via moderna', wie man den Nominalismus auch nannte, mit dem Vertreter der ‚via antiqua', des Realismus, zu einer fruchtbaren Diskussion anzuregen.[139]

Aufgrund einer Analyse von Biels Schriften wollte Linsenmann das „Wesen der nominalistischen Scholastik und deren Bedeutung für die Wissenschaft" ermitteln.[140] In seinen späteren Untersuchungen über Gesetz und Freiheit (1871–72) hat Linsenmann auf seine frühen dogmatischen Abhandlungen verwiesen und beschränkte sich darauf, den Einfluß des Nominalismus auf den *Gesetzesbegriff* der Moraltheologie zu präzisieren.[141] Döllinger und Kleutgen, die großen Antipoden, stimmten

[136] Ebd. 141. Linsenmann beruft sich auf *K. Werner,* System der christlichen Ethik, Regensburg 1850, I 430 ff.

[137] Vgl. Rezension 141 f.

[138] Vgl. die Einführung zur vorliegenden Arbeit, 3. Linsenmanns Schriften, S. 16.

[139] Vgl. *Linsenmann,* Biel, Gabriel: WW II 805 f.

[140] Vgl. *Linsenmann,* Gabriel Biel der Scholastiker: ThQ 47 (1865) 449.

[141] Vgl. *Linsenmann,* Untersuchungen: ThQ 53 (1871) 73 Anm. 1.

in etwa darin überein, daß der Nominalismus keinen großen Einfluß auf die Scholastik ausgeübt hatte.[142] Linsenmann dagegen vertrat die Meinung, daß der Nominalismus eine Entwicklungsphase der Scholastik gewesen sei, und zwar die Phase der Selbstauflösung, die sich in der Spätscholastik von innen vollzog, und nicht – wie die Neuscholastiker behaupteten – unter äußerem Druck.[143] In den Augen Linsenmanns war also der Nominalismus eine durchaus negative und in ihren Auswirkungen destruktive Richtung der Theologie.

Heute wird auch die positive, „stimulierende und befreiende Kraft" des Nominalismus hervorgehoben, wobei man über den Rahmen der Theologie hinausgeht. Indem der Nominalismus die Priorität der Metaphysik und des Wesens ablehnte, hat er die Subjektivität und Individualität, sowie die Bedeutung der Empirie, stärker hervortreten lassen. Die zentrale Streitfrage des Nominalismus nach der „ontologischen Valenz des Begriffs" hat die Philosophie des Mittelalters und der Neuzeit nachhaltig befruchtet.[144] Aber ein abschließendes Urteil über den Nominalismus ist auch heute noch nicht möglich. Der Nominalismus hat sich nämlich vielschichtig ausgewirkt und stellt somit ein komplexes Problem dar. Vor allem erkenntnistheoretische und theologische Fragen überlagern sich in dieser Denkrichtung.[145]

Beim spätscholastischen Nominalismus des 14. und 15. Jahrhunderts meint Heinrich Rombach sowohl einen negativen als auch positiven Aspekt ins Auge fassen zu müssen, um der Doktrin gerecht zu werden. Er umschreibt sie einerseits als „Selbstdestruktion mittelalterlichen Denkens", wie auch Linsenmann, übersieht jedoch anderseits nicht, daß der spätscholastische Nominalismus in der Theologie den „Horizont für Fortgang und für Neuheit" geöffnet hatte.[146]

Trennung von Vernunft und Glaube

Das Interesse, von dem sich Linsenmann bei der Untersuchung des Nominalismus leiten ließ, war theologischer Art. Die alte Frage nach dem

[142] Vgl. *Linsenmann,* Gabriel Biel der Scholastiker 453 ff. Linsenmann zitiert *Kleutgen,* Die Theologie der Vorzeit, Münster 1860, III 47; *ders.,* Die Philosophie der Vorzeit, Münster 1860, I 250 ff., 329 ff. Den Standpunkt Döllingers zitiert Linsenmann aus zweiter Hand, nämlich nach: Die Vergangenheit und Gegenwart der katholischen Theologie. Ein Urteil der Civiltà Cattolica über die Rede des Stiftspropstes Döllinger auf der Gelehrten-Versammlung zu München, Mainz 1864, 16.

[143] Vgl. *Linsenmann,* Gabriel Biel der Scholastiker 453 ff., 459.

[144] Vgl. *H.-R. Schlette,* Nominalismus: SM III 808.

[145] Vgl. *J. Auer,* Nominalismus: LThK VII 1020.

[146] Vgl. *H. Rombach,* Substanz – System – Struktur. Die Ontologie des Funktionalismus und der philosophische Hintergrund der modernen Wissenschaft, Freiburg 1965, I 78.

Verhältnis von Vernunft (ratio) und Offenbarung (revelatio), von Wissen und Glaube, den beiden Hauptquellen der Theologie,[147] stand zur Diskussion. Der Nominalismus sah nämlich im Bezug zwischen den Begriffen (nomina) und der Wirklichkeit (res) nicht mehr eine direkte oder zumindest analoge Wiedergabe ontologischer Verhalte.[148] Damit war zwischen Vernunft und Offenbarung, und auch zwischen Welt und Gott, eine erkenntnismäßig unüberbrückbare Kluft aufgerissen. Die theologische Tradition, von der Linsenmann zu recht behauptete, daß ihr der Realismus zugrunde lag,[149] wurde in Frage gestellt. Mit dem Realismus war eine ontologisch fundierte Erkenntnistheorie gemeint, die jedoch mit Hilfe des Analogiebegriffes die Differenz zwischen Gott und Geschöpf zu wahren wußte.[150]

Daß der Hochscholastik kein naiver Realismus zugrunde lag, kommt in der Formel des IV. Laterankonzils von 1215 zum Ausdruck, die sowohl die Lehre von der ‚mystischen Identität' (Joachim von Fiore) als auch von der ‚rationalen reinen Unterschiedenheit' (Petrus Lombardus) von Gott und Geschöpf in ihrer Einseitigkeit abgelehnt und in ihrem berechtigten Anliegen anerkannt hatte.[151] Die Formel lautete: „Denn von Schöpfer und Geschöpf kann keine Ähnlichkeit ausgesagt werden, ohne daß sie eine größere Unähnlichkeit zwischen beiden einschlösse."[152] Der Akzent liegt auf der Unähnlichkeit. Das Mißverständnis eines naiven, erkenntnishaften Ableitens im Sinne des frühaugustinischen Verhältnisses zwischen Urbild und Abbild, wurde abgewiesen. Alle Ähnlichkeit zwischen Gott und Geschöpf endet in der größeren Unähnlichkeit (reductio in mysterium). Bei Augustinus selbst steht das Wort vom „Deus semper maior".[153]

Die Lehre von der Erbsünde hatte also einer falschen Gleichsetzung von Gott und Geschöpf entgegengewirkt. Aber auch das gegenteilige Extrem, die Differenz zwischen Gott und Welt in der Gestalt des Dualismus,

[147] Vgl. *Thomas von Aquin*, Sth I–II q 71, a 2; q 74, a 7. Systematisch ist dieser Frage als erster Melchior Cano nachgegangen in seiner klassisch gewordenen Schrift ‚De locis theologicis', Salamanca 1563 u. ö. Vgl. *R. Hofmann*, Moraltheologische Erkenntnis und Methodenlehre, München 1963, 125. Vgl. *T. Beemer*, Von der moraltheologischen Hermeneutik: Concilium 5 (1969) 395–404.

[148] Vgl. *Schlette*, a. a. O. 807 f.

[149] Vgl. *Linsenmann*, Gabriel Biel der Scholastiker 462.

[150] Trotzdem war die Analogielehre der Scholastik, aus heutiger Sicht, ungenügend (nicht falsch) und muß durch die Ergebnisse der Sprachphilosophie ergänzt werden. Vgl. *J. Splett – L. B. Puntel*, Analogia entis: SM I 130 f.

[151] Vgl. *E. Przywara*, Analogia entis: ThTL I 97 f.

[152] DS 806; Übersetzung nach: K. Rahner – H. Vorgrimler, Analogie: KlthW 18.

[153] Vgl. *Przywara*, a. a. O. 98.

wurde vermieden. Es ist anzunehmen, daß der extreme Nominalismus, der einer solchen Differenz nahekam, von niemanden gelehrt, sondern als „negativer Grenzwert“ stilisiert wurde.[154] Wir sind heute geneigt, sowohl den gemäßigten Realismus als auch den gemäßigten Nominalismus als berechtigte Antworten auf die Frage nach dem Verhältnis von Gott und Welt, von Vernunft und Offenbarung, anzuerkennen.
Dem Thomismus wird heute zuweilen der Vorwurf gemacht, er habe Glaube und Wissen „fast bis an die Grenze der Entspanntheit“ harmonisiert, während sie im Nominalismus „bis zum Zerreißen“ getrennt wurden.[155] Linsenmann sieht die Sache anders. Die thomasische Theorie erscheint ihm als die ausgewogene Mitte, die auch seiner bevorzugten Methode der Vermittlung am besten gerecht wurde.

Die geglückte Synthese
Während der Blüteperiode der Scholastik, im 13. Jahrhundert, war der Gegensatz von Realismus und Nominalismus, der ‚via antiqua‘ und ‚via moderna‘, vereint. Das Verdienst schreibt Linsenmann Thomas von Aquin zu. Er habe es verstanden, die aristotelische Theorie von der Vordergründigkeit des sinnlichen Erkennens mit der platonischen Theorie von der Priorität angeborener Erkenntnis (Ideen) auf eine gemeinsame Formel zu bringen.[156] Thomas schwächte die platonische Theorie ab. Statt von angeborener Erkenntnis zu sprechen, sprach Thomas von der angeborenen Leichtigkeit, Gott zu erkennen. Angeborene Erkenntnisprinzipien formaler Natur gewährleisteten diese Leichtigkeit, die Existenz Gottes wahrzunehmen.[157] Neben dieser natürlichen Gotteserkenntnis gab es noch, dank der positiven Offenbarung, die übernatürliche Gotteserkenntnis. Hierbei dienen die angeborenen, formalen Erkenntnisprinzipien der übernatürlichen Offenbarung als Anknüpfungspunkte. Das ‚lumen naturale‘ wird also ergänzt und vervollkommnet durch das ‚lumen gratiae‘ und so zu einer Teilhabe (participatio) am göttlichen Licht befähigt.[158] Ein dritter Weg der Gotteserkenntnis besteht schließlich, nach der Ansicht des Tho-

[154] Vgl. *Schlette,* a. a. O. 223.
[155] Vgl. *J. Auer,* a. a. O. 1022. Auer beruft sich auf *A. Lang,* Die Wege der Glaubensbegründung bei den Scholastikern des 14. Jahrhunderts, Münster 1931. Zitat ohne Seitenangabe.
[156] Vgl. *Linsenmann,* Gabriel Biel der Scholastiker: ThQ 47 (1865) 465.
[157] Vgl. ebd. 467. Aus dem Kommentar des Thomas zu Boethius zitiert Linsenmann folgende Aussage: „Eius cognitio nobis innata dicitur esse, in quantum per principia nobis innata de facili percipere possumus, Deum esse“ (Super Boetium de Trinitate, proem q 1, a 3, ad 6).
[158] Vgl. *Linsenmann,* Gabriel Biel der Scholastiker 464–470 passim. Vgl. *Thomas von Aquin,* Sth I q 12, a 13; q 79, a 4.

mas, in der mystischen Schau, die auf einer Vorwegnahme des seligen Schauens beruht.[159]

In der Theorie des Thomas vollzieht sich also der Übergang von der Kreatur zum Schöpfer durch unmittelbaren Kontakt der menschlichen Vernunft mit dem göttlichen Licht. Dieser Gedanke, so stellt Linsenmann fest, war der aristotelischen Philosophie fremd. Hat Thomas dieses platonisierende, mystische Element unbewußt einfließen lassen? Vielleicht, antwortet Linsenmann und fügt hinzu, daß der Nominalismus dort beginne, wo man dieses Element ausschließe.[160] So jedenfalls habe es bei Duns Scotus († 1308) begonnen. Er trennte das Natürliche vom Übernatürlichen. Aber sein Anliegen war erkenntnistheoretischer Art. Erst Durandus († 1333) und vor allem Wilhelm Occam († 1349) und seine Schule haben es zur theologischen Kontroverse gemacht. Der aristotelische Empirismus wurde hier konsequent zu Ende gedacht und somit die Theologie in einen Suprarationalismus, wenn nicht gar in einen Irrationalismus abgedrängt.[161]

Wie wirkte sich die nominalistische Denkrichtung auf die Moraltheologie aus, insbesondere auf das Gesetzesverständnis und von daher auf den Freiheitsbegriff? Das war für Linsenmann die wichtigste Frage.

Der positivistische Gesetzesbegriff

Der *nominalistische* Einfluß auf die Entwicklung der Moraltheologie bestand hauptsächlich in der Ausprägung und Durchsetzung eines *positivistischen Gesetzesbegriffs.* Bei Thomas war die Lex eine ‚ordinatio rationis', das heißt sinngemäß, eine rational ableitbare Forderung aus vorgegebenen, allgemeinen Ordnungsprinzipien. Der Nominalismus definierte die Lex als ‚ordinatio voluntatis', um die absolute, gesetzgeberische Freiheit und Souveränität Gottes herauszustellen. Dadurch erhielt die sittliche Verbindlichkeit der Lex einen anderen Begründungshorizont. Die Verbindlichkeit war nicht mehr in der Übereinstimmung mit den allgemeinen Ordnungsprinzipien grundgelegt, sondern in der Autorität des Gesetzgebers. Die Konsequenz war weitreichend. Das nominalistisch-positivistische Gesetzesverständnis machte nämlich die Behauptung möglich, Gott hätte auch ein anderes Sittengesetz geben können, in dem geboten wäre, was jetzt als Sünde gilt.[162]

[159] Vgl. Gabriel Biel der Scholastiker 471. Die drei Wege der Gotteserkenntnis beschreibt Thomas zusammenfassend in seiner Summa contra Gentes IV, c 1, proem. Die mystische Schau definiert Thomas als Vorwegnahme des seligen Schauens: Kommentar Super Boetium de Trinitate, proem q 2, a 2 c.

[160] Vgl. Gabriel Biel der Scholastiker 472 f.

[161] Vgl. ebd. 474 ff.

[162] Diese Behauptung hat sinngemäß Duns Scotus vertreten. Vgl. *Rombach,* Substanz – System – Struktur 81.

Die Wahrheit von der Allmacht Gottes konnte nun als schöpferische Willkür mißverstanden werden. Entsprechend war auch menschliches Verhalten nicht dank innerer Harmonie „mit dem moralischen Wesen des Menschen und mit dem in demselben sich offenbarenden Willen Gottes" sittlich gut, sondern sofern es ein Akt des Gehorsams war.[163] Dieser Gesetzeslehre, samt ihren Folgerungen, machte Linsenmann den Vorwurf, sie vereitle eine „vernünftige Unterwerfung unter den göttlichen Willen" und fordere statt dessen „blindes, unverstandenes Gehorchen". Damit stehe sie im Widerspruch zur biblischen, vor allem zur neutestamentlichen Ethik. Von einer „freien geistigen Auffassung des Gesetzes" könne keine Rede mehr sein. Der versklavende „Buchstabendienst" bleibe die einzig mögliche Haltung.[164]

Man spricht heute auch von positiven Auswirkungen des Nominalismus auf die Moral. Der Nominalismus habe die Individualität und die raumzeitliche Bedingtheit des Gesetzes stärker hervortreten lassen. Die Einmaligkeit der sittlichen Handlung (actus) wurde erkannt und ihre Untersuchung vorangetrieben. Das Anliegen der Existentialethik habe sich im Nominalismus zum erstenmal angemeldet.[165] Trotz dieser Hinweise scheint uns die Gültigkeit der Linsenmannschen Kritik nicht in Frage gestellt zu sein. Die positiven Auswirkungen des Nominalismus betrafen nämlich nur die äußere Handlung. Man widmete zwar der Gewissenslehre, quantitativ gesehen, mehr Raum als die Hochscholastik, aber qualitativ hatte das Gewissen wesentlich an Bedeutung verloren.[166] Der unmündige Gehorsam, der nicht nach Vernunftgründen und Sinnzusammenhängen fragt, war von einem positivistischen Gesetzesverständnis her die einzig geforderte Haltung.

Zur zeitgenössischen Moraltheologie übergehend, stellte Linsenmann fest: „Diese einseitige und dürftige Auffassung des göttlichen Sittengesetzes wirkt aber in unserer heutigen Theologie noch vielfach nach, wenn man sich dessen auch nicht bewußt werden will, in wie nahem Zusammenhang dieselbe mit einer überwundenen, nominalistischen Erkenntnislehre steht; und aus ihr erklärt sich zum Teil die charakteristische Schwäche der probabilistischen Moralsysteme."[167]

[163] Vgl. *Linsenmann,* Untersuchungen: ThQ 53 (1871) 73.
[164] Vgl. ebd. 73 f.
[165] Vgl. *A. Hollerbach,* Das christliche Naturrecht im Zusammenhang des allgemeinen Naturrechtsdenkens: F. Böckle – E. W. Böckenförde (Hg.), Naturrecht in der Kritik, Mainz 1973, 19. Vgl. *B. Häring,* Das Gesetz Christi I 51. Vgl. *K. Rahner – H. Vorgrimler,* Nominalismus: KlthW 264.
[166] Auf den Unterschied zwischen spätscholastischer und thomasischer Gewissenslehre hat J. Pieper hingewiesen: Die Wirklichkeit und das Gute 78 f.
[167] *Linsenmann,* Untersuchungen 74.

Linsenmanns Kritik kann ausgedehnt werden auf den Typus der Moraltheologie, der bis zum Zweiten Vatikanum vorherrschend blieb. Die Skepsis gegenüber der Vernunft hat das Autoritätsprinzip in der Theologie zur außergewöhnlichen Geltung gebracht. An die Stelle des Gedankens trat die Person.

Die *Übertragung* dieser spätscholastischen Buchstaben- und Autoritätsmoral in unsere Zeit war, nach Linsenmanns Ansicht, ein Werk der probabilistischen Kasuistik, aber noch mehr eine Folge des *Jansenismus*, der im 17. und angehenden 18. Jahrhundert in Belgien und Frankreich seine Blütezeit erlebte. Für Jansenius war der Kirchenvater Augustinus nicht mehr nur Zeuge der kirchlichen Lehrverkündigung, sondern einfachhin die Quelle der Wahrheit.[168] Zwei Jahre nach dem Erscheinen wurde sein Werk ‚Augustinus' in Rom verurteilt (1642). Was man jedoch bei Jansenius auf den ersten Blick als irrtümlich zu erkennen glaubte, das hat man bei Pascal „als geistreich bewundert".[169] Auf diese Weise konnte sich der Einfluß des Jansenismus fortsetzen. Im Jansenismus sah nämlich Pascal das Ideal christlicher Sittlichkeit verkörpert. Beide, Jansenius wie auch Pascal, waren Rigoristen und erbitterte Gegner der probabilistischen ‚Jesuitenmoral', von der sie behaupteten, sie sei dem Laxismus verfallen. Zu Pascals sittlichem Rigorismus schrieb Linsenmann: „Gegenüber seiner krankhaft aszetischen Weltfluchtmoral war die Lehre der Jesuiten die werktätige, weltläufige, verständige Sittenlehre, die freiere, fortschrittliche Weltauffassung."[170]

Durch die *Auseinandersetzung* mit dem kirchlich verurteilten Jansenismus wurde die Position der *probabilistischen* Jesuitenmoral noch gestärkt.[171] Linsenmann stellte dies ohne Begeisterung fest. Die Jesuitenmoral war für ihn lediglich das kleinere Übel. Die Prinzipienfrage Gesetz und Freiheit war in ihr nicht im Sinne des Evangeliums gelöst. Diesbezüglich lag, nach Linsenmanns Ansicht, die unübertroffene Leistung immer noch bei der Hochscholastik, vor allem in der Theologie des Thomas von Aquin. Im Vergleich mit dieser spekulativen Höchstleistung nahm sich, in Linsenmanns Augen, die probabilistische Jesuitenmoral recht dürftig aus. Er wagte das Urteil: „Die Jesuitenmoral ist ein Produkt der Spätscholastik, welche sich zur echten spekulativen Theologie verhält wie die Sophistik zum Platonismus."[172] Die Schuld an dieser Fehl-

[168] Vgl. *Linsenmann,* Michael Baius und die Grundlegung des Jansenismus. Eine dogmengeschichtliche Monographie, Tübingen 1867, 24 f.

[169] Ebd. 85.

[170] *Linsenmann,* Richtungen: ThQ 54 (1872) 535; vgl. Lehrbuch 103.

[171] Vgl. ebd. 536.

[172] Ebd. 545.

entwicklung lag, nach Linsenmanns Auffassung, zum Teil in äußeren Ursachen, die bereits dargelegt wurden, zum Teil in inneren Ursachen, d. h. in den „wissenschaftlichen Grundlagen“ dieser Sittenlehre selbst.[173] Mit den letztgenannten Ursachen wollen wir uns nun befassen.
Zwei Fehler waren, nach Linsenmanns Meinung, in der probabilistischen Jesuitenmoral zu berichtigen: erstens, die Verflechtung von Probabilitätsfrage und Gewissenslehre,[174] zweitens, die „schiefe“ Problemstellung durch Bartholomäus Medina.[175] Auf die Rolle Medinas sind wir schon (in Punkt 2 dieses Kapitels) eingegangen. Es bleibt also die Aufgabe, die Verknüpfung von Probabilitätsfrage und Gewissenslehre zu überprüfen.

5. Die probabilistische Gewissensmoral

Die äußeren Ursachen der Fehlentwicklung, der Zentralismus der nachtridentinischen Kirche und der Nominalismus der nachtridentinischen Theologie, trafen in ihren Auswirkungen das Kernproblem der Moraltheologie und führten einen radikalen Wandel in der Auffassung von Gesetz und Gewissen herbei. Das sittliche Gesetz wurde positivistisch verstanden und führte zur Entmündigung des Einzelgewissens. Die ‚Gewissensfälle‘ standen zwar im Mittelpunkt der probabilistischen Traktatenmoral, aber der Funktionswert des Gewissens in Theorie und Praxis war erheblich gesunken. Um Gesetz und Gewissen wieder in ein Verhältnis zu bringen, das der Freiheitsbotschaft des Evangeliums entsprach, hielt es Linsenmann für notwendig, „die Probabilitätsfrage von der Lehre vom Gewissen auszuscheiden“.[176]

Die ‚conscientia probabilis‘

Man sprach zu Linsenmanns Zeiten nicht mehr von der ‚opinio probabilis‘, wie Medina, sondern von der ‚conscientia probabilis‘. Dieser Übergang war von der Sache her nicht falsch. Medina selbst hatte die ‚opinio probabilis‘ mit der Überzeugung (fides) gleichgesetzt, von der in Röm 14, 23 die Rede ist, und zuvor vermerkt, daß ‚fides‘ und ‚conscientia‘ inhaltlich das Gleiche bedeuten.[177] Für die eigene, gut begründete Überzeugung standen also drei Bezeichnungen zur Verfügung: ‚opinio probabilis‘,

[173] Vgl. ebd. 545.
[174] Vgl. Untersuchungen: ThQ 53 (1871) 226.
[175] Vgl. ebd. 228.
[176] Ebd. 226.
[177] Vgl. *Medina,* Commentaria q 19, expl 5 et 6, col 457. 462.

‚fides' und ‚conscientia'. Bei der ‚conscientia' handelte es sich natürlich um den Gewissens*spruch* (conscienta = actus) und nicht um die Gewissens*anlage* (synteresis = habitus). Man hat bei der Übersetzung ins Deutsche diese scholastische Unterscheidung nicht beachtet. Statt vom ‚probablen Gewissensspruch' (conscientia probabilis) redete man ungenau vom ‚wahrscheinlichen Gewissen'! Auf seiten der Protestanten, die mit der scholastischen Terminologie nicht vertraut waren, mußte fast notgedrungen das Mißverständnis aufkommen, „als ob die katholische Moral die Probabilität als Maxime an die Stelle des Gewissens, der regula proxima unseres Handelns, setze".[178] Im Justizausschuß des Deutschen Reichstages wurde 1873 ein Referat gehalten, in dem die katholische Probabilitätsmoral beschuldigt wurde, sie gestatte, „gegen das Gewissen zu handeln".[179] Aber auch wenn man der Kulturkampfideologie keinen Tribut zollte, konnte man immer noch, in Unkenntnis der Problemgeschichte, mit dem protestantischen Theologen C. W. Linß einwenden: „Ein wahrscheinliches oder unwahrscheinliches Gewissen ist eben *kein* Gewissen."[180] Die falsche Übersetzung von ‚conscientia probabilis' kann Linß nicht zur Last gelegt werden, denn er hatte sie aus der katholischen Literatur übernommen.

Linsenmann war von den vorherrschenden Mißverständnissen stark beeindruckt. Neben dem Sachargument, auf das wir gleich noch eingehen werden, war dies der Grund für seine Forderung, die Probabilitätsfrage von der Gewissenslehre zu trennen. In sein Konzept paßten die Vorschläge der katholischen Moraltheologen Elger und Friedhoff, die – ebenfalls durch die Begriffsverwirrung beunruhigt – den Vorschlag machten, statt ‚conscientia dubia' ‚conscientia probabilis' die Bezeichnung ‚sententia dubia, probabilis' zu gebrauchen.[181] Mit Elger und Friedhoff beging auch Linsenmann den Fehler, den Unterschied zwischen ‚dubium' und ‚opinio', zwischen Zweifel und Meinung, nicht beachtet zu haben.

Medina hatte der Unterscheidung zwischen ‚dubium' und ‚opinio' große Aufmerksamkeit und Mühe geschenkt und klargestellt: Wer sich zu einer Meinung durchringt (qui opinatur), der fällt eine Entscheidung, wenn auch mit der Befürchtung, daß die gegenteilige Meinung richtig sein

[178] *Linsenmann,* Untersuchungen 227.

[179] Bericht der ‚Magdeburger Zeitung' Nr. 208 von 1873; zit. nach: Der Katholik 54 (1874/I) 57 Anm. 6.

[180] *C. W. Linß,* Das Handbuch der theologischen Moral des Jesuiten Gury und die christliche Ethik, Friedberg 1869, 23.

[181] Vgl. Untersuchungen 226 f. Linsenmann beruft sich auf: *F. Friedhoff,* Allgemeine Moraltheologie, Regensburg 1860, 180; *Elger,* Lehrbuch der katholischen Moraltheologie (im Zitat ohne Ort und Jahr), I 91 ff.

könnte; wer dagegen zweifelt (qui dubitat), der bleibt ohne Entscheidung, denn er stimmt nicht zu und verneint auch nicht.[182]

Übertragen wir nun diese Unterscheidung auf das Gewissen als Anlage (synteresis = habitus), dann kommen wir zur folgenden Klarstellung: Das zweifelnde Gewissen, als Anlage, bleibt in der Schwebe zwischen Zustimmung und Ablehnung und kommt zu keinem Gewissens*spruch* (conscientia = actus). Zweifeln kann nur das Gewissen als Anlage. Die Bezeichnung ‚conscientia dubia' betrifft den fehlenden, noch ausbleibenden (!) Gewissensspruch. Einen ‚zweifelnden' Gewissensspruch gibt es also nicht. Es gibt aber einen ‚probablen' Gewissensspruch! Sein Merkmal besteht darin, daß er ‚cum formidine errandi' zustande kommt.

Elger, Friedhoff und Linsenmann sprechen also nicht präzise genug vom ‚zweifelnden' Gewissen. Sofern sie mit dieser Bezeichnung auch den Gewissensspruch meinen, haben sie recht, daß es ihn nicht gibt. Sie irren jedoch, indem sie die ‚conscientia probabilis' ebenso beurteilen. Ihr Vorschlag, anstelle von ‚conscientia probabilis' die Bezeichnung ‚sententia probabilis' zu gebrauchen, bringt inhaltlich nur das zum Ausdruck, was auch Medina mit dem probablen Gewissensspruch meinte.

Die Begriffsverwirrung, die Linsenmann beklagt und beheben möchte, wäre also mit der Rückkehr zur scholastischen Unterscheidung zwischen Gewissensanlage und Gewissensspruch beseitigt. Linsenmann war die Terminologie wohl bekannt. Es scheint jedoch, daß ihn das nun folgende Sachargument daran gehindert hat, sich mit der begrifflichen Unterscheidung zufriedenzugeben.

Für seine Forderung, Probabilitätsfrage und Gewissenslehre zu trennen, führte Linsenmann folgendes Sachargument an: „Der Irrtum, der Zweifel, das Schwanken zwischen verschiedenen Meinungen ist in Wirklichkeit nicht etwas dem Gewissen Inhärierendes oder eine Eigenschaft des Gewissens, wie der Skrupel, die Perplexion des Gewissens, sondern tritt an das Gewissen heran als ein Konflikt zwischen Gesetz und Freiheit, den das Gewissen lösen muß. Auf dieser Linie bewegt sich das Streitobjekt; es gehört nicht in die Lehre vom Gewissen, sondern in die Lehre von der Pflicht."[183]

Hier vermerkt Linsenmann vorerst richtig, daß der Zweifel und auch die Meinung nicht einen Zustand des Gewissens (als Anlage) darstellen. Sie betreffen den Gewissensspruch, und zwar in bezug auf die Frage, was sittlich verpflichtend ist. Unverständlich bleibt die Forderung, die

[182] Vgl. *Medina,* Commentaria q 19, expl 5 et 6, col 462: „Notandum est, esse discrimen inter opinionem et dubium. Nam qui opinatur, assentitur uni parti cum formidine alterius; qui vero dubitat, nec habet assensum, nec dissensum, sed manet animus in dubio."

[183] *Linsenmann,* Untersuchungen 227 f.

Linsenmann hieraus ableitet, Probabilitätsfrage und Gewissenslehre zu trennen. Sogar aufgrund eigener Aussagen dürfte das nicht möglich sein. Linsenmann definiert die sittliche Pflicht als Inhalt des Gewissensspruchs: „Durch das Gewissen wird uns der Gegenstand des Gesetzes zur Pflicht, d. h. zur sittlichen Notwendigkeit.“[184] An anderer Stelle verfährt Linsenmann umgekehrt und definiert das Gewissen als „das in jedem Menschen sich regende Pflichtgefühl“.[185]
Wir können aus alledem nur den Schluß ziehen, daß sich Linsenmann in seiner Forderung, Probabilitätsfrage und Gewissenslehre zu trennen, zu sehr von den damaligen Streitigkeiten und Mißverständnissen beeindrucken ließ. Die Forderung läßt sich nämlich sachlich nicht rechtfertigen und auch nicht durchführen.
Ein anderer Umstand, den Linsenmann nur beiläufig erwähnt, hat die Entwicklung der probabilistischen Gewissenslehre mehr beeinflußt: das Syllogismus-Modell.

Das Syllogismus-Modell
Als sich im 12. Jahrhundert und später eine systematische Gewissenslehre herausbildete, hat man das Zustandekommen des Gewissensspruchs in der Form eines Syllogismus darzustellen versucht. Auch heute bedient sich die Wissenschaft eines vereinfachenden Modells, um eine komplexe Wirklichkeit zu klären. Das ist erlaubt und auch richtig, solange man den Unterschied zwischen Modell und Wirklichkeit im Auge behält und sich anhand des Modells nicht zu falschen Schlußfolgerungen verleiten läßt. Das war in der Gewissenslehre bald der Fall. Aufgrund des Syllogismus-Modells wurde die Gewissensentscheidung aus ihrer Situationsbezogenheit gelöst und als logisch-abstrakte Deduktion mißverstanden.
Linsenmann beschreibt das Zustandekommen des Gewissensspruchs ebenfalls in der erwähnten Art, ohne sich der damit verbundenen Gefahr eines Mißverständnisses bewußt zu werden: „Denkt man sich den inneren Vorgang in Form einer Denkoperation, so spricht sich das praktische Gewissen (dictamen rationis) in Form eines Syllogismus aus, dessen Obersatz aus einem Ausspruch des spekulativen Gewissens (synteresis) besteht.“[186]
Thomas von Aquin hatte sich, in Anlehnung an Aristoteles, des Syllogismus-Modells bedient, um das Zustandekommen des ‚actus humanus‘ zu klären.[187] Der Befehl zur Ausführung des ‚actus humanus‘ wurde be-

[184] Lehrbuch 98.
[185] Ebd. 89. Vgl. *H. Diederich*, Kompetenz des Gewissens 163.
[186] Lehrbuch 86.
[187] Vgl. Sth I–II q 13, a 3.

zeichnenderweise durch Thomas als Vernunftakt – ebenso wie der Gewissensspruch – verstanden. Hierauf basiert der Vorwurf, die Gewissenslehre des Thomas sei zu intellektualistisch ausgerichtet. Man hat jedoch nicht genügend beachtet, daß bei Thomas der Untersatz des Syllogismus aus einem praktischen Urteil der Klugheit besteht.[188] Aufgabe der Klugheit aber war es – im Verständnis des Thomas – Allgemeinerkenntnis mit der Einsicht in die individuelle Situation, sowie die intellektuellen mit den affektiven Kräften zu verbinden. An dieser komplexen Aufgabe der Klugheit mag es liegen, daß die Zuordnung von Klugheit und Gewissen bei Thomas nicht klar genug umschrieben erscheint.[189] Eines wird auf jeden Fall deutlich, daß die starre, logisch ableitende Form des Syllogismus durch die Klugheit gesprengt und für ein lebensnahes, situationsbezogenes Urteil geöffnet wird. Hieraus resultiert die *Unsicherheit* sittlicher Erkenntnis, auf die Thomas hingewiesen hat.[190]

Die probabilistische Gewissenslehre strebte indessen das Gegenteil an, das Thomas für unerreichbar hielt: die völlige *Sicherheit* des Gewissensspruchs. Der Weg dahin war aus positivistischer Sicht klar: je näher dem Gesetz, desto größer die Sicherheit. So drückte sich sinngemäß Gury aus.[191]

Die Verwechslung von Modell und Wirklichkeit, die der probabilistischen, am Syllogismus einseitig ausgerichteten Gewissenslehre als Fehler zugrunde lag, kam auch in der Überbewertung der Gewissensfälle (casus) zum Ausdruck. „Es ist kein zufälliges Zusammentreffen" – meint Josef Pieper – „daß die Überbewertung der Kasuistik das Gesicht der Moraltheologie in genau dem gleichen Maße bestimmt hat, in dem die klassisch-christliche Lehre von der Klugheit zurücktrat und in Vergessenheit geriet."[192]

Auf das Verdrängen der Klugheit hat in den zwanziger Jahren unseres Jahrhunderts vor allem die französische Dominikanerschule (Deman, Garrigou-Lagrange, Noble) hingewiesen. Unter den Forschern, die außerhalb der Schulen stehen, ist Pieper der bedeutendste.[193] Pieper meint,

[188] Vgl. Sth II–II q 47, a 6 c; q 49, a 2 ad 1. Zur Klugheit gehören drei Akte: das Überlegen (consilium), das Beurteilen der Situation (iudicium) und das Befehlen (praeceptum). Vgl. Sth II–II q 47, a 8.

[189] Vgl. *M. Reding,* Philosophische Grundlegung der katholischen Moraltheologie 190 f., mit Anmerkungen.

[190] Vgl. Sth II–II q 47, a 3 ad 2: „Quia infinitas singularium non potest ratione humana comprehendi, inde est quod sunt incertae providentiae nostrae, ut dicitur Sap 9, 14."

[191] Vgl. *Gury,* Compendium Nr. 52: „Hinc opinio est tuta, vel tutior, aut minus tuta, prout simpliciter favet legi, vel eiusdem plus minusve favet."

[192] *J. Pieper,* Das Viergespann. Klugheit – Gerechtigkeit – Tapferkeit – Maß, München 1964, 46 f.

[193] Vgl. *F. Furger,* Gewissen und Klugheit in der katholischen Moraltheologie der letzten Jahrzehnte, Luzern 1965, 19. 56.

die Fehlentwicklung habe im 16. Jahrhundert bei Vitoria († 1546) begonnen. Vitoria hatte die spanische Thomas-Renaissance eingeleitet und anstelle der Sentenzen des Lombardus die Theologische Summe des Thomas als Lehrbuch eingeführt. Doch während Thomas nur einen Artikel dem Gewissensakt (conscientia) und sechsundfünfzig Artikel der Klugheit (prudentia) widmete,[194] schenkte Vitoria, in seinem Kommentar zur ‚Secunda secundae', der Klugheit verhältnismäßig wenig Aufmerksamkeit. Hundert Jahre später wird der bedeutendste Thomas-Erklärer, Johannes a Sto Thoma († 1644), in seinem ‚Cursus theologicus', die Klugheit überhaupt nicht mehr ausdrücklich erwähnen.[195]

Das Hauptinteresse dieser einseitig am ‚casus' und der entsprechenden gesetzlichen Vorschrift ausgerichteten Gewissensmoral bestand darin, die „verwirrend vielfältigen Verwirklichungsweisen des Guten zu ‚ordnen' und überschaubar zu machen".[196] Als Situations-Gewissen[197] war die Klugheit ein Unsicherheitsfaktor, der im Modell des ‚casus' gar nicht einzufangen war. Wohl deshalb konnte die probabilistische Gewissenslehre mit der Klugheit nichts anfangen. Die Unberechenbarkeit wurde noch verstärkt durch den Hinweis des Thomas, daß die Klugheit in ihrer Aufgabe durch die Gaben des Heiligen Geistes geleitet und gestärkt wird,[198] ja, daß der Heilige Geist der eigentlich bewegende und der menschliche Geist der bewegte ist.[199] Hier ließen sich keine Regeln ausfindig machen, „nach denen der Heilige Geist Gottes das Überlegen und Beschließen der Menschen durchwirkt... Hier ist der eigentliche Ort des augustinischen Satzes: ‚Habe die Liebe, und tu, was du willst'."[200]

Der vielzitierte Satz des Augustinus wurde nicht selten zur Rechtfertigung eines ethischen Subjektivismus mißbraucht.[201] Bei Linsenmann besteht dieser Verdacht nicht. Bei aller Kritik dachte er auch nicht daran, die Kasuistik für überflüssig zu erklären.[202] Sie sollte lediglich in ihre eigentliche Rolle zurückverwiesen werden, die darin besteht, Orientierungshilfe zu sein, die jedoch weder die Wirklichkeit ersetzen noch dem Einzelgewissen die Entscheidung und Verantwortung abzunehmen vermag. Genau das hatte sich aber die probabilistische Gewissensmoral zuschulden kommen lassen. Sie hat, wie Linsenmann zutreffend kritisierte,

[194] Vgl. Sth I q 79, a 13; II–II q 47–q 56.
[195] Vgl. *J. Pieper*, Über die Klugheit, Olten ³1947, 93 f.
[196] *Pieper*, Das Viergespann 45.
[197] Vgl. *Pieper*, Die Wirklichkeit und das Gute 78.
[198] Vgl. Sth II–II q 52, a 1 ad 1.
[199] Vgl. ebd. a 2 ad 1.
[200] *Pieper*, Das Viergespann 61 f.
[201] Vgl. *J. Fletcher*, Moral ohne Normen? Gütersloh 1967, 68.
[202] *Linsenmann*, Lehrbuch 24.

den Schwerpunkt der Sittlichkeit – im Widerspruch zum Evangelium – „in den Gesetzesbuchstaben und in die äußere Autorität“ verlegt.[203]
Daß die probabilistische Moral von ihrem Grundanliegen, die evangelische Freiheit zu wahren, weit abgekommen war, konnte noch an einem weiteren Punkt verdeutlicht werden: an der Lehre von der Epikie.

Die mißverstandene Epikie
Aus ethischer Sicht war die evangelische Freiheit mit dem Anliegen der Epikie identisch. Also bestand auch zwischen dem Grundanliegen des Probabilismus und der Epikie kein Unterschied. Linsenmann schrieb dazu: „Wir sprechen hier vom Probabilismus im weitesten Sinne des Wortes; derselbe bietet nur die doktrinäre Formel für ein Problem, das so alt ist als die Sittenlehre selbst. Es hat vielleicht zur Zeit der älteren Scholastik noch nicht so viele ‚Gewissensfälle‘ gegeben; aber gegeben hat es deren doch; nur hat man sich mit allgemeineren Grundsätzen in denselben zurechtgefunden.... Wir finden in der scholastischen Moral nur einen Punkt, welcher in probabilistischer Richtung weiterführt, das ist der Begriff der *Epikie,* der aus Aristoteles aufgenommen worden ist.“[204]
Linsenmann erwähnt vorrangig Thomas von Aquin, der die Epikielehre aufgenommen und ausgebaut hat. In der thomasischen Darlegung blieb jedoch, nach Linsenmanns Ansicht, die Frage unbeantwortet, „welches Maß von Einsicht und subjektiver Überzeugung erforderlich sei, um die Intention des Gesetzgebers im Sinne der Freiheit zu interpretieren“.[205] Die probabilistischen Kasuisten hatten versucht, ein Verhaltensrezept zu erstellen und endeten in der Sackgasse der ‚Moralsysteme‘. Der Grund lag in der positivistisch-nominalistischen Auffassung vom Gesetz.[206] Linsenmann scheint jedoch nicht beachtet zu haben, daß sich von der thomasischen Gesetzes- und Gewissensauffassung her die Frage, die er in der Epikielehre für unbeantwortet hielt, gar nicht stellte. Thomas traute nämlich dem Einzelgewissen zu, die Epikie richtig anzuwenden. Dies hatte man in der nachfolgenden Zeit vergessen und auch die Epikielehre selbst falsch ausgelegt.
Nach Thomas war die Anwendung der Epikie notwendig, wo die buchstäbliche Befolgung des Gesetzes (sequi legem positam) gerade dagegen verstoßen würde, was das eigentliche Anliegen des Gesetzes (veritas legis) ausmacht, nämlich gegen den gerechten Ausgleich und das Gemein-

[203] Vgl. *Linsenmann,* Richtungen: ThQ 54 (1872) 549.
[204] *Linsenmann,* Untersuchungen: ThQ 53 (1871) 244. *Häring,* Das Gesetz Christi I, 319 f., vertritt eine ähnliche Meinung.
[205] Untersuchungen 246.
[206] Vgl. ebd. 246 f.

wohl.[207] Thomas versteht die Epikie als Tugend. Sie ist also kein Ausnahmefall, sondern eine *Grundeinstellung* dem Gesetz gegenüber, die man wohl am besten als mündigen Gesetzesgehorsam bezeichnen kann. Es ist ein Gehorsam, der den Gesetzesbuchstaben in seiner wegweisenden Bedeutung zu schätzen weiß, aber gleichzeitig nicht vergißt, daß der Buchstabe grundsätzlich hinter der Intention des Gesetzgebers zurückbleibt. Es ist gar nicht möglich – wie Thomas ausdrücklich sagte – eine gesetzliche Regel aufzustellen, die das eigentlich Gemeinte und Angestrebte vollkommen zum Ausdruck zu bringen vermag.[208] Die Tugend der Epikie besteht somit in der mündigen Fähigkeit, die eigentliche Funktion des Gesetzes in der Moral zu erfassen und den Gesetzesbuchstaben immer dann zu übersteigen, wenn er versagt, und dem zu folgen, was Gerechtigkeit und Gemeinwohl fordern (praetermissis verbis legis, sequi id quod poscit justitiae ratio et communis utilitas).[209]
Man kann den thomasischen Epikiebegriff nur auf dem Hintergrund der thomasischen Gesetzeslehre recht verstehen. Thomas selbst verweist auf seine Ausführungen über das Gesetz, in denen er sich zum Grundsatz bekannte: Das eigentlich Gemeinte ist höher zu bewerten als der Buchstabe, der dies zum Ausdruck bringt.[210]
Es ist einleuchtend, daß die probabilistische Moral, die von einem positivistischen Gesetzesbegriff ausgeht und „den inneren Zusammenhang der sittlichen Ideen und Gebote nicht erkennt",[211] zu einem ganz anderen Epikiebegriff gelangen mußte. Linsenmann stellt den Unterschied zwischen Thomas und der spätscholastischen Moraltheologie heraus, zieht jedoch nicht den erwähnten Schluß in bezug auf die Epikielehre. Er sieht darum auch zwischen dem Epikiebegriff des Thomas und dem des heiligen Alfons von Liguori kaum einen Unterschied.[212] In Wirklichkeit ist der Unterschied groß.
Alfons von Liguori definiert die Epikie als „exceptio casus ob circumstantias",[213] als Selbst*dispens* vom Gesetz.[214] Thomas versteht die Epikie als

[207] Vgl. Sth II–II q 120, a 1 et ad 1.
[208] Vgl. ebd. a 1.
[209] Ebd. a 1.
[210] Thomas verweist in Sth II–II q 120, a 1 zunächst auf seine Ausführungen in Sth I–II q 96, a 6 und bringt dann im „sed contra" folgenden Grundsatz: „Ergo magis est attendendum ad causam quae movit legislatorem, quam ad ipsa verba legis."
[211] *Linsenmann,* Untersuchungen 247.
[212] Den Unterschied zwischen Thomas von Aquin und Alfons von Liguori in der Epikielehre beschränkt Linsenmann auf folgende Bemerkung zur Lehre des Alfons: „Im letzten Beisatz liegt offenbar eine der Scholastik noch fremde Abschwächung der Idee des Gesetzes" (Untersuchungen 245 Anm. 3).
[213] *A. Liguori,* Theologia moralis, Rom 1953, I Nr. 201.
[214] So versteht *Linsenmann,* Untersuchungen 245, die Epikielehre Liguoris. Dieselbe Auslegung bei *K. Martin,* Lehrbuch der katholischen Moral, Mainz [4]1859, 66.

höhere Gesetzes*erfüllung*, als ‚oberste Regel' menschlichen Verhaltens Epieikeia est quasi superior regula humanorum actuum).[215] Die Epikie ist nach Liguori ein Ausnahmefall, nach Thomas dagegen eine Grundeinstellung. Bei Liguori steht das geschriebene Gesetz im Vordergrund, das ausnahmsweise und im Einzelfall durch die Epikie außer Kraft gesetzt werden kann. Bei Thomas steht die Epikie im Vordergrund, die um die Bedeutung des Gesetzesbuchstabens weiß, aber auch um seine Unvollkommenheit, und ihn daher, wo nötig, übersteigt.

Das von Thomas abweichende Epikieverständnis ist bereits bei Antonin im 15. Jahrhundert festzustellen. Antonin definiert die Epikie als Gerechtigkeit, die durch Barmherzigkeit temperiert wurde.[216] Ähnlich hat im 19. Jahrhundert Gury die Epikie bezeichnet, nämlich als „benigna legis interpretatio".[217] In die Nähe des Gedankens von der Selbstdispens, den Liguori vertritt, kam bereits Medina. Er behandelte die Epikie an der Stelle in der Gesetzeslehre (Sth I–II q 96, a 6), auf die Thomas verwiesen hatte. Dadurch erhielt die Epikielehre ein anderes Vorzeichen, nämlich das der buchstäblichen Gesetzesverpflichtung.[218] Aus dieser Sicht konnte die Epikie nur als Dispens verstanden werden.[219]

Die Ursachen, die zur Fehlentwicklung der probabilistischen Moral führten, hatte Linsenmann in äußere und innere aufgeteilt. Zu den äußeren Ursachen zählte Linsenmann den Zentralismus der nachtridentinischen Kirche und den Nominalismus der nachtridentinischen Theologie. Zu den inneren Ursachen, die in den wissenschaftlichen Grundlagen der probabilistischen Moral zu suchen waren, zählte Linsenmann die probabilistische Lehre Medinas sowie die Verknüpfung von Probabilitätsfrage und Gewissenslehre.

Was mußte geschehen, um die Fehlentwicklung zu beheben? Die Frage war identisch mit der anderen: Wie konnte die Prinzipienfrage ‚Gesetz

[215] Sth II–II q 120, a 2.

[216] Summa Antonini, Septima regula: „Est autem aequitas iustitia pensatis omnibus circumstantiis particularibus dulcore misericordiae temperata."

[217] *Gury*, Compendium Nr. 115. Die Definition der Epikie als barmherzige Gesetzesauslegung läßt einen Gedanken anklingen, gegen den sich Thomas von Aquin ausdrücklich verwahrte. Er lehnte nämlich die Behauptung ab, die Epikie stehe im Gegensatz zur „severitas" des Gesetzes: „Nec etiam opponitur severitati, quae sequitur veritatem legis in quibus opportet: sequi autem verba legis in quibus non opportet, vitiosum est" (Sth II–II q 120, a 1 ad 1). Beachtenswert ist hierbei, daß Thomas die „severitas" nur für die „veritas legis" gelten läßt, nicht für die „verba legis"!

[218] Vgl. *Medina*, Commentaria q 96, a 6, col 1342: „Ratio propositae quaestioni est: Nam lex regula est subditorum; sed non licet agere contra regulam; ergo non licet agere contra verba legis."

[219] Vgl. *Medina*, a. a. O.: „Si vero sit subditorum periculum, quod tantam moram non patitur, ipsa necessitas dispensationem habet annexam." Die Worte findet man auch bei Thomas (Sth I–II q 96, a 6c), der jedoch von der Epikie nicht an dieser Stelle spricht, sondern erst in der Tugendlehre (Sth II–II q 120, a 1–2).

und Freiheit' wieder einer Lösung nahegebracht werden, die der Freiheitsbotschaft des Evangeliums entsprach?
Dem Moraltheologen Linsenmann war ein direkter Einfluß nur auf die inneren Ursachen möglich. Auf die äußeren konnte er lediglich hinweisen. Die Lösung, die Linsenmann in bezug auf die Prinzipienfrage vorschlug, war die Rückkehr der Moraltheologie zum vorprobabilistischen Standpunkt.

6. *Rückkehr zum vorprobabilistischen Standpunkt*

Die Ausgangsthese, mit der Linsenmann an die Untersuchung der Prinzipienfrage ,Gesetz und Freiheit' herangegangen war, bestand in der Unterscheidung zwischen dem Grundanliegen des Probabilismus und den ,Systemen der Probabilität', die er als fehlgeleitete Ausformung des Grundanliegens einschätzte. Durch die Analyse der äußeren und inneren Ursachen, die zur Fehlentwicklung des Grundanliegens führten, sah sich Linsenmann in seiner Ausgangsthese bestätigt. Er schrieb 1871: „Aber wenn man uns nun fragt, welchem von den drei in der Kirche geduldeten Systemen wir den Vorzug geben und uns anschließen, so antworten wir: keinem."[220]

Ablehnung der ,Moralsysteme'

Linsenmanns Ablehnung der ,Moralsysteme' war von der Überzeugung getragen, daß die Prinzipienfrage weder mit Hilfe des Probabiliorimus, noch des Aequiprobabilismus oder Minus-Probabilismus so gelöst werden könne, wie es die Freiheitsbotschaft des Evangeliums erforderte. Er fand keine Äußerung des kirchlichen Lehramtes, die ihn veranlassen konnte, anders zu denken. Nicht ganz so frei war er aufgrund der damals vorherrschenden theologischen Doktrin.
Die Meinung, die von den drei ,Moralsystemen' nichts wissen wollte, hatte Gury in seinem Werk ,Casus conscientiae' (erste Ausgabe in Deutschland 1865) als vermessen (temerarie) verurteilt, weil sie sich über die theologischen Schulen hinwegsetze und kein neues, solides System begründe.[221] Da damals Gurys Autorität hoch im Kurs stand und sein Werk wohlbekannt war, mußte sich Linsenmann mit diesem Urteil befassen. Er hielt Gury entgegen, daß gegen jedes System „von den gewichtigsten

[220] *Linsenmann,* Untersuchungen: ThQ 53 (1871) 274.
[221] Vgl. *J. P. Gury,* Casus conscientiae in praecipuas quaestiones theologiae moralis, Regensburg 1865, De conscientia, casus VI 4°.

Männern schwere Bedenken erhoben worden sind". Die Kurzschlüssigkeit von Gurys Beweisführung deckte Linsenmann mit der Frage auf:
„Womit will dann der erste Probabilist sein Auftreten rechtfertigen?"[222]
Da weder das Lehramt noch einsichtige Gründe Linsenmanns Ausgangsthese widersprachen, zog er folgenden Schluß: „Ich bin frei, dies heißt: mein einziges Gesetz in dem gegebenen Falle ist meine vernünftige Einsicht; und dieser zu folgen ist Pflicht.... Ich habe das Recht, die bisherigen Meinungen zu kritisieren und mache davon Gebrauch wie einstens der hl. Hieronimus, der auch nicht der Ansicht war, daß man die Meinungen wie die Weine nach dem Alter taxieren müsse."[223]
Im langen Streit um die Moralsysteme gab es einen gewissen Fortschritt. In Anbetracht des Grundanliegens schien es jedoch Linsenmann ein sehr geringer Fortschritt zu sein: „Nur etwa darüber ist man nach und nach zu einer Verständigung gekommen, ... daß man unter Umständen moralisch sicherer der Sünde entgehe durch vernünftigen Gebrauch der Freiheit als durch äußerlichen Anschluß an die Gesetzesbuchstaben."[224] Damit war eigentlich der „Haupt- und Grundsatz des Probabilismus" in Frage gestellt, die Behauptung nämlich, daß die ‚opinio pro lege' *immer* die ‚opinio tutior' sei.[225] Trotzdem hielt man an den ‚Moralsystemen' fest. Die Chance für eine evangeliumsgerechtere Lösung der Prinzipienfrage war also nicht größer geworden. Darum meinte Linsenmann: „Wenn die Frage des Probabilismus wirklich eine Prinzipienfrage ist, so muß es allerdings auch jetzt noch so lange der Mühe wert sein, ihre Lösung zu versuchen, als die allgemein befriedigende Form der Lösung nicht vorliegt."[226]
Als dringendes Problem stellte sich zunächst die Methodenfrage. Ein anderer Weg mußte gefunden werden. „Vierhundert Jahre haben nicht ausgereicht, um die Frage, so wie sie gestellt worden ist, zu lösen. Sollte es nicht erlaubt sein, zu fragen, wie man vor diesen 400 Jahren die Gewissensfälle gelöst hat?"[227] Linsenmann hatte sich also entschieden, eine Lösung „ganz im Geist der vorprobabilistischen Theologie" zu suchen,[228] d. h. zurückzukehren zu dem Standpunkt, den die Moral im Zuge ihrer Fehlentwicklung vor etwa vierhundert Jahren verlassen hatte.

[222] Untersuchungen 276.
[223] *Linsenmann,* Pflichtenkollision: ThQ 58 (1876) 11 f.
[224] Ebd. 7.
[225] Vgl. ebd. 7.
[226] Ebd. 6.
[227] Ebd. 6. Die 400 Jahre Probabilismusstreit läßt Linsenmann „Seit Dominicus Soto und Bartholomäus von Medina ca. 1480" (Lehrbuch 125) beginnen.
[228] Vgl. Lehrbuch 109.

Lag bei Linsenmann nicht dieselbe Illusion vor, der zuvor die Neuscholastiker erlagen, als sie meinten, durch Repristinierung einer vergangenen Epoche ihre theologischen Gegenwartsprobleme lösen zu können?

Die vorprobabilistische Maxime

Die Epoche, auf die Linsenmann zurückgreifen wollte, war etwa die Zeit eines Antonin von Florenz, der in seiner ‚Summa moralis' (1477) den Grundsatz vertrat, man solle sich ‚in materia morali' mit dem Grad von Sicherheit zufriedengeben, der in diesem Bereich erreichbar sei. Die moralische Sicherheit gleiche nämlich weder der übernatürlichen noch der mathematischen Sicherheit.[229]

Dieser Einsicht, daß sich die Pflichten des praktischen Lebens „nicht nach dem Zahl- und Maßverhältnis körperlicher Dinge" vergleichen lassen und daher sittliche Urteile oft genug „unsicher schwanken",[230] schloß sich Linsenmann an. Es war die Einsicht, daß zu jeder sittlichen Entscheidung eine gewisse *Unsicherheit* und damit auch ein zu verantwortendes *Wagnis* hinzugehören. Dieser Standpunkt entsprach dem Linsenmannschen Menschenbild, das durch die Situation des ‚Zwischen' gekennzeichnet war, denn mit dieser Situation waren reale – und nicht nur scheinbare – Pflichtenkollisionen notwendig mitgegeben. Das galt auch für die Prinzipienfrage ‚Gesetz und Freiheit'. Eine Lösung, die alle Unsicherheitsfaktoren und Gegensätzlichkeiten ausschließt, war aus der Linsenmannschen Sicht nicht zu erwarten. Sie war auch, vom Standpunkt des christlichen Glaubens, gar nicht gefordert! Nur ein magisch-technisches Gesetzesverständnis erfordert fehlerlos funktionierende Sicherheiten. Sie entscheiden nämlich – aus der Sicht dieses Weltbildes – über Leben und Tod des Menschen. Der Glaubende dagegen darf hoffen, auch dann noch nicht dem ewigen Tod zu verfallen, sondern in Gott einen gnädigen Richter zu finden, wenn er zwar objektiv falsch, aber doch nach bestem Wissen und Gewissen entschieden und gehandelt hat. Das hatte bereits Thomas von Aquin, bei der Behandlung der ‚conscientia erronea', klargestellt.

Das Sicherheitsbestreben der Probabilisten entsprach also dem magisch-technischen und nicht dem religiösen Weltbild. Ihre Meinung, daß die ‚Moralsysteme' Sicherheit gewährleisten, war, nach Linsenmanns Ansicht, eine Täuschung. Die erhoffte Sicherheit war nämlich nichts anderes als blinder Autoritätsgehorsam, der dem Evangelium widersprach. Nicht nur die Regeln der ‚Moralsysteme' versagten. Auch die ‚allgemeinen Regeln',

[229] Vgl. Summa Antonini p I, tit 3, c 10, § 10, regula quarta: „Disciplina est in unaquaque re certitudinem quaerere iuxta exigentiam materiae."
[230] Lehrbuch 109.

daß Rechtspflichten vor Liebespflichten stehen und Berufspflichten den Privatangelegenheiten vorangehen, können – nach Linsenmanns Meinung – nur bedingt weiterhelfen. Skeptisch meinte er, mit den allgemeinen Regeln verhalte es sich wie mit den Sprichwörtern: in Anwendung auf den Einzelfall bedürfen sie wieder einer Auslegung.[231]

Eine ähnliche Maxime, die dem vorprobabilistischen Standpunkt sowie auch Linsenmanns Menschenbild entsprach, hatte sein Zeitgenosse, der Moraltheologe Konrad Martin, formuliert. Die Maxime lautete: „Kann ich es auch mit bestem Bemühen zu keinem entschiedenen Urteil bringen, welche von zweien oder mehreren zusammentreffenden Pflichten ich auszuwählen habe, so genügt die größere Wahrscheinlichkeit; und sollte auch diese nicht zu gewinnen sein, so darf ich beliebig wählen, und selbst wenn ich mich in meiner Wahl wirklich vergreifen würde, würde ich nicht sündigen: Gott sieht dann auf den Willen und nicht auf die Tat. ‚Quis enim', sagt der hl. Augustinus, ‚peccat in eo, quod nullo modo caveri potest'."[232]

Linsenmann hält die Maxime für so gut, daß sie seiner Meinung nach ausreicht, „um den ganzen Apparat der Systeme des Probabilismus in unseren Handbüchern entbehrlich zu machen".[233] Sie werde in der praktischen Anwendung nicht übertroffen von den „subtileren Untersuchungen" der probabilistischen Systeme, die ja doch keine „wesentlich bestimmteren" Resultate ergeben.[234]

Martins Maxime stützt sich auf die Lehre des heiligen Augustinus. Bei Thomas von Aquin findet man eine ähnliche Aussage im Zusammenhang mit dem großen Gebot der Liebe: Jeder müsse es seinen Kräften entsprechend erfüllen, aber bei unvollkommener Erfüllung liegt keine Sünde vor, solange man tut, was möglich ist (si homo faciat quod potest).[235] Ähnlich hatte Antonin entschieden und Albert den Großen sowie den Dekretalisten Heinrich von Segusia als Vertreter einer solchen Grundeinstellung angeführt.[236] Die vorgetragene Lehre war also allgemein vertreten. Man begnügte sich mit ihr nicht mehr, als im Zuge der beschriebenen Verrechtlichung der Moral nur noch die Meinung für moralisch sicher angesehen wurde, die dem geschriebenen Gesetz mehr oder weniger entsprach.

[231] Vgl. Pflichtenkollision: ThQ 58 (1876) 55 f.
[232] *K. Martin,* Lehrbuch der katholischen Moral, Mainz ⁴1859, 123; vgl. *Augustinus,* De libero arbitrio l 3, c 18.
[233] Pflichtenkollision 56.
[234] Vgl. Lehrbuch 109.
[235] Sth II–II q 186, a 2 ad 2.
[236] Vgl. Summa Antonini q I, tit 3, c 10, § 10, regula quarta.

Die unbewältigte Aufgabe

War die vorgetragene Maxime letztlich nicht doch von einem Verzicht auf Sicherheit gekennzeichnet, der einem Skeptizismus nahekam? Linsenmann gesteht, daß ihm diese Bedenken „von Zeit zu Zeit schon am Schreibtisch wie auf dem Katheder“ gekommen waren.[237] Aber es hieße die christliche Offenbarung mißverstehen, wollte man meinen, daß sie Unsicherheiten und Gewissensängste, die nun mal „im Menschenwesen selbst“ begründet sind, völlig ausschließe. Es gibt keine Heilsgewißheit. Anderseits gibt es innerliche Gewißheiten, „innerliche Erleuchtungen, die uns weiter führen als der natürliche Verstand; wer gläubig und mit kindlichem Sinne um Erleuchtung und Einsicht betet, den wird die Gnade führen“.[238]

Behält man Linsenmanns Gesetzesverständnis im Auge, so besteht nicht die Gefahr, diese Äußerung als subjektivistische Gesinnungsethik oder Situationsethik mißzuverstehen. Karl Rahner hat im Zusammenhang mit dem heutigen Problem der genetischen Manipulation dargelegt, daß bei vielschichtigen Wirklichkeiten das ‚objektiv‘ Richtige nicht mehr nur anhand einer rationalen Analyse, sondern auch mit Hilfe des ‚moralischen Glaubensinstinkts‘ gefunden werden könne. Die traditionelle Moraltheologie habe dafür noch gar keinen Namen. Natürlich besitze die Berufung auf ‚instinktive‘ Urteile auch ihre Gefahren. Im Namen des ‚gesunden Volksempfindens‘ habe das Naziregime viele Verbrechen begangen. Anderseits beweise die neueste Diskussion um die ABC-Waffen, wie hilflos die Moraltheologie wird, wenn sie nur analytisch-deduktiv arbeitet.[239]

Das Problem, das Rahner darlegt, hat Linsenmann mehr geahnt als klar umschrieben. Aber es steht auch heute noch ungelöst da. Die traditionelle Moraltheologie, die auf der Behauptung aufbaut, „daß alles Stellungnehmen, Werten und Handeln, und zwar bis in seine letzten Sinngründe hinein, auf positivierbare Voraussatzungen zurückgeführt werden kann“,[240] müßte ein entsprechendes Gegengewicht erhalten durch die Hervorhebung des „globalen moralischen Vernunfts- und Glaubensinstinkts“ und den Mut, sich auf ihn zu verlassen.[241] Aus der *vermittelnden Synthese*, die Linsenmann immer wieder anstrebt, wäre die umfassende Moraltheologie zu erstellen.

[237] Vgl. Pflichtenkollision 57.

[238] Ebd. 58.

[239] Vgl. *K. Rahner*, Zum Problem der genetischen Manipulation aus der Sicht des Theologen: F. Wagner (Hg.), Menschenzüchtung, München ^{2}1970, 149–153.

[240] *W. Korff*, Norm und Sittlichkeit. Untersuchungen zur Logik der normativen Vernunft, Mainz 1973, 10.

[241] Vgl. *Rahner*, a. a. O. 153.

Linsenmann hat seinen ersten Beitrag zur Prinzipienfrage, aus dem Jahre 1869, mit einem Gedanken abgeschlossen, der auch ans Ende dieses Kapitels paßt. Damals schrieb Linsenmann: „Wir fordern eine moralische Überzeugung, nicht Gewißheit, weil diese der Voraussetzung gemäß nicht immer zu erreichen ist; eine Überzeugung aber, die nicht aus Rücksichten der natürlichen Klugheit (qui prudenter agit, bene agit), sondern aus dem Sinn und Geist der Lehre Christi vom einen Notwendigen, dem Gebot der Liebe, geschöpft ist. Es gibt für den christlichen Moralisten nicht eine doppelte Moral, eine natürliche für den Weltmenschen und eine christliche für die Vollkommenen.“[242]

In dieser abschließenden Feststellung Linsenmanns ist indirekt der Vorwurf enthalten, daß die probabilistische Kasuistik eine Doppelmoral begünstigt habe. Mit diesem Problem der Doppelmoral werden wir uns im nächsten Kapitel befassen.

[242] *Linsenmann,* Rezension: ThQ 51 (1869) 152.

Drittes Kapitel

Freiheit und zwiespältige Moral

Die probabilistische Moral war mit einer traditionell geprägten Vollkommenheitslehre eng verknüpft. Sowohl Medina als auch vor ihm Antonin von Florenz waren der Meinung, daß das Leben in der Welt ein unvollkommener Weg zum Heil sei. Wer vollkommen sein wolle, müsse den Ordensstand wählen.[1] Da es nicht alle tun konnten, „spaltete man die christliche Moral in eine Moral für Weltleute und eine Moral für ‚Religiosen', eine Moral des Gesetzesgehorsams und eine Moral der evangelischen Vollkommenheit". So erklärte Linsenmann das Entstehen der „zwiespältigen Moral". Er bemängelte, daß ihr eine „falsche Trennung von Welt und Kirche, Religion und Weltlichkeit" zugrunde lag.[2] Eine solche Trennung widersprach der Linsenmannschen Sicht der ‚condicio humana', die wir als Situation des Zwischen bezeichnet haben. Hier also liegt der *Ansatzpunkt* für Linsenmanns Kritik an der zwiespältigen Moral.

Die Anregung kam auch diesmal von der protestantischen Theologie. Es handelte sich um den protestantischen Vorwurf, die probabilistische Jesuitenmoral habe die Forderungen des Evangeliums zu einer „bequemen Weltmoral" abgeschwächt und die „eigentliche Strenge christlich aszetischen Lebens" in das Gebiet der evangelischen Räte verwiesen, die „im eigentlichen Sinne" nicht verpflichten.[3]

Linsenmann hat das Thema der protestantischen Kritik als dritte ‚Hauptfrage' seiner Artikelserie ‚Untersuchungen über die Lehre von Gesetz und Freiheit' (1871–72) vorangestellt. Leitgedanke dieser Untersuchungen war die evangelische Freiheit. Von ihr ausgehend stellte sich die Frage, ob die zwiespältige Moral mit der Freiheitsbotschaft des Evan-

[1] Vgl. *Medina,* Commentaria q 19, expl 5 et 6, col 465; vgl. Summa Antonini p 1, tit 3, c 10, § 10, sexta regula.
[2] Vgl. *Linsenmann,* Lehrbuch 17.
[3] Vgl. *Linsenmann,* Untersuchungen: ThQ 53 (1871) 68.

geliums vereinbar sei. Man hätte die Aufteilung der einen christlichen Ethik in zwei Verwirklichungsformen als Ausdruck toleranter Pluriformität auslegen können.[4] Angesichts eindeutiger Gegenüberstellung dieser Verwirklichungsformen – die eine galt als vollkommener als die andere – war die Möglichkeit eines solchen Verständnisses ausgeschlossen. Durch die Gleichsetzung der Vollkommenheit mit einer bestimmten Lebensweise war sogar die evangelische Freiheit in Frage gestellt, denn ihr widerspricht die Verabsolutierung einer konkreten, zeitbedingten Verwirklichungsform sittlicher Werte. Dieser schwierigen Problematik hatte Linsenmann die beiden letzten Artikel seiner ‚Untersuchungen' gewidmet. Der eine Artikel trägt die Überschrift ‚Die evangelischen Räte',[5] der andere heißt ‚Die zwei Lebenswege'.[6] Im späteren ‚Lehrbuch der Moraltheologie' (1878) finden wir den Inhalt beider Artikel wieder, aber in knapperer Fassung und mit auffallend abgeschwächter Kritik.[7] Linsenmann mutete den Hörern der Theologie, für die er sein Lehrbuch geschrieben hatte, wahrscheinlich nicht dieselbe Urteilsreife zu, die er den Lesern der ‚Tübinger Quartalschrift' abverlangte.
Wie schon bei den vorangegangenen ‚Hauptfragen', trägt Linsenmanns Sicht auch diesmal das Vorzeichen der Antinomie. Daher bleibt zu erwarten, daß auch seine Antwort der bisher angewandten, vermittelnden Methode entsprechen wird.

1. Zwei Wege zum Heil

Die Heilige Schrift rechtfertigt die Aufteilung der christlichen Moral in eine Moral für Weltleute und eine Moral für Vollkommene nicht, aber sie liefert den Vorwand für das Mißverständnis, das dieser zwiespältigen Moral zugrunde liegt. Aus der Heiligen Schrift ist nämlich ein gewisser „Gegensatz zwischen Gott und Welt, Gottesdienst und Weltdienst" nicht wegzuleugnen.[8]
Mit dieser Feststellung hat Linsenmann die Schwierigkeit der anstehenden Frage verdeutlicht und zugleich den Ausgangspunkt seiner kritischen Untersuchungen markiert. Er rechnete damit, daß hier – wie bei anderen moraltheologischen Problemen – eine praktische Lösung eher

[4] Vgl. *H. U. v. Balthasar,* Die Wahrheit ist symphonisch. Aspekte des christlichen Pluralismus, Einsiedeln 1972, 70–74.
[5] Untersuchungen: ThQ 54 (1872) 3–49.
[6] Ebd. 193–245.
[7] Der Unterschied läßt sich zum Beispiel punktuell an den Paralleltexten zum Apostolat verdeutlichen. Vgl. Lehrbuch 389; Untersuchungen: ThQ 54 (1872) 209.
[8] Vgl. Untersuchungen: ThQ 54 (1872) 4.

gefunden werden könne als die allgemeine theoretische Formel mit der dazugehörenden Begründung.[9] Trotzdem schien es ihm der Mühe wert, die Frage anzugehen und sie zu erhellen, soweit dies der damalige Stand der theologischen Forschung erlaubte.

Linsenmann hatte sich vorgenommen, nicht so zu verfahren wie die Autoren der neuscholastischen Lehrbücher der Moral, die sich über Schwierigkeiten „mit einer sophistischen Wendung oder unbewiesenen Voraussetzung" hinwegsetzen. Sie erzielten auf diese Weise lediglich polemische Scheinerfolge, die „jeder protestantische Ethiker" mit einem Hinweis auf das Evangelium widerlegen konnte. Linsenmann formulierte seine Methode und seine Erwartungen in bezug auf die dritte Hauptfrage folgendermaßen: „Wir werden der Wahrheit näher kommen, wenn wir die Schwierigkeiten unseres Problems anerkennen, als wenn wir sie einfach leugnen. Von diesem Gedanken lassen wir uns in der folgenden Darstellung leiten; wir wollen Sinn und Bedeutung der kirchlichen Lehre nicht abschwächen und verflachen, sondern sie in ihrer Tiefe fassen. Wo immer uns ein Verständnis aufgeht, auch nur für eine Seite des Problems, da ist auch schon eine Stufe zum Beweis der Wahrheit erklommen."[10]

Seinen Vorsatz, Schwierigkeiten nicht wegzuleugnen, löste Linsenmann bereits ein beim Befragen der Heiligen Schrift über das Verhältnis von Gottesdienst und Weltdienst.

Gottesdienst und Weltdienst

Wer die Heilige Schrift nach dem Verhältnis von Gottesdienst und Weltdienst befragt, muß vom spezifisch biblischen Weltbegriff ausgehen. Es ist nicht der griechisch-philosophische Weltbegriff, der Gott und die Welt im übergeordneten Begriff ‚Kosmos' vereint. Es ist aber auch nicht der dualistische Weltbegriff, der die Welt, als Reich des Bösen, Gott gegenüberstellt. Die biblische Welt ist eine entsakralisierte, göttliche Schöpfung und Schauplatz der Heilsgeschichte. Weder Weltseligkeit noch Weltverachtung sind mit diesem biblischen Weltbegriff vereinbar. Aber auch dann, wenn man dies alles voraussetzt, wie Linsenmann, bleibt die *nähere* Umschreibung des Verhältnisses zwischen Gott und Welt, vor allem mit den *moraltheologischen* Konsequenzen, eine sehr schwierige Aufgabe. Von dieser Feststellung ging Linsenmann aus. Er schreibt: „Es ist schon schwer, den Gegensatz zu verstehen, welcher nach verschiedenen Aussprüchen der Heiligen Schrift besteht zwischen der Welt, dem Reiche des Fürsten der Finsternis und dem Reiche Gottes. Der Gedanke aber, daß das wahre Christentum, die volle und ideale Christusnachfolge, in der

[9] Vgl. ebd. 9.
[10] Ebd. 9.

Weltflucht bestehe, enthält etwas Unwahres und Verwirrendes und müßte in strenger Konsequenz zur dualistischen Weltanschauung führen."[11]
Linsenmann fand also in der Heiligen Schrift keine fertige Formel für eine vermittelnde Sicht von Gottesdienst und Weltdienst. Er fand jedoch seine Grundeinstellung zu dieser Frage bestätigt, daß nämlich Weltverachtung, die zwischen Gott und Kreatur eine unüberbrückbare Kluft aufreißt, mit der Heiligen Schrift nicht vereinbar ist. Zwischen Gottesdienst und Weltdienst kann somit objektiv kein Gegensatz bestehen.
Damit war, nach Linsenmanns Ansicht, schon Wesentliches geklärt. Aber die theoretische und praktische Lösung der Frage, wie Gottesdienst und Weltdienst zu vereinbaren sind, mußte noch gefunden werden. Aus dem Leben Jesu läßt sich keine fertige Formel, sondern lediglich die Vereinbarkeit beider Dienste ableiten, was auch die heutige Theologie unterstreicht.[12] Linsenmann schreibt hierzu: „Christus selbst hat 30 Jahre im Elternhause gelebt und 40 Tage in der Wüste, sein öffentliches Leben und Wirken aber war in der Welt und für die Welt." Seine Jünger verhielten sich ebenso: „Mönche im strengen Sinne dieses Wortes waren weder die Apostel noch selbst Johannes der Täufer; die Weltflucht konnte man viel eher bei den Pythagoräern, Essenern und Therapeuten kennen lernen."[13]
Die Weltverachtung und die damit verbundene Weltflucht betrachtete Linsenmann als außerchristliches Element, das erst nach den Aposteln in der Kirche Fuß faßte, hier aber eine neue, biblische Motivation erhielt und auf diese Weise (oberflächlich?) verchristlicht wurde. Diese schwer nachzuzeichnende Entwicklung faßt Linsenmann in der knappen Bemerkung zusammen, daß ein Teil der Christen den Glauben in der Welt bezeugte, bis hin zum blutigen Martyrium, andere dagegen ihr Heil in der Flucht aus der Welt suchten. Dies sei nur eine andere Art von Martyrium um Christi willen gewesen.[14]
Aus heutiger Sicht stellt sich die Genese der christlichen Weltverachtung (contemptus mundi) viel differenzierter dar. Hier soll nur angeführt werden, was einer kritischen Stellungnahme zu Linsenmanns Ausführungen dienlich sein kann.

Weltverachtung

Die Apostelschüler blieben in der Welt, um hier ihr Zeugnis (martyría) für Christus abzulegen. Sie haben auch, aufs Ganze gesehen, die Gefahr

[11] Ebd. 10.
[12] Vgl. *J. B. Metz*, Zur Theologie der Welt (Topos-Bd. 11), Mainz 1973, 17–28.
[13] Untersuchungen 10.
[14] Vgl. ebd. 4.

einer Beeinflussung durch judenchristliche und gnostische Sekten abgewehrt. Ihre Aszese behielt eine biblische Grundausrichtung,[15] der eine Weltverachtung fremd war. Seit Ende des 2. Jahrhunderts wurde der Einfluß des Neuplatonismus und der stoischen Popularphilosophie auf das christliche Gedankengut zusehends größer.[16] Damit rückte auch die Weltverachtung, als Motiv der Weltflucht, stärker in den Vordergrund. Trotzdem kann man von den Einsiedlern noch sagen, die insbesondere in der zweiten Hälfte des 3. Jahrhunderts – unter dem Einfluß des Wüstenvaters Antonius – der Welt den Rücken kehrten, daß sie nicht so sehr aus Weltverachtung als vielmehr aus der Hoffnung heraus handelten, dank der Einsamkeit die Gemeinschaft mit Gott eher und tiefer erleben zu können.[17] Anderseits ist nicht zu übersehen, daß sich in der alten Einsiedler- und Mönchsliteratur die Lehre anbahnte, die eine vollkommene und weniger vollkommene Christusnachfolge mit bestimmten Lebensformen gleichsetzte.[18] Eine klassische Stelle dafür war die Auslegung der Parabel vom Sämann (Lk 8, 5 ff). Die hundertfältige Frucht wurde auf die Martyrer bezogen, die sechzigfältige auf die Jungfrauen, die dreißigfältige auf die Verheirateten. Auf diese Weise wurde die allgemeinverpflichtende, ‚spirituelle' Norm der vollkommenen Liebe auf eine zeitbedingte Weise ‚materialisiert'.[19] Das Gebot und die konkrete, situationsbedingte Anwendung wurden nicht mehr auseinandergehalten. Der Konkretisierung des Gebots wurde derselbe Rang zuerkannt wie dem Gebot selbst. Die Konkretisierung oder Satzung wurde als überzeitliche, unwandelbare Forderung hingestellt.

Insbesondere in der alexandrinischen Schule, bei Klemens und noch mehr bei Origenes, hat sich unter platonischem und neuplatonischem Einfluß die Überzeugung durchgesetzt, daß Weltverachtung (contemptus mundi) und Weltflucht die Vorbedingung letzter Vollkommenheit seien. Über Gregor von Nyssa und den bekehrten Neuplatoniker Marius Victorinus kam Augustinus mit dieser Philosophie in Berührung.[20] Weil Origenes und Augustinus einen dominierenden Einfluß auf die Vätertheologie ausübten, wagt Karl Rahner die summarische Behauptung: „Origenes und Augustinus waren, jeder in seiner Art, Neuplatoniker, und damit ist auch die ganze Theologie der ‚Väter' (so vielfältig diese ist) neuplatonisch."[21]

[15] Vgl. *E. Peterson,* Frühkirche, Judentum und Gnosis, Rom 1959, 219 f.
[16] Vgl. *F. Wulf,* Aszese: HthG I 144.
[17] Vgl. *U. Ranke-Heinemann,* Mönchtum: HthG III 179–184.
[18] Vgl. *M. Viller – K. Rahner,* Aszese und Mystik in der Väterzeit, Freiburg 1939, 45 f., 284.
[19] Vgl. *Balthasar,* Die Wahrheit ist symphonisch 73.
[20] Vgl. *E. v. Ivánka,* Platonismus und Neuplatonismus: HthG III 346 f.
[21] *K. Rahner,* Neuplatonismus: KlthW 261.

Dieses Pauschalurteil darf nicht dazu verleiten, die gegenläufige Wirkung der *Inkarnation* zu übersehen. Die Menschwerdung Christi erlaubte eine Verteufelung des Kreatürlichen, insbesondere der Leiblichkeit des Menschen, nicht.[22] Der Doketismus, der die Inkarnation als Schein erklärte, wurde verworfen. Da Christus jedoch nicht ‚samenhaft' sondern ‚körperlich' (Augustinus, Thomas von Aquin)[23] durch den Heiligen Geist von Maria empfangen wurde, blieb das Geschlechtliche im Zwielicht. Augustinus verteidigte die Ehe gegen die leibfeindlichen Manichäer, hielt aber den Pelagianern entgegen, daß die Sexualität in enger Verbindung mit der Erbsünde stehe; zu einer ‚definita sententia' in der Beurteilung der Geschlechtlichkeit konnte sich Augustinus nicht durchringen.[24] Ähnlich verhält es sich mit Thomas von Aquin. Er schreibt zum Beispiel, die Empfängnis aus der Frau sei nichts Unreines, denn was Gott geschaffen habe, sollte man nicht unrein nennen, betont jedoch gleich im nächsten Satz, eine ‚gewisse Unreinheit' sei doch vorhanden, sofern jemand in Lust (cum libidine) empfangen werde.[25] Aus einer bestimmten Sicht der ungeteilten Hingabe an Gott (1 Kor 7) vertritt Thomas (mit Augustinus) die Meinung, daß die Ehe, wie überhaupt die Beschäftigung mit irdischen Angelegenheiten, der Vollkommenheit im Weg stehe.[26] Aufs Ganze gesehen darf man behaupten, daß das Zweite Vatikanum diesen zwiespältigen Standpunkt nicht eindeutig überwunden hat. In der dogmatischen Konstitution über die Kirche wird zwar gelehrt, daß alle Christgläubigen, „jeglichen Standes oder Ranges" zur „vollkommenen Liebe" berufen seien.[27] Aber im Dekret zur Priesterausbildung ist zu lesen (mit dem Hinweis auf die Enzyklika ‚Sacra virginitas' von 1954), daß die Jungfräulichkeit ungeteilte Liebe ermögliche und gegenüber der Ehe „klar den Vorrang" besitze.[28] Hier wird also an das ‚melius ac beatius' des Trienter Konzils angeknüpft,[29] das der religiös motivierten

[22] J. Pieper wiederholt die Vermutung G. M. Mansers, daß Thomas vielleicht nie den Mut gehabt hätte, die natürlich-sichtbare Wirklichkeit, vor allem die Leibhaftigkeit des Menschen, als etwas wesentlich zum Menschen Gehöriges zu verteidigen, ohne den Gedanken an die Menschwerdung Gottes. Vgl. *J. Pieper,* Hinführung zu Thomas von Aquin (Herder-Bd. 297), Freiburg Br. 1967, 117; vgl. *G. M. Manser,* Das Wesen des Thomismus, Freiburg/Schweiz ³1949, 213.

[23] Die Unterscheidung zwischen „secundum seminalem rationem" und „secundum corpulentam substantiam" hat Thomas von Augustinus übernommen. Sie spielt in der thomasischen Biologie und Theologie eine große Rolle. Vgl. *A. Hoffmann,* Anmerkungen zu Bd. 26 der DTA, Heidelberg 1957, 425.

[24] Vgl. *H. Klomps,* Ehemoral und Jansenismus. Ein Beitrag zur Überwindung des sexualethischen Rigorismus, Köln 1964, 26.

[25] Vgl. Sth III q 31, a 4 ad 3.

[26] Vgl. Sth II–II q 184, a 3.

[27] Vgl. Lumen Gentium 40; vgl. LThK Ergänzungsbd. I 293.

[28] Vgl. Optatam totius 10; vgl. LThK Ergänzungsbd. II 333.

[29] Vgl. DS 1810.

Ehelosigkeit (virginitas vel caelibatus) einen besonderen Heilswert zuerkennt.

Der geschichtliche Werdegang dieser Lehre widerspricht der voreiligen Meinung, es handle sich lediglich um eine „Abwertung der Ehe und der Sexualität“.[30] Die Lehre vom objektiven Vorrang der Ehelosigkeit hat ihren Ursprung in der umfassenderen, „falschen Alternative: Unmittelbar zu Gott oder vermittelt durch den Nächsten“.[31] Um diese *Alternative* ging es auch letztlich in der früh auftauchenden und bis in unsere Zeit währenden Diskussion über Wert und Rang des aktiven und kontemplativen Lebens. Das hatte Linsenmann übersehen. Er hätte sich bei Thomas von Aquin, den er oft zitierte, die notwendige Information holen können.

Thomas, als Dominikaner, war maßgeblich am sogenannten Mendikantenstreit beteiligt. Gemeint ist der Streit um die Bettelorden der Dominikaner und Franziskaner, deren umstürzende Neuerung darin bestand, daß sie die Zurückgezogenheit des beschaulichen Lebens mit der apostolischen Tätigkeit in der Welt – also die Aktion mit der Kontemplation – zu verbinden suchten.

Aktion und Kontemplation

Die Bettelorden des 13. Jahrhunderts lebten nicht in der Einsamkeit, sondern inmitten der aufblühenden Städte und übernahmen Lehrstühle an den größten Universitäten.[32] Der Umsturz der althergebrachten Lebensordnung war radikal, da er auch die Ständeordnung mit der Privilegienaufteilung erschütterte. Der Mendikantenstreit bewegte die Gemüter ebenso wie im 4. Jahrhundert die christologischen Auseinandersetzungen.[33] Thomas von Aquin war an der Auseinandersetzung beteiligt. Seine Quaestiones über das kontemplative und aktive Leben[34] sowie über

[30] *S. H. Pfürtner*, Kirche und Sexualität (Rowohlt-Bd. 8039), Reinbek bei Hamburg 1972, 49.

[31] *J. Sudbrack*, Probleme – Prognosen einer kommenden Spiritualität, Würzburg 1969, 74. Der Autor kommt zu folgendem Schluß: „Es ist eine der Grunderkenntnisse unserer Zeit und eine Heimholung der evangelischen Botschaft in unsere Aufgabe: Unmittelbarkeit zu Gott wird durch die Begegnung mit dem Mitmenschen nicht gebrochen, sondern erst erstellt. Man findet Gott nicht im isolierten Ich, sondern nur im Wir der Gemeinschaft, im Wir des innerweltlichen Dialogs, in dem allein das Ich sein wahres Sein realisieren kann. Gott aber ist unmittelbar nur zu dem Ich, das in der Liebe zum Mitmenschen, zum Nächsten, seine Aufgabe sieht; ‚Contemplatio‘ gibt es nur dort, wo die alte Aszese ‚Actio‘ fand“ (Ebd. 91).

[32] Vgl. *M. Heimbucher*, Die Orden und Kongregationen der katholischen Kirche I–II, Paderborn [3]1933–34 (Nachdruck Aalen 1965), I 479. 682 f.

[33] Vgl. *B. M. Dietsche*, Kommentar zu Bd. 24 der DTA, Heidelberg 1952, 341–344.

[34] Sth II–II q 179 – q 182.

die Stände und Standespflichten[35] wären anders ausgefallen, wenn es den Mendikantenstreit nicht gegeben hätte.[36]
Thomas behauptete, die „dritte Lebensform“ (tertium genus vivendi), die zum beschaulichen Leben die karitativ bedingte Aktivität hinzukommen läßt, stehe höher als das rein beschauliche Leben.[37] In seiner Rangliste setzte er an die erste Stelle den Orden, dessen Mitglieder zum Lehren und Predigen berufen waren. Das waren natürlich die Dominikaner, obwohl sie Thomas nicht namentlich erwähnte. An zweiter Stelle kamen die beschaulichen Orden. An dritter diejenigen, die sich „äußeren Tätigkeiten“ widmeten, wie Almosengeben, Gäste bewirten und dergleichen.[38] Den hohen Wert der vermittelnden, dritten Lebensform begründete Thomas mit der Verbindung von Gottes- und Nächstenliebe. Er konnte sich hierbei auf Augustinus berufen.[39] Trotzdem war die theologische Beweisführung für Thomas nicht problemlos. Als klassisches Beispiel möglicher Lebensformen galt nämlich das biblische Schwesternpaar Maria und Martha (Lk 10, 38 ff), das nur zwei Lebensformen – die Kontemplation und die Aktion – zuzulassen schien. Thomas blieb zunächst bei dieser Zweiteilung, obwohl ihm bekannt war, daß Augustinus ein „tertium ex utroque compositum“ für möglich gehalten hatte.[40] Aber schon zwei Quaestiones weiter wird Thomas ein „medium inter activam vitam et contemplativam“ anerkennen[41] und schließlich sogar höher bewerten.[42]
Es fiel also Thomas sichtlich schwer, die neue Lebensform, die Kontemplation und Aktion zu verbinden suchte, als Gewinn und nicht als Verlust (non hoc fit per modum subtractionis sed per modum additionis)[43] theologisch auszuweisen. Thomas blieb nämlich bei der traditionellen Grundthese (Augustinus, Gregor der Große), daß die Kontemplation verdienstvoller sei als die Aktion.[44] Die Beweisführung ging vom Obersatz aus, daß

[35] Sth II–II q 183 – q 189.
[36] Vgl. *Dietsche,* Kommentar 344.
[37] Vgl. Sth II–II q 182, a 1 ad 3: „Et sic patet, quod cum aliquis a contemplativa vita ad activam vocatur, non hoc fit per modum subtractionis, sed per modum additionis.“
[38] Vgl. Sth II–II q 188, a 6: „Sic ergo summum gradum in religionibus tenent quae ordinatur ad docendum et praedicandum. ... Secundum autem gradum tenent illae quae ordinantur ad contemplationem. Tertius est earum quae occupantur circa exteriores actiones.“ – Zuvor hatte Thomas diese „exteriores actiones“ umschrieben als „eleemosynas dare, hospites recipere, et alia huiusmodi“ (ebd.).
[39] Vgl. Sth II–II q 182, a 1 ad 3.
[40] Vgl. ebd. q 179, a 2, Einwand 2 und sed contra; vgl. *Augustinus,* De civitate Dei XIX, c 19; PL 41, 647.
[41] Vgl. Sth II–II q 181, a 2 ad 3.
[42] Vgl. Sth II–II q 182, a 1 ad 3.
[43] Vgl. ebd. a 1 ad 3.
[44] Vgl. Sth II–II q 182, a 2: „Sed contra est quod Gregorius dicit, in VI Moral.: Magna sunt activae vitae merita, sed contemplativae potiora“; vgl. *H. U. v. Balthasar,* Kommentar zu Bd. 23 der DTA, Heidelberg 1954, 458.

Gott über alles zu lieben sei. Den Untersatz bildete die (falsche) Alternative: unmittelbar zu Gott oder mittelbar über den Nächsten. Der Nächste galt als Umweg. Hieraus folgte der (falsche) Schluß: die Kontemplation, die geradewegs (directe) und unmittelbar (immediate) die Gottesliebe anstrebt, sei vollkommener als die Aktion, die direkt auf den Nächsten ausgerichtet ist.[45]

Thomas wußte durchaus, daß die Gottesliebe unvollkommen bleibt, wenn sie keine Nächstenliebe enthält. Seine Einsicht stützte sich auf das Schriftzitat 1 Joh 4, 21: „Wer Gott liebt, soll auch seinen Nächsten lieben."[46] Aufgrund eines weiteren Schriftzitats, nämlich Röm 9, 3 „Ich möchte von Christus getrennt sein, um meine Brüder zu retten", räumt Thomas sogar ein, daß es verdienstvoller sein könne, die Wonne der Beschauung um der aktiven Nächstenliebe willen aufzugeben, aber – so fügte Thomas gleich hinzu – das solle nur auf Zeit (ad tempus) geschehen.[47] Die Beschauung blieb also, im Vergleich zur Tätigkeit, das Bessere und der Gottesliebe Entsprechendere. Mit dieser Überzeugung hatte Thomas auch die Mahnung des Augustinus übernommen, die Wonne der Beschauung nie völlig zu verlassen.[48] Heute meint dazu Hans Urs von Balthasar: „Wird aber das Pauluszitat ernst genommen, dann schließt es gerade auch die grundsätzliche Drangabe jener dulcedo ein."[49]

Es ist ein Verdienst des Thomas, daß er das ‚uralte Thema' einer Verhältnisbestimmung von Kontemplation und Aktion in die theologische Systematik eingebracht hat.[50] Eine vermittelnde Lösung, wie sie Linsenmann aus der Sicht ‚Gottesdienst und Weltdienst' anstrebt, ist bei Thomas nicht zu finden. Die *‚Zweigleisigkeit'* von Kontemplation und Aktion blieb bis in unsere Zeit bestehen. Sie wurde vom Zweiten Vatikanum erneut zur Debatte gestellt.[51] Die „biblischen und theologischen Grund-

[45] Vgl. Sth II–II q 182, a 2: „Illud quod directius pertinet ad dilectionem Dei, magis est meritorium ex suo genere quam id quod directe pertinet ad dilectionem proximi propter Deum. Vita autem contemplativa directe et immediate pertinet ad dilectionem Dei ... Et ideo ex suo genere contemplativa vita est maiora meriti quam activa."

[46] Sth II–II q 25, a 1, sed contra und corpus articuli; vgl. auch q 27, a 8; vgl. Kommentar von *Balthasar,* a. a. O. 459 f.

[47] Vgl. Sth II–II q 182, a 2: „Potest tamen contingere quod aliquis in operibus vitae activae plus mereatur quam alius in operibus vitae contemplativae; puta si propter abundantiam divini amoris ... interdum sustinet a dulcedine divinae contemplationis ad tempus separari. Sicut Apostolus dicebat, Rom 9, 3: Optabam ego ipse anathema esse a Christo pro fratribus meis."

[48] Vgl. Sth II–II q 182, a 1 ad 3: „Augustinus dicit, XIX De civitate Dei (c 19): ... nec sic omnio veritatis delectatio deserenda est, ne subtrahatur illa suavitas, et opprimat ista necessitas."

[49] *Balthasar,* Kommentar a. a. O. 460.

[50] Vgl. ebd. 432.

[51] Vgl. *F. Wulf,* Einführung zum Dekret über das Ordensleben: LThK Ergänzungsbd. II 259.

lagen des Ordenslebens" sollten stärker herausgearbeitet werden.[52] Ähnlich lautete das Anliegen Linsenmanns. Die Tradition war ihm bekannt. Dagegen schien es ihm „nicht ganz so leicht" zu sein, den Beweis dafür zu erbringen, „daß diese (traditionelle) Lehre wahrhaft im Evangelium Christi begründet und ein Element der echt christlichen Moral sei".[53]
Durch die theologischen Voraussetzungen der traditionellen Zwei-Wege-Lehre sah sich Linsenmann vor eine „dialektische Schwierigkeit" gestellt, die er „vom Standpunkt der wahren evangelischen Freiheit" angehen und einer Lösung näher bringen wollte.[54] Zu den theologischen Voraussetzungen der Zwei-Wege-Lehre gehörte sowohl die Unterscheidung von Aktion und Kontemplation, die bereits besprochen wurde, als auch die Unterscheidung von Gebot und Rat, der wir uns nun zuwenden.

2. Gebot und Rat

Als „gewöhnliche Vorstellung der Theologen" bezeichnet Linsenmann die Meinung, daß die christlichen Sittenvorschriften „in zwei Gruppen zerfallen, nämlich in Gebote, deren Erfüllung zur Seligkeit notwendig ist, d. h. deren Nichterfüllung, wenn sie sich nicht etwa nur auf einen kleinen Bruchteil des Gebotenen (materia parva) erstreckt, von der Seligkeit ausschließt; und in Räte, deren Befolgung eine höhere Stufe der christlichen Vollkommenheit beziehungsweise Seligkeit bedingt, deren Nichtbefolgung aber von der Seligkeit nicht ausschließt, also Sünde im strengen Sinne des Wortes nicht ist".[55]
Die Lehre wird heute noch, wie zu Linsenmanns Zeiten, in Moralhandbüchern neuscholastischer Richtung vertreten.[56] Doch als ‚gewöhnliche', allgemein vertretene Lehre könnte man sie nicht mehr bezeichnen. Sie stößt bereits auf behutsame Kritik[57] und sogar auf entschiedene Ablehnung.[58]

[52] Vgl. Papst Paul VI., Motu proprio „Ecclesiae Sanctae" vom 6. August 1966 [AAS 58 (1966) 775–782], Nr. 12; zit. nach *K. Siepen – A. Scheuermann,* Das Konzil und die Orden, Köln 1967, 71.
[53] *Linsenmann,* Untersuchungen: ThQ 54 (1872) 8.
[54] Vgl. ebd. 14.
[55] *Linsenmann,* Untersuchungen: ThQ 54 (1872) 14 f.
[56] Vgl. O. *Schilling,* Handbuch der Moraltheologie, Stuttgart ²1952, I 163; vgl. *Mausbach-Ermecke,* Katholische Moraltheologie, Münster ⁹1959, I 315–318 (Lit.).
[57] Vgl. *B. Häring,* Das Gesetz Christi ⁸I 338–347 (Lit.).
[58] Vgl. *B. Schüller,* Gesetz und Freiheit, Düsseldorf 1966, 65–75; *ders.,* Bedenken gegen die ethischen Kategorien des Rates und des überschüssigen guten Werkes: H. Wolter (Hg.), Testimonium veritati, Frankfurt M. 1971, 197–209.

Der Widerspruch

Linsenmann wies auf folgenden Widerspruch hin: Die Verfechter der Aufteilung sittlicher Pflichten in Gebote und Räte (praecepta et consilia) gestehen einerseits, daß alle Menschen zum *gleichen* Lebensziel berufen sind, nämlich zur Vereinigung mit Gott; sie gestehen weiterhin, daß alle das *gleiche* Hauptgebot bindet, nämlich die Liebe; anderseits aber behaupten sie, der göttliche Wille offenbare sich auf *zweierlei* Art, nämlich in der Form des Gebots und in der Form des Rates; dementsprechend – so meinen sie – gebe es auch *zwei* Wege zum Heil: den weniger vollkommenen Weg der Gebote und den sichereren und vollkommeneren Weg der Räte.[59]

Mit dieser Kritik traf Linsenmann den schwächsten Punkt der herkömmlichen Unterscheidung von Gebot und Rat. Was Linsenmann damals schon beanstandete, sehen wir heute um so klarer: Die Unterscheidung widerspricht dem Evangelium, das alle zur vollkommenen Liebe ruft.[60] Das Zweite Vatikanum hat den Aufruf in der dogmatischen Konstitution über die Kirche als Herrenwort bezeugt (Mt 5, 48) und ausdrücklich erklärt, daß alle zur vollkommenen Liebe berufen sind.[61]

Als Gewährsmann für die Lehre von der Berufung aller zur Vollkommenheit zitiert das Konzil auch Thomas von Aquin.[62] Die Anmerkung verweist auf die Theologische Summe II–II q 184, a 3. Dieselbe Stelle hat Linsenmann ausgewertet und daraufhin Thomas zu den Theologen gerechnet, die in diesem Punkt eine widersprüchliche Meinung vertreten.

Thomas schreibt, daß die Vollkommenheit wesentlich (essentialiter) in den Geboten liege, zweitens aber und werkzeuglich (instrumentaliter) in den Räten.[63] Der Widerspruch kommt zum Vorschein, wenn man im Auge behält, was Thomas zuvor in demselben, dritten Artikel der 184. Quaestio gesagt hatte. Im ‚sed contra' behauptete Thomas, aus der Heiligen Schrift (Dtn 6, 5; Lv 19, 18; Mt 22, 40) gehe eindeutig hervor, daß wir Gott aus ganzem Herzen lieben sollen und den Nächsten wie uns selbst. Hieraus zieht Thomas im ‚corpus articuli' den richtigen Schluß, daß die Liebe kein Maß kenne, über das hinaus Liebe nicht mehr als Gebot verpflichtend sei, sondern lediglich als Rat nahegelegt werden

[59] Vgl. Untersuchungen: ThQ 54 (1872) 16.

[60] Vgl. *H.-D. Wendland,* Ethik des Neuen Testaments, Göttingen 1970, 13–16. 124.

[61] Vgl. Lumen Gentium Nr. 40; vgl. Kommentar von F. Wulf: LThK Ergänzungsbd. I 291 ff.

[62] Vgl. Lumen Gentium Nr. 40 Anm. 122; die Anmerkung verweist auf Sth II–II q 184, a 3.

[63] Vgl. Untersuchungen 16 Anm. 1: „Et sic patet quod perfectio essentialiter consistit in praeceptis ... Secundario autem et instrumentaliter perfectio consistit in consiliis" (Sth II–II q 184, a 3).

dürfte.[64] Nun aber folgt eine Feststellung, die Linsenmann als Widerspruch einschätzte. Thomas verweist zunächst auf den Vulgatatext 1 Tim 1, 5 „finis praecepti caritas est" und stellt die Liebe als Zielgebot hin, um dann mit Aristoteles hinzuzufügen: beim Ziel gebe es kein Maß, wohl aber bei den Mitteln.[65] Mit dieser Einfügung hatte Thomas die notwendige Handhabe, um der Liebe, die – wie er zuvor sagte – kein Maß kennt, doch ein Maß zu setzen, und zwar in bezug auf die Mittel (quae sunt ad finem). Damit war der Weg frei für die herkömmliche Unterscheidung von zwei Heilswegen: einem vollkommeneren und einem weniger vollkommenen. Für die Unterscheidung der zwei Heilswege bringt Thomas noch folgende Erklärung: Die Gebote räumen die ‚contraria' aus dem Weg, also das alles, was der Liebe widerspricht und ihre Existenz gefährdet; die Räte zielen auf die Beseitigung der ‚impedimenta', d. h. all dessen, was die Liebe an der Ganzhingabe hindert, wie zum Beispiel die Ehe, die Beschäftigung mit weltlichen Angelegenheiten und dergleichen.[66]

Thomas hat also zunächst die Berufung aller zur Vollkommenheit als Forderung der Heiligen Schrift klar herausgestellt. Sofern konnte sich das Zweite Vatikanum auf Thomas berufen. Aber man darf nicht übersehen, daß Thomas diese Einsicht der überlieferten Lehre von den zwei Heilswegen und der zweifachen Vollkommenheit unterordnete und in deren Licht auslegte. Hier liegt der Widerspruch, auf den Linsenmann aufmerksam wurde.

Ergänzend sei noch auf eine weitere Unklarheit hingewiesen. In Artikel 2 (der bereits erwähnten 184. Quaestio) unterscheidet Thomas eine heilsnotwendige Vollkommenheit, die im Meiden der Todsünde besteht, von der nicht heilsnotwendigen Vollkommenheit, die über die Todsünde hinaus auch noch alles meidet, was einer Ganzhingabe an Gott hinderlich sein könnte.[67] Im nachfolgenden Artikel 3 schreibt Thomas, der geringste,

[64] Vgl. Sth II–II q 184, a 3: „Non autem dilectio Dei et proximi cadit sub praecepto secundum aliquam mensuram, ita quod id quod est plus sub consilio remaneat."

[65] Vgl. Sth II–II q 184, a 3: „Et hoc ideo est quia finis praecepti caritas est, ut Apostolus dicit 1 Tim 1, 5; in fine autem non adhibetur aliqua mensura, sed solum in his quae sunt ad finem, ut Philosophus dicit in 1 Polit., c 9". – *H. M. Christmann* schreibt hierzu: „Eines der wichtigsten Axiome der thomasischen Seins- und Sittenlehre" (Anmerkungen zu Bd. 24 der DTA, Heidelberg 1952, 296).

[66] Vgl. Sth II–II q 184, a 3: „Nam praecepta ordinantur ad removendum ea quae sunt caritati contraria, cum quibus scilicet caritas esse non potest; consilia autem ordinantur ad removendum impedimenta actus caritatis, quae tamen caritati non contrariantur, sicut est matrimonium, occupatio negotiorum saecularium, et alia huiusmodi."

[67] Vgl. Sth II–II q 184, a 2: „Et talis perfectio potest in hac vita haberi. Et hoc dupliciter. Uno modo, in quantum ab affectu hominis excluditur omne illud quod caritati contrariatur, sicut est peccatum mortale. Et sine tali perfectione caritas esse non potest. Unde est de necessitate salutis. – Alio modo, inquantum ab affectu hominis excluditur ... omne illud quod impedit ne affectus mentis totaliter dirigatur ad Deum."

heilsnotwendige Grad der Vollkommenheit (infimus divinae dilectionis gradus) bestehe darin, nichts über Gott oder gegen Gott oder so wie Gott zu lieben.[68] Hier möchte man fragen: Ist in dieser Forderung nicht schon mehr als nur die geringste Vollkommenheit zum Ausdruck gebracht, nämlich die Ganzhingabe? Thomas sagte doch im Hinblick auf die Heilige Schrift, daß die Liebe kein Maß kenne! Folglich wird die Spekulation des Thomas – oder vielmehr die Unterscheidung einer zweifachen Vollkommenheit, die Thomas aus der Tradition übernommen hat – durch die Heilige Schrift nicht gedeckt. Man darf sogar sagen, sie steht im Widerspruch zur Heiligen Schrift, wie Linsenmann behauptete.

Mit Versuchen, die genannten Widersprüche aus den Thomastexten wegzudeuten,[69] ist dem Anliegen der Wahrheitsfindung, die Linsenmann anstrebte, nicht gedient. Zu Recht war Linsenmann unzufrieden mit den Thomisten, die noch weiter gingen und den Unterschied von Gebot und Rat in die Heilige Schrift hineinzudeuten versuchten.

„Einer der besten", nach Linsenmanns Ansicht, nämlich G. V. Patuzzi († 1769), behauptete in seiner Moraltheologie, man könne an den Redewendungen des Evangeliums „leicht" erkennen, wann Christus ein Gebot verkünde und wann er einen Rat erteile. Wenn Jesus zum Beispiel die Höllenstrafe androht und seine Worte an alle richtet, dann handle es sich um ein Gebot. Wenn dagegen Christus nur mahnt, oder vielleicht sogar eine Vorschrift ausspricht, aber deren Erfüllung vom freien Willen abhängig macht, dann habe man mit einem Rat zu tun.[70] Diese Methode, die sich auf verbale Unterschiede stützt, hält Linsenmann für unzuverlässig und unbrauchbar. Sie läßt den wesentlichen Unterschied zwischen Altem und Neuem Testament außer acht, der darin besteht, „daß die Lehren des letzteren nicht in Gesetzesform gegeben sind". Darum werden sich die Vertreter dieser Methode „ohne Ende" abmühen um herauszufinden, ob die Bergpredigt Gebote oder Räte enthalte.[71]

Der Unterscheidung von Gebot und Rat liegt noch, nach Linsenmanns Ansicht, der Fehler zugrunde, daß man „den Begriff des Gebotes dem des Gesetzes unterschiebt". Mit anderen Worten, *(Gottes)* Gebot wird mit dem *(menschlichen)* Gesetz gleichgestellt. Dadurch werden indirekt alle Unzulänglichkeiten, die menschlichen Satzungen unvermeidlich anhaften, auf Gottes Gebote übertragen. An erster Stelle die Unmöglichkeit, auf individuelle Unterschiede einzugehen, die in bezug auf die

[68] Vgl. Sth II–II q 184, a 3 ad 2: „Est autem infimus divinae dilectionis gradus ut nihil supra eum, aut contra eum, aut aequaliter ei diligatur."

[69] Vgl. die Erläuterungen von Christmann und Dietsche, Bd. 24 der DTA, 269 f., 363 f.

[70] Vgl. *Linsenmann,* Untersuchungen: ThQ 54 (1872) 16 f.; vgl. ebd. Anm. 2: *Patuzzi,* Theologia moralis I, tract. 1, diss. 2, cap. 8, n. 4.

[71] Vgl. Untersuchungen 17; vgl. Lehrbuch 128.

sittliche Verantwortlichkeit eine große Rolle spielen können. Sie entziehen sich jedoch dem Gesetzgeber. Das Gesetz kann nur das allgemein Gültige berücksichtigen und ein verbindliches Minimum festlegen. Das wurde nun auch auf Gottes Gebote übertragen und behauptet, sie seien heilsnotwendige, sittliche Minimalforderungen. Was darüber liegt, sei ein Werk der Übergebühr (opus supererogatorium), folglich auch nur geraten und der menschlichen Freiheit anheimgestellt.[72]

Zum positivistischen Gebotsbegriff kam also ein falsch verstandener *Freiheitsbegriff* hinzu. Die Freiheit blieb mit dem Verdacht der Willkür behaftet. Darum galt das Handeln gemäß der Freiheit als unvollkommenes Verhalten eines ‚Weltkindes', an das man „nicht die höchsten Anforderungen stellt" und mit dem man schon zufrieden ist, „wenn es eben nur nicht hinter den Forderungen der strengen Gerechtigkeit zurückbleibt oder keine Todsünde begeht". Besser und vollkommener war es jedoch – aus derselben, positivistischen Sicht –, „sich unter allen Umständen der Freiheit zu begeben und sich unter ein Gesetz zu stellen"; aber das zu tun war eben „nicht Pflicht, sondern Rat", also ganz und gar dem Ermessen des einzelnen unterstellt.[73]

Der klassische Beweis

Die Verfechter der zwiespältigen Moral fanden die Unterscheidung von Gebot und Rat „am klarsten ausgedrückt und für alle Zeiten kanonisiert" in der Perikope vom reichen Jüngling[74] (Mt 19, 16–23; Mk 10, 17–22, Lk 18, 18–23). Die Fassung nach Mattäus wurde bevorzugt. Sie galt seit alters her als „klassische Stelle für die Lehre von den evangelischen Räten".[75] Seit Klemens von Alexandrien, also seit Beginn des 3. Jahrhunderts, hat sie verschiedene Auslegungen erfahren. Die wesentliche Schwäche dieser klassischen Beweisstelle liegt – nach Linsenmanns Ansicht – darin, daß sie die „Hauptfrage" nicht beantwortet, „ob man den reichen Jüngling als einen Verlorenen zu betrachten habe, weil er der Aufforderung, seine Güter den Armen zu geben und dem Herrn nachzufolgen, nicht nachgekommen ist".[76]

[72] Vgl. Untersuchungen 17.
[73] Vgl. Untersuchungen: ThQ 53 (1871) 228 f.
[74] Vgl. *F. Wulf*, Kommentar zur dogmatischen Konstitution über die Kirche: LThK I 285.
[75] *Linsenmann*, Rezension: ThQ 51 (1869) 345.
[76] Ebd. 349. – R. Schnackenburg schreibt zur Perikope vom reichen Jüngling: „Jesu Intention gegenüber diesem reichen Mann ist von vornherein ein einheitliche: Er will ihn für seine Nachfolge gewinnen und auf diese Weise dem Reiche Gottes zuführen. Er läßt dem Mann keine Wahl: ‚Eins fehlt dir noch. Geh hin, verkaufe, was du hast ... dann komm und folge mir nach'" (*R. Schnackenburg*, Die sittliche Botschaft des Neuen Testaments, München 1962, 32).

Die nachtridentinischen Kasuisten vertraten die Meinung, Jesus habe dem reichen Jüngling ‚lediglich' einen Rat erteilt. Es blieb der Freiheit des Angesprochenen vorbehalten, angesichts des Rates sich trotzdem anders zu entscheiden. Linsenmann hält dem entgegen, wer die Verpflichtung der Räte auf diese Weise als sittlich indifferent darstelle, der sollte auch aufhören, „von einem göttlichen Beruf und den verhängnisvollen Folgen eines verfehlten Berufes zu sprechen".[77] Die Kasuisten hatten nämlich, als Gegengewicht zu ihrer Behauptung von der relativen Verbindlichkeit der Räte, die Folgen einer verfehlten Berufung um so krasser ausgemalt. Diesen offensichtlichen Widerspruch versuchten sie durch die Unterscheidung zwischen einem nicht verpflichtenden „allgemeinen Rat" und einem verbindlichen „persönlich adressierten Rat" zu mildern.[78] So meinten sie einerseits vor der Vernachlässigung göttlicher Eingebungen warnen zu können, gleichzeitig aber folgendes weiterhin behaupten zu dürfen: „Die Beobachtung der Räte ist an und für sich weder im allgemeinen ein sittlich gutes Werk noch eine Vollkommenheit des christlichen Lebens."[79] Diese Ansicht wurde noch vor nicht langer Zeit vorgetragen.

Der kritische Blickpunkt

Man kann auch heute noch mit Linsenmann sagen, wir stehen hier nicht vor einer vergangenen, nur noch geschichtlich relevanten Frage, sondern vor einer der „wichtigen Zeitfragen".[80] Die Unterscheidung von Gebot und Rat ist nämlich im sittlichen Bewußtsein der Katholiken tief verwurzelt. Man meint, sie würde die christliche Moral vor einem untragbaren Rigorismus bewahren. Die Vollkommenheit des Rätelebens sei nun mal nicht allen zumutbar.[81] Aber es ist wohl kaum ins breitere Bewußtsein gedrungen, daß die Gefahr des Rigorismus von den Räten her nur deshalb besteht, weil zuvor – wie Linsenmann aufgewiesen hatte – der Begriff des *Gesetzes* und der *Freiheit verfälscht* wurde. Darum genügt es nicht, die Aufteilung der christlichen Moral in Gebot und Rat epistemologisch zu überprüfen. Man muß, wie Linsenmann, auf die eigentliche Ursache zurückgreifen und den sittlichen Gesetzes- und Freiheitsbegriff wieder mit dem Evangelium in Übereinstimmung bringen. Es handelt sich auch hier letztlich, wie Linsenmann betonte, um das Problem *„Gesetzesgerechtigkeit* und evangelische *Freiheit"*.[82] Die zwie-

[77] *Linsenmann,* Rezension: ThQ 51 (1869) 350.
[78] Vgl. *B. M. Dietsche,* Kommentar zu Bd. 24 der DTA, 362 f.
[79] Ebd. 363.
[80] *Linsenmann,* Untersuchungen: ThQ 54 (1872) 20.
[81] Vgl. *B. Schüller,* Bedenken gegen die ethischen Kategorien des Rates und des überschüssigen guten Werkes, 197.
[82] Untersuchungen 20.

spältige Moral kann nur wirksam überwunden werden, wenn sie von der Prinzipienfrage ,Gesetz und Freiheit' angegangen wird.
Aus der Sicht der Prinzipienfrage wollte Linsenmann auch die ,Grundbegriffe' oder ,Elemente' kritisch überprüfen, die im herkömmlichen Begriff des evangelischen Rates enthalten sind.

3. *Freiheit und Rat*

Drei ,Elemente' oder ,Grundbegriffe' gehen, nach Linsenmanns Ansicht, in den umfassenderen Begriff des evangelischen Rates ein: der Begriff des „opus supererogatorium", des „bonum melius" und der „persönlichen Freiheit in der Erwählung des Besseren".[83] Es ist schwer, „den wahren Sinn und die eigentliche Bedeutung" dieser drei Begriffe herauszustellen, „welche man unter dem Schulausdruck ,evangelische Räte' behandelt".[84]
Die Feststellung Linsenmanns, daß die eigentliche Bedeutung der ,Grundbegriffe' nicht leicht zu erfassen ist, trifft auch heute noch zu, sofern man nicht versucht, Widersprüche zu übergehen oder zu glätten.[85] Durch die ausdrückliche Erklärung des Zweiten Vatikanums, daß alle Gläubigen zur „Vollkommenheit der Liebe" berufen sind, erhielten die evangelischen Räte eine „pastorale Bedeutung für alle Getauften".[86] Dadurch hat die Problematik an Aktualität gewonnen.
Für die lateinische Bezeichnung ,opus supererogatorium' gebrauchte Linsenmann gewöhnlich die ungenaue Übersetzung ,überfließender Verdienst', manchmal die zutreffendere Bezeichnung ,Mehrleistung'. Heute ist die Bezeichnung ,Werke der Übergebühr' geläufig.

Die Werke der Übergebühr und das sittlich Bessere
Das ,opus supererogatorium' und das ,bonum melius', die Werke der Übergebühr und das sittlich Bessere, betreffen gemeinsam die guten Werke. Das ,opus supererogatorium' bringt einen graduellen Unterschied zwischen den guten Werken zum Ausdruck und setzt die „Abschätzung der menschlichen Verdienste nach Zahl und Maß" voraus. Der zweite Grundbegriff, das ,bonum melius', betrifft einen Qualitätsunterschied der guten Werke

[83] *Linsenmann,* Rezension: ThQ 51 (1869) 354.
[84] Untersuchungen 8.
[85] Im Beitrag von *B. Häring,* Evangelische Räte. Moraltheologisch: LThK III 1246–1250, wird zum Beispiel die Lehre des Thomas zum genannten Problembereich so dargelegt, als enthielte sie keine Ungereimtheiten (vgl. ebd. 1246 f.).
[86] *R. Carpentier,* Evangelische Räte: SM I 1240.

und setzt voraus, daß es Handlungen gibt, denen ein „spezifischer Tugendcharakter“ zukommt.[87]
Für die Erhellung der Problematik ist es wichtig, nicht nur die genannten, direkten Voraussetzungen ins Auge zu fassen, sondern auch die letzten Voraussetzungen zu berücksichtigen. Letzte Voraussetzung für das ‚opus supererogatorium‘, also auch für die Meßbarkeit guter Werke, ist die Annahme, daß sich das sittlich Verpflichtende in Satzungen vollgültig einfangen läßt und daß im Modellfall des ‚casus‘ die Situationsbedingtheit menschlichen Handelns genügend zur Geltung kommt. Aufgrund dieser Voraussetzung konnte man zum Beispiel von der ‚Abmessung der Almosenpflicht‘ sprechen und eine ‚Abgrenzung‘ zwischen pflichtgemäßen Almosen aus Gerechtigkeit und einer ‚Mehrleistung‘ aus Liebe vornehmen.[88]
Letzte Voraussetzung für den zweiten Grundbegriff, das ‚bonum melius‘, ist die Aufspaltung der sittlichen Forderungen in Gebot und Rat. So zum Beispiel verwirklicht – nach herkömmlicher Ansicht, die vom Tridentinum aufgegriffen wurde – ein ‚bonum melius‘, wer die Jungfräulichkeit der Ehe vorzieht.[89]
Die Voraussetzungen dieser Lehre wurden zur Genüge kritisch beleuchtet. Linsenmann hat aber auch mehrere Vorbehalte gegen den Begriff des ‚bonum melius‘ und ‚opus supererogatorium‘ vorgebracht. Zum angeführten Beispiel der Jungfräulichkeit meint Linsenmann kritisch, man könne sie gar nicht wählen als ein ‚bonum melius‘, denn zur Jungfräulichkeit dürfe sich doch nur entscheiden, wer sich zu ihr berufen fühle. Auch die Ansicht, wer die Jungfräulichkeit wähle, der vollbringe ein ‚opus supererogatorium‘, weil er angeblich mehr leiste als der Verheiratete, sei unzutreffend. Denn in Wirklichkeit könne man eine Mehrleistung nur vollbringen, wenn man dazu die notwendige Gnade erhalten hat. Wem aber mehr gegeben wird, von dem wird auch mehr verlangt. „So leistet er doch nicht mehr als in seiner Aufgabe liegt, ja es ist sehr fraglich, ob nicht ein jeder von uns weit hinter dieser seiner Lebensaufgabe zurückbleibt, da all unser Tun menschlich unvollkommen ist, wie der Herr selbst sagt: ‚Wenn ihr alles getan haben werdet, was euch anbefohlen worden ist, saget: Unnütze Knechte sind wir; was wir schuldig waren zu tun, haben wir getan‘ (Lk 17, 10).“[90]

[87] Vgl. *Linsenmann,* Lehrbuch 131; vgl. Untersuchungen: ThQ 54 (1872) 25.
[88] Zur ‚Abmessung der Almosenpflicht‘ vgl. *Mausbach-Ermecke,* Katholische Moraltheologie [11]II 160 f. Zur „Abgrenzung zwischen Gerechtigkeit und ‚bloßer‘ Liebespflicht“ vgl. *B. Häring,* Das Gesetz Christi [8]II 372–377.
[89] Vgl. DS 1810.
[90] Untersuchungen: ThQ 54 (1872) 29.

Linsenmann ist der Ansicht, daß die Vorstellung des ‚opus supererogatorium' ein durchaus menschliches Bedürfnis zum Ausdruck bringt. Es entspreche unserer Vorstellung, daß man im Beruf und der Gemeinschaft gegenüber mehr leisten könne, als die Vorschriften verlangen. Darauf baue auch der alte Brauch der Auszeichnung auf. Es wäre jedoch falsch, den Begriff der Mehrleistung in die Moral einzuführen und gar als christlichen Begriff darzustellen. Bedenklich ist eine solche Vorstellung einmal daher, „daß man das sittliche Tun, anstatt nach seinem Grund und Wesen als einheitliches Ganzes zu erfassen, in Einzelhandlungen zerlegt und danach numeriert und taxiert". Zum zweiten daher, „daß man die verschiedenen Grade der Seligkeit gleichsam nach der Elle mißt".[91] In dieser Kritik hat Linsenmann manches vorweggenommen, was heute gegen die Leistungs- oder Lohnmoral vorgebracht wird.[92] Er hat auch zur ganzheitlichen Beurteilung sittlichen Verhaltens, die heute gefordert wird,[93] Beachtliches zu sagen gewußt.

Der Linsenmannschen Kritik könnte man entgegenhalten, daß sowohl der Begriff des ‚bonum melius' als auch des ‚opus supererogatorium' der Heiligen Schrift entnommen wurde. Auch inhaltlich kann man für diese Begriffe gewisse Anhaltspunkte im Neuen Testament finden. Linsenmann bestreitet dies jedoch nicht. Es geht vielmehr um die Frage: Ob die Schriftstellen auch das decken, was man aus ihnen herausgelesen hat. Die ‚Hauptbelegstellen', die man für den Begriff des ‚bonum melius' anführte, waren Mt 19, 12 und 1 Kor 7, 25 ff, die über die Ehelosigkeit handeln. In 1 Kor 7, 38 sagt der Apostel wörtlich, daß derjenige ‚besser' handle, wer seine Jungfrau nicht verheiratet. Auch 2 Kor 8, 8 ff wurde als Beweisstelle für das ‚bonum melius' angeführt. In 1 Kor 9, 18 spricht der Apostel von der eigenen Mehrleistung, die darin besteht, daß er bei seiner Verkündigung des Evangeliums von den Erleichterungen nicht Gebrauch macht, die sich andere Apostel gönnen. Aber Linsenmann meint, man sollte aus diesen und ähnlichen Schriftstellen nicht zu viel beweisen wollen, sonst erreiche man gar nichts. Zudem sollte man sich „nicht über den gemeinverständlichen Sinn und Wortlaut des Verfassers schlechthin hinwegsetzen; wie immer man sich der geistigen Auslegung bemächtigen möge, dem Buchstaben darf sie nicht direkt entgegengesetzt sein; man würde sich sonst einen Spiritualismus aneignen, welcher nicht mehr christlich, sondern gnostisch wäre".[94]

[91] Untersuchungen 23 f.; vgl. Lehrbuch 130.

[92] Vgl. *F. Tillmann,* Die Idee der Nachfolge Christi, Düsseldorf ²1939, 242–246; vgl. *B. Häring* ⁸I 356–359 (Lit.).

[93] Vgl. *T. Müncker,* Die psychologischen Grundlagen der katholischen Sittenlehre, Düsseldorf ²1940, 163 ff., 183; vgl. *B. Häring* ⁸I 349–355 (Lit.).

[94] Untersuchungen: ThQ 54 (1872) 28.

Wie sehr sich Linsenmann in dieser Kritik von seinen Fachkollegen unterschied, läßt ein Vergleich erkennen. Konrad Martin, dessen ‚Lehrbuch der katholischen Moral' Linsenmann ansonsten schätzte, vertrat die Meinung, daß sich die Lehre von den evangelischen Räten aus Mt 19, 12 und 1 Kor 7 sowie 1 Kor 9 „aufs strengste und namentlich" beweisen lasse.[95] Martin und andere neuscholastische Theologen verteidigten diese Lehre, die von den Reformatoren abgelehnt wurde, sehr entschieden. Linsenmann ging es jedoch nicht um polemische Erfolge. Er strebte eine Klarstellung an, die dem Evangelium möglichst umfassend gerecht werden konnte. Der Behauptung neuscholastischer Theologen, die Lehre über das sittlich Bessere und die Werke der Übergebühr sei durch das Tridentinum bestätigt worden, hielt Linsenmann die Feststellung Möhlers entgegen, daß die Lehre vom ‚opus supererogatorium' kein Dogma sei.[96]
Die Kritik am Begriff des ‚opus supererogatorium' und ‚bonum melius' hat in neuester Zeit Bruno Schüller auf die semantisch-logische Ebene ausgedehnt.[97] Bei Linsenmann fehlt dieser Aspekt, der in den letzten Jahren, unter angelsächsischem Einfluß, in die moraltheologische Diskussion aufgenommen wurde.
Es bleibt noch ein drittes ‚Element', ein dritter ‚Grundbegriff', der nach Linsenmanns Darlegung in den umfassenderen Begriff des Rates eingeht: die „persönliche Freiheit in der Erwählung des Besseren".

Die Wahl zwischen dem sittlich Guten und Besseren

Die *Freiheit* der Wahl zwischen dem sittlich Guten und dem sittlich Besseren bietet „größere Schwierigkeiten" als die besprochenen Begriffe des ‚opus supererogatorium' und des ‚bonum melius'.[98] Wir stehen hier nämlich vor dem Kernbegriff der Freiheit selbst. Linsenmann hatte bereits in der ersten Hauptfrage den Freiheits- und Gesetzesbegriff geklärt.[99] Hier genügt die knappe Bemerkung: Das ‚Gesetz des Neuen Bundes' ist ein Gesetz der Gnade und Freiheit, die jedoch mit Willkür nichts zu tun hat. Der Christ kann folglich Willkür nicht damit entschuldigen, daß ihm kein satzhaft umschriebenes Gebot vorlag.
Anderer Meinung waren die probabilistischen Kasuisten und neuscholastischen Theologen. Sie behaupteten, mit den Geboten höre auch die sittliche Verbindlichkeit auf. Die Befolgung eines Rates könne ohne

[95] Vgl. *K. Martin,* Lehrbuch der katholischen Moral, Mainz ^{4}1859, 74.
[96] Vgl. Untersuchungen 28. Linsenmann beruft sich auf *J. A. Möhler,* Neue Untersuchungen der Lehrgegensätze, Mainz 1834, 295 ff.
[97] Vgl. *B. Schüller,* Bedenken gegen die ethischen Kategorien des Rates und des überschüssigen guten Werkes, 197–209.
[98] Vgl. *Linsenmann,* Rezension: ThQ 51 (1869) 354.
[99] Vgl. in vorliegender Arbeit Kapitel 1, Punkt 6.

Sünde unterlassen werden. Das gelte nicht nur für den ‚allgemeinen Rat', sondern auch für die ‚persönliche' Berufung. Konrad Martin formulierte es so: „Niemand ist verpflichtet, die evangelischen Räte auszuüben, aber jeder ist verpflichtet, diese Räte zu lieben und zu ehren."[100] Es ging nicht nur um die drei evangelischen Räte des Gehorsams, der Armut und der Jungfräulichkeit, die für das Ordensleben allgemein kennzeichnend sind. Man räumte nämlich ein, daß jeder Rat „unter Umständen für den einzelnen Pflicht werden könne". Martin führte als Beispiel an: jemand habe erkannt, daß er nur im Ordensleben sein Heil erreichen werde. „Jedoch" – so lautet die paradoxe Antwort – „ist auch dann nicht der Rat als solcher verbindend, sondern es verbindet dann nur die Pflicht der rechten Standes- und Berufswahl."[101]

Die Theorie wurde bis in unsere Zeit in den neuscholastischen Handbüchern der Moral vertreten. Mausbach-Ermecke wiederholt die Behauptung, die Befolgung eines Rates sei „nicht sittlich geboten", aber man dürfe die Räte nicht geringschätzen oder für das heutige Leben als untauglich darstellen. Zur Bekräftigung der letzten Bemerkung wurde auf die Verurteilung des ‚Amerikanismus' durch Leo XIII. (1899) verwiesen.[102] Im ‚Lehrbuch der Aszetik' (1932) behauptet O. Zimmermann, die Nichterfüllung eines Rates sei zwar eine „Unvollkommenheit", jedoch „keine Sünde". Dann folgt ein Satz, der mit dem Vorausgesagten kaum zu vereinbaren ist: „Die Heiligen bereuen sie (die Unvollkommenheit) wie Sünde. Gott straft sie schwer an ihnen."[103]

Bis zu solchen Ungereimtheiten war man bereit zu gehen, um den herkömmlichen Begriff des Rates nicht aufzugeben, der auf einem falschen Freiheits- und Gesetzesbegriff fußte und daher zu Widersprüchen führte. Die ‚zwiespältige Moral' führte zu ‚zwiespältigen' Schlußfolgerungen.

Linsenmann hielt die Aufteilung in Gebot und Rat, und vor allem den dargelegten Begriff des Rates, allein aus *psychologischer* Sicht für falsch. Wer sich nämlich mit dem Minimum sittlicher Forderungen, in Gestalt des satzhaft Gebotenen, begnügen wollte, wer sich also immer an der Grenze zur Sünde bewegt, der wird auch bald nicht mehr die Kraft aufbringen, die Sünde selbst zu meiden. Niemandem sei es möglich, „auf der Grenzscheide zwischen Sünde und dem Erlaubten" stehenzubleiben.[104] Hier hatte man eine Freiheit vorgetäuscht, die es gar nicht gibt.

Zwei Ungereimtheiten macht Linsenmann der dargelegten Lehre aus *moraltheologischer* Sicht zum Vorwurf. Die erste Ungereimtheit besteht

[100] *Martin,* Lehrbuch 88.

[101] Ebd. 89.

[102] Vgl. *Mausbach-Ermecke* [9]I 322; vgl. DS 3340–3346.

[103] O. *Zimmermann,* Lehrbuch der Aszetik, Freiburg 1932, 93.

[104] Vgl. *Linsenmann,* Untersuchungen 18 f.

darin, daß man „einigermaßen anthropomorphistisch“ Gott einmal einen Befehl geben läßt, dem man zu gehorchen habe, ein andermal einen Rat, den man übergehen könne. Die zweite Ungereimtheit bestehe darin, daß zwar die Befolgung des Rates sittlich fördernd, die Nichtbefolgung jedoch sittlich gleichgültig sein sollte, zumindest in dem Sinne, daß ich keine Sünde begehe.[105] Auch hier stand ein falscher Freiheitsbegriff Pate. Ein Freiheitsbegriff, der an Willkür grenzt, ist der Grundfehler. Linsenmann vertritt, aus seiner Sicht der Freiheit, die Ansicht: „Ein Rat von Gott ist ein Befehl!“[106] Und an anderer Stelle schreibt Linsenmann: „Wer die innere aus natürlichen und übernatürlichen Gründen geschöpfte Überzeugung hat, daß für ihn eine an sich idealere, dem Gebiet des ‚bonum melius‘ angehörige Leistung wirklich das Angemessene und der rechte und sichere Weg zu seinem Ziele sei, für den ist die Befolgung dieses Weges nicht mehr bloß geraten, sondern sittliche Pflicht; er ist nach der Sprache der Theologen berufen, und die göttliche Berufung macht ihm das, was anderen geraten ist, zur Pflicht.“[107]

Fritz Tillmann hat sich später, in seiner Sittenlehre, der Meinung Linsenmanns angeschlossen. Mit dem zuletzt angeführten Satz Linsenmanns hat Tillmann die folgende eigene Meinung gestützt: „Man wird die in der theologischen Lehre vom Rat ohne Zweifel enthaltenen Schwierigkeiten am besten so lösen, daß man sagt, daß das, was in abstracto Rat ist, in concreto Pflicht und Gebot wird, sobald die sittliche Erkenntnis zur Klarheit und Reife gelangt ist.“[108] Bernhard Häring, der dieselbe Meinung übernommen hat, schreibt: „Das Verhältnis von Gebot und Rat erhält eine letzte Klärung durch die Lehre von der allgemeinen Berufung zur Heiligkeit, die ein Herzstück des Zweiten Vatikanischen Konzils ist.“[109]

Die Lehre des Konzils weist in die Richtung, die bereits Linsenmann anstrebte in seiner Behauptung, daß alle zu derselben Nachfolge Christi berufen sind. Damit kommen wir zum krönenden Schlußpunkt von Linsenmanns Darlegungen zur Prinzipienfrage.

4. Die eine Nachfolge Christi

Das Bemühen Linsenmanns, die ‚zwiespältige Moral‘ zu überwinden, konzentriert sich schließlich auf die Nachfolge Christi. Im alten Grund-

[105] Vgl. ebd. 40 f.
[106] Ebd. 41.
[107] *Linsenmann,* Lehrbuch 133.
[108] *F. Tillmann,* Die Idee der Nachfolge Christi 197 f.
[109] *B. Häring* ^{8}I 344.

satz der Moral ‚Christus sola lex' laufen die Fäden seiner Kritik und Lehre zusammen.

Nachfolge als Lebensweg

Christus selbst ist das „Bild Gottes", nach dem wir umgestaltet werden sollen (Röm 8, 29). Sein Geist soll uns durchwirken, damit das Wort des Apostels wahr werde: „So lebe nun nicht mehr ich, sondern Christus lebt in mir" (Gal 2, 20). Aufgrund dieser und anderer Schriftaussagen war Linsenmann überzeugt: „Es gibt keinen anderen Lebensweg zu unserm rechten Ziele als die Nachfolge Christi."[110] Vermutlich galt die klare Aussage Linsenmann dem protestantischen Dialogpartner. Der Gedanke der Nachfolge war der protestantischen Theologie zwar nicht fremd, aber „aus Angst vor dem Schreckbild des Mönchtums" hatte sie sich gegen die „römische Imitatio-Frömmigkeit" gewandt. Erst in unserer Zeit, vor allem durch Bonhoeffer, ist „der Ruf in die Nachfolge Christi wieder hörbar geworden".[111] Linsenmann war also überzeugt, daß das Leben eines Christen praktisch nichts anderes sein solle als *Nachfolge* Jesu. Für den theoretisch-systematischen Aufbau seiner Moraltheologie hatte jedoch Linsenmann nicht die Nachfolge zum obersten Moralprinzip erhoben, sondern die evangelische *Freiheit*.[112] Auch die Nachfolge sollte, seiner Meinung nach, in Freiheit verwirklicht werden. Gemeint war die Freiheit, die nicht den Buchstaben, sondern den Geist in den Vordergrund stellt. Damit wollte Linsenmann die buchstäbliche Nachfolge oder Nachahmung Christi (Fasten, Nachtwache, Geißelung u. ä.) nicht ablehnen, sondern lediglich den Kriterien unterordnen, die ganz allgemein für das Verhältnis zwischen inneren und äußeren Werken (actus interni – actus externi) gelten: „Wer zum inneren Akt auch das – richtig verstandene – äußere Werk hinzufügt, der ist es, der die Aufrichtigkeit und den wirklichen Wert des inneren Aktes dokumentiert und beweist, daß seine innere Gesinnung nicht bloß ein Schwelgen in Gefühlen, ein Wollen ohne Tun sei."[113] Das gilt auch für die Christusnachfolge. Die äußere Nachahmung erfüllt eine zweifache Aufgabe gegenüber der inneren Nachfolge: Zunächst ist sie ein *Kriterium* für die Echtheit der inneren Vorgänge, dann auch die notwendige *Ergänzung* der inneren Einstellung. „So gewiß es die vollkommenere Art der mystischen Vereinigung mit Christus ist,

[110] *Linsenmann*, Untersuchungen: ThQ 54 (1872) 195.

[111] *N. H. Soe*, Nachfolge Christi. Theologisch: RGG IV 1292 f.

[112] *P. Hadrossek*, Die Bedeutung des Systemgedankens 358, hat darauf hingewiesen: „Linsenmann macht sich zum Anwalt der Freiheit; der ‚Besitzstand der Freiheit', aus der nicht Willkür sondern reifste Verantwortlichkeit und personale Entscheidung hervorwachsen, ist sein Grundthema."

[113] Lehrbuch 189.

wenn wir ihn zugleich geistig und körperlich in der heiligen Kommunion empfangen, so gewiß bringt es uns dem Ideal der Christusnachfolge näher, wenn wir geistig und körperlich sein Leben und sein Leiden in uns durchleben und durchleiden."[114] Damit hatte Linsenmann das Extrem rein äußerlicher Nachfolge, die äußerer Werkgerechtigkeit gleichkam, wie auch die gegensätzliche, reformatorische Überbetonung der Gesinnung abgewiesen. Der Akzent Linsenmanns lag zwar auf der Gesinnung, aber mit dem Hinweis, daß sich die Gesinnung im Werk *bewähren* müsse und mit dem Werk ein *Ganzes* bilde.

Vor allem dem Moraltheologen droht die Versuchung, die Nachfolge Christi rein ethisch zu verstehen. Um dem entgegenzuwirken, betonte Linsenmann: „Nachfolge Christi hängt unmittelbar zusammen mit der dogmatischen Lehre von der Inkarnation, beziehungsweise mit den Folgerungen, welche die kirchliche Theologie aus ihr für die Christologie gezogen hat. Unsere Gleichförmigkeit mit Christus soll nicht bloß in der Übereinstimmung unseres Denkens und Wollens mit Gott und in der Befolgung des Tugenbeispiels Jesu bestehen, also nicht eine bloß moralische sein, sondern es soll eine Einheit des Wesens hergestellt werden; wir sollen eins werden mit Gott und Jesu Christo, wie Christus selbst eins ist mit dem Vater (Jo 17, 11. 21)."[115] Dieses Einswerden ist ein Geschenk göttlicher Gnade, erfordert jedoch unser Mitwirken in Gestalt guter Werke. Hier wiederum liegt Linsenmanns Akzent auf der *Gnade*, die sich jedoch, wie die zuvor erwähnte Gesinnung, im *Werk* bewähren muß.

Das Zueinander von Nachfolge Christi und Freiheit bei Linsenmann ist beachtenswert. Den „Begriff der Freiheit in ihrem Verhältnis zur absoluten Bestimmtheit des Menschen durch Gott" hatte Linsenmann zum „ersten Problem" aller Ethik erhoben.[116] Die spezifisch moraltheologische Sicht war damit, seiner Meinung nach, herausgestellt. In der Einleitung zu seinem Lehrbuch der Moraltheologie schrieb Linsenmann: „In der Dogmatik erscheint der Mensch bestimmt durch den göttlichen Willen und getragen von seiner Gnade; in der Ethik erscheint er in seiner Freiheit und Verantwortlichkeit. In der Dogmatik wird uns Christus dargestellt als unser Erlöser und Mittler, in der Ethik als unser Vorbild und als das Ziel unserer Gottesgemeinschaft."[117]

Gehen wir also vom Menschen aus, dann steht die Freiheit und Verantwortlichkeit als oberstes Prinzip da. Das ist die moraltheologische Sicht.

[114] Ebd. 189.
[115] Ebd. 190.
[116] Vgl. ebd. 7 f.
[117] Ebd. 2.

Linsenmann hat den anthropologisch-ethischen Ausgangspunkt als Moraltheologe gewählt und damit auch die Freiheit als Grundprinzip. Aber im Mittelpunkt seiner Anthropologie steht Christus, der ‚Koinzidenzpunkt' alles Gegensätzlichen. Ohne Christus, so betont Linsenmann, würden die Antinomien von Gesetz und Freiheit, Glaube und Wissen, Gottesdienst und Weltdienst in unüberbrückbare Gegensätze zerfallen. Aber in Christus werden die Antinomien zu einer „höheren Einheit" versöhnt.[118]

Aus alledem wird verständlich, warum Linsenmann, der keine Nachfolgeethik geschrieben hat, der Nachfolge Christi trotzdem einen hohen Rang zuerkannte. Die erste, auf dem Gedanken der Nachfolge konsequent aufgebaute ‚Vorbildethik' schrieb, in den dreißiger Jahren unseres Jahrhunderts, Fritz Tillmann.[119] Er hat die „Idee der christlichen, an der Person Jesu normierten Persönlichkeit" als Moralprinzip gewählt und erklärt, daß das „Feld christlich-sittlicher Betätigung zwischen den beiden Polen Vorbild und Nachfolge Christi" liege.[120] Tillmann hat hierbei auf Linsenmann verwiesen.[121]

Zweierlei Nachfolge?

Zur Nachfolge Christi sind alle Gläubigen berufen. Der Weg, auf welchem wir zur Vollendung gelangen, war – nach Linsenmanns Überzeugung – der Weg, „den Jesus selbst gewandelt".[122] Die Frage ist nur: Sind alle zur objektiv gleichen Nachfolge berufen, oder wollte Christus zwei Arten von Nachfolge, eine vollkommenere und eine weniger vollkommene? Die „moderne Kasuistik mit ihrem dürren Scholastizismus" vertrat zu Linsenmanns Zeit die Lehre von den zwei Wegen zum Heil, also auch von einer zweifachen Nachfolge. Linsenmann bemerkte hierzu: „Wer am schärfsten *spaltet,* gilt als der scharfsinnigste Theologe, und man vergißt darüber, daß im letzten Grunde und Wesen die Gnade nur eine ist."[123]

Obwohl Linsenmann die zwiespältige Moral ablehnte, gab er jedoch zu, daß die Lehre von der zweifachen Nachfolge Christi einen gewissen Anhaltspunkt im Evangelium selbst finde. Wenn wir nämlich das Evangelium um die Bedingungen befragen, „unter welchen unsere Nachfolge Christi die rechte und vollkommene sei, so begegnet uns eine doppelte

[118] Vgl. ebd. 12. 17.
[119] Vgl. *Hadrossek,* a. a. O. 356.
[120] Vgl. *F. Tillmann,* Die Idee der Nachfolge Christi 8. 12.
[121] Vgl. ebd. 16, Anm. 2.
[122] *Linsenmann,* Untersuchungen: ThQ 54 (1872) 195.
[123] Ebd. 193 f.

Reihe von Vorstellungen, welche sich streng voneinander zu scheiden scheinen". Auf der einen Seite die Worte von der engen Pforte und dem schmalen Weg (Mt 7, 14), von Selbstverleugnung und vom Kreuztragen (Mt 16, 24 f), vom Schwert, das der Herr brachte, statt des Friedens (Mt 10, 34). Auf der anderen Seite das ermutigende und milde Wort vom süßen Joch und der leichten Bürde (Mt 11, 28 ff). „Während also auf der einen Seite die ganze Strenge eines neuen Gesetzes uns entgegentritt, atmet an anderen Stellen das Evangelium einen Geist der Freiheit, der Milde und Duldung, der Nachsicht gegen die menschliche Gebrechlichkeit, so daß der Gegensatz einer rigoristischen und einer milderen und freieren Auffassung in der Moral leicht begreiflich ist."[124]

Die Lehre von der vollkommenen und weniger vollkommenen Nachfolge Christi war, laut Linsenmanns Erklärung, eine Reaktion auf einen unerträglichen Rigorismus. Seine Vertreter kannten nur einen Weg zum Heil, nämlich den Weg strenger Abtötung und Buße, den aber nur wenige zu gehen vermochten. Um diesem Extrem entgegenzuwirken, lehrte man, daß die strengeren Forderungen des Evangeliums nicht für alle gelten, sondern nur für diejenigen, die eine höhere Vollkommenheit anstreben. Wer irdischen Geschäften nachgehe, für den genüge es, die Gerechtigkeit nicht schwer zu verletzen. „Es ist die schon bekannte Scheidung von Gebot und Rat."[125]

Linsenmann gibt für seine Darlegung keine Quellen an. Eine sehr komplizierte Entwicklung hat er vereinfacht wiedergegeben. Sicher ist, daß sich schon bei Klemens von Alexandrien jene „Zweiteilung des geistigen Lebens" ankündigt, „die sich in der ganzen patristischen Lehre durchhält: das tätige und das beschauliche Leben".[126] Die Trennungslinie war jedoch bis ins Mittelalter hinein nicht so scharf ausgeprägt, wie es frühere Forscher angenommen hatten. Heute meint man behaupten zu können, daß zumindest die Berufung ‚zur Wüste' kein Problem war, das die Lehre betraf. Sie war charismatischer Natur, trat an die Stelle des Martyriums und stellte keine Neuerung dar. Erst im 12. Jahrhundert „setzte sich der Ternar von Armut, Jungfräulichkeit und Gehorsam durch, der die zeichenhaft realisierte ‚sequela Christi' endgültig festlegt".[127]

Weder die rigoristische Auffassung vom schmalen Weg der wenigen Auserwählten noch die Lehre von der zweifachen Nachfolge Christi entsprach, nach Linsenmanns Ansicht, dem Evangelium. Sie stellten vielmehr die Überbetonung eines Aspekts dar. „Es muß ein Mittleres geben", in dem

[124] Ebd. 195 f.
[125] Ebd. 197.
[126] *Viller-Rahner,* Aszese und Mystik in der Väterzeit 71.
[127] *R. Carpentier,* Evangelische Räte: SM I 1243.

sowohl der Ernst der evangelischen Botschaft als auch die Nachsicht gegenüber menschlicher Gebrechlichkeit zum Ausdruck kommt.[128] Dieser Mittelweg zwischen den Extremen des Rigorismus und der zwiespältigen Moral konnte nur mit Hilfe eines geistigen Verständnisses der Nachfolge gefunden werden. Das war die Überzeugung Linsenmanns.

‚Geistige' Nachfolge

Vom Moralprinzip der evangelischen Freiheit ausgehend, das die Verantwortlichkeit des einzelnen fordert und in den Vordergrund stellt, hatte Linsenmann der ‚geistigen' Nachfolge den Vorrang vor der ‚buchstäblichen' Nachfolge zuerkannt. Die beste Grundlage für diese Bewertung meint Linsenmann in der biblischen „Hauptstelle, die vom Rate redet", nämlich in 1 Kor 7, 25 ff, zu finden. Die Vertreter der zwiespältigen Moral haben, nach Linsenmanns Meinung, den eigentlichen Wortlaut dieser Schriftstelle zu wenig beachtet. Da der Apostel kein Gebot des Herrn besaß, „was die Jungfrauen betrifft" (1 Kor 7, 25), hat er eine „allgemeine christliche Idee", nämlich das Logion von den „Verschnittenen um des Himmelreiches willen" (Mt 19, 12), einem Deutungsversuch unterzogen. Hierbei wurde die allgemeine Idee auf die besonderen, „bei seinen Lesern obwaltenden Verhältnisse" angewandt, das heißt in den konkreten Rat der Jungfräulichkeit (Vers 8) übersetzt. Doch der Apostel tat es nicht, ohne zugleich auf die Gefahren des ehelosen Lebens (Vers 2 und 9), ja selbst der zeitweiligen Enthaltsamkeit (Vers 6) hinzuweisen. Darauf überläßt er es dem einzelnen, „die Anwendung auf seinen eigenen Seelenzustand zu machen".[129]
Zweierlei ist für Linsenmann wichtig: erstens, daß der Apostel einen *Deutungsversuch* unternimmt, um der konkreten Situation seiner Leser gerecht zu werden; zweitens, daß sich der Apostel an die verantwortliche *Freiheit* des einzelnen wendet, damit jeder im Gewissen entscheide, was für ihn das sittlich Bessere (bonum melius) sei. Der erste Aspekt, die Deutung, wurde zur Genüge behandelt bei der Darlegung des Gesetzesbegriffs (im 1. Kapitel). Jetzt konzentriert Linsenmann seine Aufmerksamkeit auf den zweiten Aspekt, auf die Freiheit. Er schreibt: „Wo immer im Widerstreit verschiedener Verpflichtungen meine eigene freie Wahl den Ausschlag zu geben hat, da bin ich nicht bloß berechtigt, sondern auch verpflichtet, dasjenige zu wählen, was mir nach moralischer Überzeugung als das Rechte erscheint, selbst wenn sich unter einem oder mehreren Gesichtspunkten das Gegenteil als das Bessere und Idealere

[128] Vgl. *Linsenmann*, Untersuchungen 197.
[129] Ebd. 43.

darstellte. Gerade hierin erkennen wir den richtigen Sinn der christlichen Lehre, die in der Unterscheidung von Gebot und Rat ihren gemeinverständlichen und praktischen, aber nicht ganz adäquaten Ausdruck gefunden hat. Wir behaupten die Freiheit und Erlaubtheit, das Gute zu wählen selbst mit Hintansetzung des Besseren; denn nur so kann es überhaupt zu einem Handeln kommen."[130] Linsenmann meint, in dieselbe Richtung der freiheitlichen, geistigen Auslegung weise auch das Wort des Herrn: „Wer es fassen kann, der fasse es" (Mt 19, 12). Es bedeute nicht nur, „wer die Kraft zur Erfüllung des Rates in sich fühlt, der erfülle ihn!", sondern vielmehr berufe sich der Herr auf unsere Fassungskraft, „auf die Fähigkeit einer geistigen Unterscheidung".[131]

Besonders lehrreich sind, nach Linsenmanns Ansicht, die Aussprüche der Bergpredigt. Hier dringe Christus so sehr „auf eine geistige Gesetzesauslegung und auf das innere Wesen der Sittlichkeit", daß man geneigt sein könnte, die Spitze seiner Angriffe, die gegen die jüdisch-pharisäische Sittenlehre gerichtet war, auch gegen das „‚äußere Werk' im christlich-katholischen Kirchenwesen" zu kehren.[132] Aber das ‚äußere Werk' wird nicht abgelehnt. Denn dann wäre es auch um folgendes Wort des Herrn geschehen: „So leuchte euer Licht vor den Menschen, damit sie eure guten Werke sehen und euren Vater im Himmel preisen" (Mt 5, 16). Auch die andere Meinung ist abzulehnen, auf die sich die Lehre von den zwei Heilswegen stützt: daß nämlich die Nachfolge die vollkommenere sei, die zum inneren Werk auch noch das äußere hinzufügt, wer z. B. nicht nur sein Herz von den Erdengütern trennt, sondern auch die Güter selbst verteilt. Denn „das innere und das äußere Werk sind nicht gleicher Art, so daß sie zusammen eine größere Summe ausmachten; vielmehr verhält sich das äußere Werk zum inneren wie das Mittel zum Zwecke; der Mittel aber gibt es viele... Darum aber kommt auch das innere Werk nicht ohne das äußere zustande; im Werk offenbart sich die Gesinnung wie im Leib die Seele; die Seele aber ist nicht ohne Leib, wie das Licht nicht ohne Flamme".[133]

Aus alledem zieht Linsenmann den Schluß, daß man geistige und buchstäbliche, innerliche und äußerliche Nachfolge Christi nicht trennen könne und schon gar nicht behaupten dürfe, daß die buchstäbliche Nachfolge, die „zum inneren Werk auch noch das äußere fügt", vollkommener sei. „Es gibt also auch hier keine Scheidung von solchen, welche das innerliche Christentum in sich verwirklichen, und solchen, welche auch äußerlich

[130] Ebd. 47.
[131] Ebd. 44.
[132] Vgl. ebd. 198
[133] Ebd. 200.

dasselbe darstellen in Werken der Abtötung, Selbstverleugnung und Liebe."[134]

Nun hat Jesus selbst nicht alle Jünger, sondern nur einen engen Kreis erwählt, „um buchstäblich in seine Fußstapfen einzutreten".[135] Somit ist das Problem der ‚buchstäblichen' Nachfolge, die jetzt, nach Linsenmanns Ansicht, in Gestalt des Zölibats und Ordenslebens praktiziert wird, eine echte Schwierigkeit. Er wollte versuchen, auch dieses Problem einer klärenden Lösung möglichst nahe zu bringen.

‚Buchstäbliche' Nachfolge

Das Evangelium erwähnt, außer den Aposteln und den 72 Jüngern, deren Namen nicht genannt werden, noch Nikodemus und einige fromme Frauen. Sie teilten das mühselige Leben Jesu, folgten ihm auf seinen Wanderungen und nahmen teil an seinen Schmähungen und Verfolgungen. Nach Linsenmanns Ansicht wäre es nutzlos zu fragen, ob sich diese Erwählten dank eigener Tugend tauglich erwiesen hatten oder ob sich in ihnen die zuvorkommende Gnade besonders auswirkte. Man werde beides festhalten müssen. Aber entscheidend waren nicht Stufen der Vollkommenheit, sondern das Apostolat, zu dem sie „im Interesse und zum Nutzen der Gesamtheit" berufen wurden. In „Erwählung und Ausübung des Apostolates" wurden dann auch von den Berufenen sittliche Leistungen gefordert, „welche das Evangelium Christi nicht allen zur Aufgabe und zur Bedingung des Heils macht. Hier scheiden sich zwei Lebenswege".[136]

Die spezielle oder buchstäbliche Nachfolge, zu der Christus einige berufen hatte, war also nicht im Namen größerer Vollkommenheit geschehen. Sie geschah vielmehr im Namen eines besonderen Apostolats, zum Nutzen aller. Nicht der eigene Nutzen, auch nicht in Gestalt größerer Vollkommenheit, stand im Vordergrund, sondern die „Sendung im Dienste des Reiches Gottes auf Erden". Dieser Dienst erforderte eine besondere Verfügbarkeit und insofern auch besondere Leistungen. Insofern rechtfertigt die spezielle Berufung die Unterscheidung von Lebensaufgaben oder *Lebenswegen,* aber nicht von größerer und geringerer Vollkommenheit. Die Berufenen wirken ihr Heil in „demselben Verhältnis", in dem sie ihrer Lebensaufgabe gerecht werden.[137]

Die Ausführungen Linsenmanns stimmen im Wesentlichen mit dem überein, was die Exegese heute über die Nachfolge sagt. So schreibt zum

[134] Ebd. 200.
[135] Ebd. 201.
[136] Ebd. 202.
[137] Vgl. ebd. 202.

Beispiel Anselm Schulz: „Die Bemühungen um den biblischen Text haben das Ergebnis zutage gefördert, daß der wesentliche Gehalt der Nachfolge nicht in den Blick kommt, wenn man Nachfolge Jesu als Nachahmung Christi versteht.... Wenn der Ruf zur Nachfolge heute noch ein Wort für uns sein soll, dann muß dieses Wort ‚gedeutet' werden – ein Vorgang, der sich schon innerhalb des Neuen Testaments ereignet. Jede Deutung aber hat die Aufgabe, sich vom ursprünglichen Verständnis des Wortes leiten zu lassen. So muß sich auch die ‚Übersetzung' in unsere Welt, in unser Leben, in unser Christsein, leiten lassen von dem biblischen Urzeugnis, Dienst zu tun an Gottes Königsherrschaft in der Christus- und Christengemeinschaft, einen Dienst, der immer auch als Dienst an der Welt und stellvertretend für sie geschieht."[138]

In Linsenmanns Ausführungen über die Nachfolge klingen Gedanken an, die eigentlich erst in unserer Zeit zum Gegenstand breiterer Diskussion wurden. Zunächst der bedeutsame Hinweis Linsenmanns, daß eigene Vollkommenheit nur in dem Maß verwirklicht werden kann, in dem man der Lebensaufgabe – dem Dienst zum Nutzen anderer – gerecht wird. Damit wird ein ‚übernatürlicher Egoismus' überwunden, der unbiblisch ist und erst durch den Einfluß der griechischen Vollkommenheitslehre in der christlichen Moral Fuß fassen konnte. Wo aber der aristotelische oder stoische Begriff der Selbstvervollkommnung als Ziel ungebrochen beibehalten wird, „verschließt sich der Mensch damit den eigentlichen und tiefsten Zugang zu Gott".[139] Der falsche Heilsindividualismus, der die eigene Vollkommenheit in den Vordergrund stellt, hat das Ordensleben bis in unsere Zeit hinein beeinflußt.[140] In der juridischen Umschreibung des Ordenslebens, die insbesondere im 19. Jahrhundert vorherrschend wurde, heißt es: „Regel und Konstitution sind Mittel zur Erlangung der Vollkommenheit."[141] Vom Dienst zum Nutzen anderer ist erst an weiterer Stelle die Rede. Das Zweite Vatikanum hat zur Überwindung „einer rein individualistischen Ethik" aufgerufen.[142]

[138] *A. Schulz,* Jünger des Herrn, Leipzig 1964, 72 f.; vgl. *ders.,* Nachfolge. Biblisch: HthG III 210–215. Vgl. *R. Schnackenburg,* Die sittliche Botschaft des Neuen Testaments, 33. – Eine gute Übersicht zur heutigen Diskussion, samt Literatur, bieten *K. Heinen – A. Weiser,* Jüngernachfolge im Alten und Neuen Testament: Lebendiges Zeugnis 4 (1972) 7–21.

[139] *B. Häring,* Das Gesetz Christi I 81.

[140] Vgl. *F. Wulf,* Kommentar zum Dekret über die zeitgemäße Erneuerung des Ordenslebens: LThK Ergänzungsbd. II 258 f.

[141] *H. J. Jone,* Gesetzbuch der lateinischen Kirche. Erklärung der Kanones, Paderborn ²1950, Erklärung zum Kanon 593.

[142] Gaudium et spes 30; LThK Ergänzungsbd. III 371.

Gemeinsames Priestertum

Um die zwiespältige Moral zu überwinden, besann sich Linsenmann auf die vermittelnde Idee des gemeinsamen Priestertums, die in der Schrift 1 Petr 2, 5. 9 zum Ausdruck kommt. Linsenmann schreibt: „Die Idee des Apostolats wird nicht einzig durch den Klerikalstand verwirklicht; es soll jeder nach dem ihm zugewiesenen Maße an dieser Aufgabe teilnehmen."[143]

Das Thema war polemisch vorbelastet. Die reformatorische Theologie hatte sich nämlich auf das gemeinsame Priestertum berufen, um gegen die Kluft zwischen Priestern und Laien anzukämpfen. Das Tridentinum begnügte sich mit der Abwehr der reformatorischen Herausforderung und reduzierte seine Aussagen auf das Amtspriestertum. „Es hat also nicht die fundamentale Wesensgestalt oder das *eine* Ganze des priesterlichen Dienstes zum Thema seiner Entscheidungen gemacht."[144] Die Theologie der letzten Jahrzehnte war bemüht, „die Aussagen des Konzils von Trient stärker in das Gesamt der kirchlichen Überlieferung" einzuordnen.[145] Das Zweite Vatikanum hat diesem Bemühen Rechnung getragen. Hierbei wurde das gemeinsame Priestertum aller Getauften wieder hervorgehoben, sowie die Teilhabe der Laien an den drei Ämtern Christi und der Sendung des ganzen christlichen Volkes.[146] Im Dekret über das Laienapostolat wurde die Lehre weiterentwickelt. Das Dekret betont: „Es besteht in der Kirche eine Verschiedenheit des Dienstes, aber eine Einheit der Sendung."[147] Damit wurde der herkömmlichen Unterscheidung von „ ‚zwei Arten von Christen', von denen schon das Decretum Gratiani spricht, den kirchlichen und weltlichen, den geistlichen und fleischlichen, den vollkommenen und unvollkommenen",[148] endgültig die Grundlage genommen.

Linsenmann ist es hoch anzurechnen, daß er sich für das Anliegen mutig einsetzte, als die allgemeine Entwicklung noch nicht in diese Richtung ging. Es entstanden zwar im 19. Jahrhundert viele Vereine und Bruderschaften,[149] und zu Beginn unseres Jahrhunderts die „Katholische Ak-

[143] *Linsenmann,* Untersuchungen: ThQ 54 (1872) 209 f.

[144] Schreiben der deutschen Bischöfe über das priesterliche Amt. Eine biblisch-dogmatische Handreichung, Trier 1969, Nr. 30. 32.

[145] Vgl. ebd. Nr. 34; vgl. *A. Grillmeier,* Kommentar zur dogmatischen Konstitution über die Kirche: LThK Ergänzungsbd. I 176 f. (Lit.).

[146] Vgl. Lumen Gentium 10. 31; vgl. die Kommentare von *A. Grillmeier* und *F. Klostermann:* LThK Ergänzungsbd. I 180–183; 264–266.

[147] Vgl. Apostolicam actuositam 2; vgl. ebd. 3 sowie den Kommentar von *F. Klostermann:* LThK Ergänzungsbd. II 607–614.

[148] *Klostermann,* Kommentar 607 und Anm. 64.

[149] Vgl. *Y. Congar,* Laie: HthG III 13.

tion",[150] aber noch 1918 konnte der Rechtshistoriker U. Stutz erklären: „Die katholische Kirche ist die Kirche des Klerus. Die Laien erscheinen mehr als Schutzgenossen und allein die Kleriker als Vollgenossen."[151] Heute schreibt K. Rahner, daß „die Liebenden, die Selbstlosen, die Prophetischen" die eigentliche Kirche ausmachen.[152] An diesen beiden Aussagen läßt sich die Spanne der theologischen Entwicklung ermessen.

Linsenmann hatte vor allem davor gewarnt, den Unterschied des Dienstes in der Kirche, der zum Unterschied der Lebensweise von Priestern und Laien werden kann, als *sittlichen* Unterschied im Sinne von größerer und geringerer Vollkommenheit aufzufassen. „Wir hätten damit nur statt des Unterschiedes von Kloster- und Weltmoral einen Unterschied von Priester- und Laienmoral, und wir wären um keinen Schritt weiter in der Erkenntnis der sittlichen Prinzipien des Christentums."[153]

Die moraltheologischen Konsequenzen der Idee vom gemeinsamen Priestertum aller Gläubigen betonte Linsenmann vorrangig im Sinne der Vermittlung. Andere, höchst praktische Auswirkungen waren ihm jedoch ebenfalls bewußt. Aufgrund geschichtlicher Nachforschungen meinte Linsenmann behaupten zu können, daß Klerus und Orden „um so gewisser" hinter ihrem Ziele zurückblieben und dem Verfalle entgegengingen, „je mehr eine einseitige Moral ihnen eine Bedeutung beilegte, welche ihnen nicht zukommt". Dabei ging es um eine Überbetonung des Äußerlichen, d. h. auch der ‚buchstäblichen' Nachfolge. Man hat „um des Gewandes, des Breviers und der Disziplin willen" Kleriker und Ordensleute nicht selten „für die allein vollkommenen Christen" angesehen.[154] Denen, die sich aufgrund des Äußerlichen einen Einfluß im öffentlichen Leben versprachen, hielt Linsenmann entgegen, daß nicht Privilegien und Standeskleidung den Einfluß garantieren, „sondern geistige Regsamkeit und Freiheit".[155]

Die letzten Sätze beweisen nochmals, wie weit Linsenmann seiner Zeit voraus war. Sie lassen auch verstehen, warum man diesen unbequemen Mahner abgewiesen und totgeschwiegen hatte. Dank der Weitsichtigkeit und Redlichkeit hat seine Lehre noch große Bedeutung für unsere Zeit. Linsenmann war nie der Meinung, ein Rezept gefunden zu haben, das alle Schwierigkeiten auszuräumen vermag. Seinen ersten Beitrag zum

[150] Vgl. *J. Verscheure,* Katholische Aktion: LThK VI 74.
[151] Zit. nach: O. *Karrer,* Amt: HthG I 71.
[152] Vgl. *K. Rahner,* Strukturwandel der Kirche als Aufgabe und Chance (Herder-Bd. 446), Freiburg Br. ²1972, 61.
[153] *Linsenmann,* Untersuchungen: ThQ 54 (1872) 209.
[154] Vgl. ebd. 227.
[155] Ebd. 227.

Problem ‚Gesetz und Freiheit', aus dem Jahre 1869, beendigte Linsenmann mit folgenden Worten:

„So würde das Ende der Untersuchung allerdings wieder zum Anfang zurückführen, wir stehen wieder vor dem Mysterium der Gnade und Freiheit, göttlicher Lebensführung und persönlicher Selbstentscheidung; ob man nun bei der Standeswahl mehr das Moment der Freiheit oder den moralischen Zwang der Überzeugung und Berufung betone, es gelingt uns nicht, das letzte und lösende Wort zu sprechen. Wo wir glauben, in den hellen klaren Tag der Erkenntnis einzutreten, beginnt wieder das Dunkel des Geheimnisses. Das ist nun einmal das Charakteristische der christlichen Theologie."[156]

[156] Rezension: ThQ 51 (1869) 355.

Schluß

Im 19. Jahrhundert waren beste Kräfte um die Neugestaltung der Moraltheologie bemüht. Den bekanntesten, aber nicht alleinigen Beitrag zur Neuorientierung der Moral haben Sailer und Hirscher geleistet.[1] *Linsenmanns* Wirken[2] fiel bereits in die Zeit der Wende und erreichte daher nicht denselben Ruhm, obwohl sein Werk den gleichen Rang besitzt. Diese Einsicht reifte jedoch erst in unserem Jahrhundert, als man sich auf Neuansätze in der Moraltheologie des 19. Jahrhunderts besann. Vor allem Fritz Tillmann hat durch sein völlig neu konzipiertes ‚Handbuch der katholischen Sittenlehre' (1934–38) Linsenmann wieder ins Gespräch gebracht, indem er auf die Vorzüge seines ‚Lehrbuches der Moraltheologie' hinwies und seine Beiträge als wichtige Belege zitierte.[3]
Die Bilanz der Moraltheologie des 19. Jahrhunderts, die um die Jahrhundertwende die Zeitgenossen selber zogen, fiel nicht günstig aus. Paul Keppler, der Nachfolger Linsenmanns auf dem Tübinger Lehrstuhl und seit 1894 Professor in Freiburg, mußte 1898 gestehen, daß an keiner theologischen Disziplin die Neuzeit so spurlos vorübergegangen sei, wie an der Moraltheologie.[4] Ein anderer Universitätsprofessor, der es vorzog, anonym zu bleiben, pflichtete Keppler bei und fügte hinzu: „Das Ansehen der Moraltheologie, dieser hochwichtigen Disziplin, ist bedeutend

[1] Der Beitrag deutschsprachiger Moraltheologen, seit Mitte des 19. Jahrhunderts, ist bei *P. Hadrossek*, Die Bedeutung des Systemgedankens für die Moraltheologie in Deutschland seit der Thomas-Renaissance (München 1950), dargelegt.

[2] In vorliegender Arbeit wurde Linsenmanns Lehre behandelt. Eine Biographie, laut brieflicher Auskunft des Kath.-Theol. Seminars der Universität Tübingen vom 16. März 1971, ist in Bearbeitung. Daher waren noch unveröffentlichte Schriften Linsenmanns nicht zugänglich.

[3] Vgl. *F. Tillmann*, Die Idee der Nachfolge Christi, Düsseldorf ²1939, 41; vgl. Namenregister, ebd. 292.

[4] Vgl. *P. Keppler*, Zur ethischen Bewegung der Gegenwart: Literarische Rundschau 24 (1898) 4.

gesunken."[5] Was Linsenmann durch seine eindringliche Kritik verhindern wollte, war also eingetreten.

Das *Schicksal* Linsenmanns läßt beispielhaft erkennen, wie vielschichtig und verflochten die Ursachen waren, die den entscheidenden Durchbruch guter Neuansätze verhinderten. Da sich Linsenmann dem wachsenden Zentralismus auf *kirchenpolitischer* Ebene, der erdrückenden Vorherrschaft der Neuscholastik auf *theologischem* Gebiet sowie einer zunehmenden Verrechtlichung der *Moral* entgegenstellte, traten in seinen Beiträgen die zeitgenössischen Tendenzen und Spannungen besonders deutlich hervor. Linsenmann war jedoch kritisch und fair genug, um nicht allein äußere Gründe für das Scheitern der moraltheologischen Neubesinnung verantwortlich zu machen. Er verwies auch auf die falschen Voraussetzungen der Moraltheologie selbst, die insbesondere die Grundbegriffe Gesetz und Freiheit betrafen. Die Kernfrage der Moral war ‚schief' gestellt, und es konnte, nach Linsenmanns Ansicht, nicht ausbleiben, daß die Entwicklung schließlich in der Sackgasse der probabilistischen Kasuistik endete. Diese Fehlentwicklung wurde begünstigt durch die bequeme Anpassungstendenz vieler Moraltheologen und durch ihre Scheu vor dem Neuen, Unbekannten. Höchst unterschiedliche Gründe waren also dafür verantwortlich, daß die Moraltheologie des 19. Jahrhunderts, aufs Ganze gesehen, „hinter ihrer Aufgabe zurückgeblieben ist" und die „Zeichen der Zeit" nicht zu deuten verstand.[6] So lautete das Urteil Linsenmanns.

Linsenmanns *Kritik* besticht durch ihre Sachlichkeit. Sie ist beachtenswert, da sie sich nicht in Anklagen erschöpft. Im wesentlichen besteht sie aus konstruktiven Analysen und Vorschlägen. Meisterhaft hatte es Linsenmann verstanden, vorgefundene Ansätze weiterzuentwickeln. Mit der Übernahme und Weiterentwicklung dessen, was einer Neubesinnung in der Moraltheologie dienlich sein konnte, begnügte sich Linsenmann jedoch nicht. Er versuchte darüber hinaus zu klären, warum bisherige Anstrengungen erfolglos blieben. Indirekt liefern seine Beiträge den Beweis, daß eine kritische Gegenwartsanalyse auf historischen Nachforschungen aufbauen muß. Der Rückblick in die Vergangenheit half ihm die ‚Zeichen der Zeit' nüchtern zu deuten. Die sich ankündigende und durchsetzende Entwicklungstendenz zur größeren Würde und Freiheit des einzelnen hat

[5] *Anonymus,* Über Aufgabe und Methode der Moral in der Gegenwart. Von einem Universitätslehrer: Wissenschaftliche Beilage zur Germania (1901) 129. – Der Beitrag löste die Replik *A. Lehmkuls* aus [Die katholische Moraltheologie und das Studium derselben: Stimmen aus Maria-Laach 61 (1901) 1–20], auf die der Anonymus mit einer kurzen Stellungnahme noch antwortet [Zur Frage der Moralmethode: Wissenschaftliche Beilage zur Germania (1901) 241–243].

[6] Vgl. *Linsenmann,* Richtungen: ThQ 54 (1872) 549. 553.

er, als übereinstimmend mit der evangelischen Freiheit, unterstützt und vom extremen, kirchlich verurteilten Liberalismus unterschieden. Ebenso umsichtig war sein Eingehen auf den protestantischen Dialogpartner. Sein Eintreten für den katholischen Standpunkt erweckte nicht den Eindruck der Rechthaberei. Das aufrichtige Ringen um die frei machende Wahrheit wird Linsenmann heute protestantischer- und katholischerseits bescheinigt.[7]

Beachtenswert ist die Rolle, die Linsenmann aus moraltheologischer Sicht der *Kirche* zuerkannte. Indem die Kirche konkrete Verhaltensnormen erstellt und – nicht nur die selbsterstellten – sanktioniert, erfüllt sie eine lebens- und heilsnotwendige Aufgabe. Linsenmann betonte hierbei, daß die Gefahr des Mosaismus nicht im *Gesetz* als solchem liege. Sie liegt vielmehr in einem falschen Gesetzesverständnis, das dem Gesetz eine falsche Funktion im Leben des einzelnen und der Gemeinschaft zuweist. Statt der *Freiheit* zu dienen, wird es zur drückenden Macht. Das Gesetz, recht verstanden, vermag zwar nicht das Eigentliche der Freiheit zum Ausdruck zu bringen, aber es erstellt der Freiheit den notwendigen Raum. Zur Definition der Freiheit gelangt also Linsenmann über den Begriff des Gesetzes und der Gemeinschaft (Kirche). Das ist der einzig mögliche Weg zu einem wirklichkeitsgerechten, illusionslosen Freiheitsbegriff. Wer nämlich aus der Definition der Freiheit die Bindung und Begrenzung des einzelnen durch die Gemeinschaft (Kirche) wegläßt, der umgeht die begrenzende aber auch nur sofern befreiende Funktion des Gesetzes und betreibt wirklichkeitsfremde Ideologie.

Der *religiösen* Fundierung des Linsenmannschen Freiheitsbegriffs kommt entscheidende Bedeutung zu. In der Freiheit der Kinder Gottes erkennt er das Grundkerygma des Evangeliums und folgert hieraus, daß die evangelische Freiheit auch die Prinzipienfrage der christlichen Moral sein müsse. Christus ist der ‚Koinzidenzpunkt', in dem alle Gegensätzlichkeiten, die durch unsere erbsündliche Gebrochenheit bedingt sind, in einer höheren Einheit überwunden werden. Aus moraltheologischer Sicht ist es an erster Stelle die Gegensätzlichkeit (Antinomie) von Gesetz und Freiheit, eine reale, und keine nur scheinbare Gegensätzlichkeit. Und doch sind Gesetz und Freiheit zusammengehörende, sich ergänzende Begriffe. So erweist sich der christliche Freiheits- und Gesetzesbegriff, in der Darlegung Linsenmanns, nicht als Flucht vor den Härten der Wirklichkeit,

[7] Im RGG IV 382 bringt *J. Klein* die protestantische Sicht zum Ausdruck indem er schreibt: „Er (Linsenmann) betonte die Freiheit der Kinder Gottes und wandte sich gegen die Verrechtlichung der Moraltheologie." – Im LThK VI 1067 schreibt *P. Hadrossek:* „Linsenmann betonte angesichts der Zeittendenz zur Verrechtlichung der Moral die gottgebundene christliche Freiheit aus paulinischem Geist."

sondern vielmehr als Ausdruck christlicher Hoffnung, daß menschliches Ringen um Freiheit keine sinnlose Aufgabe darstellt. Dieses Ringen gehört zur ‚condicio humana' und ist sofern Wille Gottes, von Ihm selbst auf Gelingen und Vollendung ausgerichtet. Hier wird der spezifisch *christliche* Beitrag zum Freiheitsverständnis und Freiheitsdrang sichtbar. Aus dieser Überzeugung hat sich Linsenmann für die Freiheit leidenschaftlich eingesetzt.

Ein weiteres Anliegen Linsenmanns bestand darin, klärendes Licht in das verworrene Problem des *Probabilismus* zu bringen. Die Geschichte der katholischen Moraltheologie war über zwei Jahrhunderte hinaus (17. bis 18. und zweite Hälfte des 19. Jahrhunderts) die Geschichte des Probabilismus. Das gab dem Anliegen echtes Gewicht. Aber für Linsenmann war die Überzeugung maßgebend, daß der Probabilismus kein belangloser Streit, sondern ein Ringen um evangelische Freiheit war. Diese Überzeugung und entsprechend formulierte Behauptung Linsenmanns stellte die gesamte Problematik in *neues* Licht.

Linsenmanns Methode der vermittelnden Sicht erlaubte ihm weder die pauschale Ablehnung noch die vorbehaltlose Anerkennung der probabilistischen ‚Jesuitenmoral'. Seine *Arbeitshypothese* war die Unterscheidung zwischen dem Grundanliegen des Probabilismus, der evangelischen Freiheit, und der geschichtlichen Ausformung dieses Grundanliegens in Gestalt der ‚Moralsysteme', die er als Fehlentwicklung betrachtete. Die Arbeitshypothese hat sich als *brauchbar* erwiesen. Durch die Forschungsergebnisse wurde sie *erhärtet.* Manche Aussagen Linsenmanns, insbesondere zur Rolle Medinas, sind ergänzungsbedürftig und sogar falsch. Trotzdem behält Linsenmanns Beitrag zum Probabilismus seinen *originellen* Wert.

Die Verbindung zwischen Probabilismus und der Lehre von *Gebot und Rat,* das Thema der dritten ‚Hauptfrage', war durch die protestantische Anklage gegen die ‚Jesuitenmoral' gegeben. Die Aufspaltung der sittlichen Forderungen in Gebot und Rat ist älter als der Probabilismus. Die probabilistische Kasuistik kann jedoch, nach Linsenmanns Ansicht, „nicht ganz von dem Vorwurf freigesprochen werden, diese falsche Scheidung begünstigt zu haben".[8] Dem Widerspruch zwischen der herkömmlichen Doppelmoral und der evangelischen Freiheit galt Linsenmanns Hauptinteresse. Bedeutsam ist sein Hinweis, daß die Grundbegriffe dieser Doppelmoral, nämlich der Begriff des ‚opus supererogatorium' und der Begriff des ‚bonum melius', auf einem verengten Gesetzes- und Freiheitsbegriff aufbauen. Für den moraltheologischen Beitrag zur Nachfolge

[8] *Linsenmann,* Untersuchungen: ThQ 53 (1871) 229.

Jesu ist dies ein aufschlußreicher Ansatz, den man in der heutigen Diskussion vermißt.[9]

Was Leo Scheffczyk von der Theologie des 19. Jahrhunderts zusammenfassend sagte, darf man auch auf Linsenmanns Beitrag zum Thema ‚Gesetz und Freiheit' beziehen, daß nämlich die damaligen Probleme „auch noch die Fragen der Gegenwart sind".[10]

[9] Vgl. *J. Sudbrack,* Nachfolge Jesu im 20 Jahrhundert nach Jesu Tod: Lebendiges Zeugnis 4 (1972) 34–50. – Im selben Heft, S. 15–18, schreiben K. Heinen und A. Weiser über die Doppelmoral, aber nicht aus der Sicht der moraltheologischen Kernfrage ‚Gesetz und Freiheit'.

[10] *L. Scheffczyk,* Theologie in Aufbruch und Widerstreit. Die deutsche katholische Theologie im 19. Jahrhundert, Bremen 1965, S. IX.

Quellen

Eine vollzählige Zusammenstellung von Linsenmanns Schriften wird hier nicht angestrebt. Lediglich benutzte Quellen sind angeführt.

Dogmengeschichtliche Abhandlungen Linsenmanns
- Gabriel Biel und die Anfänge der Universität Tübingen: ThQ 47 (1865) 195–226.
- Gabriel Biel der letzte Scholastiker und der Nominalismus: ThQ 47 (1865) 449–481. 601–676.
- Biel, Gabriel: WW II 804–808.
- Albertus Pighius und sein theologischer Standpunkt. Ein Beitrag zur Charakteristik der vortridentinischen Theologie: ThQ 48 (1866) 571–644.
- Michael Baius und die Grundlegung des Jansenismus. Eine dogmengeschichtliche Monographie. Tübingen 1867.
- Konrad Summenhart. Ein Kulturbild aus den Anfängen der Universität Tübingen. Tübingen 1877.

Moraltheologische Beiträge Linsenmanns
- Über das Verhältnis der heidnischen zur christlichen Moral. Eine akademische Rede: ThQ 50 (1868) 387–415.
- Untersuchungen über die Lehre von Gesetz und Freiheit (Artikelfolge). 1. (Ohne Titel): ThQ 53 (1871) 64–114; 2. Der Probabilismus: ThQ 53 (1871) 221–277; 3. Die evangelischen Räte: ThQ 54 (1872) 3–49; 4. Die zwei Lebenswege: ThQ 54 (1872) 193–245.
- Über Richtungen und Ziele der heutigen Moralwissenschaft: ThQ 54 (1872) 529-553.
- Über Pflichtenkollision: ThQ 58 (1876) 3–59.
- Lehrbuch der Moraltheologie. Freiburg Br. 1878.

Rezensionen Linsenmanns
- zu A. Tanner, Über das katholische Traditions- und das protestantische Schriftprinzip: ThQ 45 (1863) 348–358.
- zu F. Schlünkes, Das Wesen der Erbsünde nach dem Concilium von Trient: ThQ 46 (1864) 117–125.
- zu J. Bach, Meister Eckhart. Der Vater der deutschen Spekulation: ThQ 47 (1865) 167–182.

- zu T. Simar, Lehrbuch der katholischen Moraltheologie: ThQ 49 (1867) 656–663.
- zu Th. Meyer, Die Grundzüge der Sittlichkeit und des Rechts: ThQ 50 (1868) 638–652.
- zu F. Kössing, Der reiche Jüngling im Evangelium: ThQ 51 (1869) 344–355.
- zu E. Müller, Theologia moralis: ThQ 51 (1869) 127–154. 484–502.
- zu J. G. Dreydorff, Pascal. Sein Leben und seine Kämpfe: ThQ 53 (1871) 128–141.
- zu F. J. Stein, Historisch-kritische Darstellung der pathologischen Moralprinzipien: ThQ 54 (1872) 469–486.
- zu E. Spiess, Logos spermaticos: ThQ 54 (1872) 661–670.
- zu H. S. Denifle, Die Schriften des seligen Heinrich Seuse: ThQ 59 (1877) 134–136.
- zu P. Lobstein, Die Ethik Calvins: ThQ 60 (1878) 139–144.
- zu A. M. Weiss, Apologie des Christentums vom Standpunkte der Sittenlehre: ThQ 61 (1879) 135–144.
- zu A. Tappehorn, Anleitung zur Verwaltung des hl. Bußsakramentes: ThQ 61 (1879) 168–175.
- zu P. E.Lucius, Die Therapeuten: ThQ 62 (1880) 319–331.
- zu H. Weiss, Einleitung in die christliche Ethik: ThQ 72 (1890) 682–690.

ZWEITQUELLEN

Antonius (Pierozzi), Summa moralis (Inkunabel 2159 des Mainzer Gutenberg-Museums, ohne Pagination). Ohne Ort und Jahr (Venedig 1477 u. ö.).

Busenbaum, H., Medulla theologiae moralis. Passau 1701.

Liguori, A., Theologia moralis I–VIII. Bearb. von P. M. Haringer. Regensburg 1846–47.

ders., Theologia moralis I–IV. Krit. Ausg. von L. Gaudé. Rom 1905–12. Neuaufl. 1953.

Medina, B., Scholastica commentaria in primam secundae. Köln 1619.

Soto, D., De justitia et jure. Lyon 1559.

Thomas von Aquin, Summa theologica I–III et Suppl. Madrid [3]1961–1965.

Literatur

Anonymus, Die Versammlung katholischer Gelehrten: Der Katholik 44 (1864/II) 95–111. 196–221.

Anonymus, Probabilismus und probabilistische Systeme: Der Katholik 54 (1874/I) 45–57. 143–168. 283–309. 543–558. 682–699.

Anonymus, Über Aufgabe und Methode der Moral in der Gegenwart. Von einem Universitätslehrer: Wissenschaftliche Beilage zur Germania (1901) 129–132. 141–143. 148–151. 154–158. 162–167. 173–175. 180–183.

ders., Zur Frage der Moralmethode: Wissenschaftliche Beilage zur Germania (1901) 241–243.

Arntz, J. Th. C., Die Entwicklung des naturrechtlichen Denkens innerhalb des Thomismus: F. Böckle (Hg.), Das Naturrecht im Disput. Düsseldorf 1966, 87–120.

Aubert, R., Vatikanum I. Mainz 1965.

Auer, A., Grundzüge des christlichen Ethos nach F. X. Linsenmann (Manuskript). Tübingen 1947.

ders., Gesetz und Freiheit im Verhältnis von Gott und Mensch bei Franz Xaver Linsenmann: Ph. Weindel – R. Hofmann (Hg.), Der Mensch vor Gott. Düsseldorf 1948, 246–263.

Auer, J., Nominalismus: LThK VII 1020–1023.

Balthasar, H. U. v., Die Wahrheit ist symphonisch. Aspekte des christlichen Pluralismus. Einsiedeln 1972.

ders., Kommentar zu Bd. 23 der DTA. Heidelberg 1954, 251–464.

Bouwman, G., Berufen zur Freiheit. Freiheit und Gesetz nach der Heiligen Schrift. Düsseldorf 1969.

Böckle, F., Gesetz und Gewissen. Luzern ²1966.

ders., Grundprobleme evangelischer Ethik in katholischer Sicht: Catholica 15 (1962) 1–23.

Brück, H., Geschichte der katholischen Kirche in Deutschland im 19. Jahrhundert I–V. Mainz 1887–1905.

Buber, M., Das Problem des Menschen. Heidelberg 1961.

Bürck, F. J., Die Lehre vom Gewissen nach dem hl. Antonin: Der Katholik 89 (1909/I) 17–37. 81–99.

Carpentier, R., Evangelische Räte: SM I 1240–1245.

Comblin, J., Die katholische Theologie seit dem Ende des Pontifikats Pius' XII: H. Vorgrimler – R. Vander Gucht, Bilanz der Theologie im 20. Jahrhundert I–IV. Freiburg Br. 1969–1970. II 70–88.
Congar, Y., Kirche. Dogmengeschichtlich: HthG II 448–453.
ders., Laie: HthG III 7–26.
Conzelmann, H., Grundriß der Theologie des Neuen Testaments. München [2]1968.
Christmann, H. M., Einleitung zu Bd. 14 der DTA. Heidelberg 1955, 7–13.
ders., Anmerkungen zu Bd. 24 der DTA. Heidelberg 1952, 287–338.
Deman, Th., Probabilisme: DThC XIII 417–619.
Dettloff, W., Rechtfertigung: HthG III 406–416.
Diederich, H., Kompetenz des Gewissens. Freiburg Br. 1969.
Dietsche, B. M., Einleitung und Kommentar zu Bd. 24 der DTA. Heidelberg 1952, 7–13. 339–497.
Döllinger, I., – *Reusch, F. H.*, Geschichte der Moralstreitigkeiten in der römisch-katholischen Kirche seit dem 16. Jahrhundert I–II. Nördlingen 1889.
Drey, J. S., Kurze Einleitung in das Studium der Theologie. Tübingen 1819.
Eberle, A., Am Ende des Probabilismusstreits: Neues Abendland 8 (1953) 725–736.
Eibl-Eibesfeldt, I., Stammesgeschichtliche Anpassungen im Verhalten des Menschen: H.-G. Gadamer – P. Vogel (Hg.), Neue Anthropologie. Stuttgart 1972 f, II 3–59.
Egenter, R., Christliche Freiheit – grundsätzlich und konkret: K. Forster (Hg.), Freiheit und Determination. Würzburg 1966, 121–140.
Elsener, F., Der Codex Juris Canonici im Rahmen der europäischen Kodifikationsgeschichte: Müller – Elsener – Huizing, Vom Kirchenrecht zur Kirchenordnung? Einsiedeln 1968, 27–53.
Fletcher, J., Moral ohne Normen? Gütersloh 1967.
Flipsen, J., Spannung zwischen Glaube und Welt. Kritische Analyse der ‚Theologischen Ethik' Helmut Thielickes. Rom 1970.
Fries, H., Tübinger Schule: LThK 390–392.
Funk, F. X., Tübingen, Universität in Württemberg: WW XII 122–126.
Furger, F., Gewissen und Klugheit in der katholischen Moraltheologie der letzten Jahrzehnte. Luzern 1965.
ders., Klugheit und Wandel sittlicher Normen: Concilium 5 (1968) 376–382.
Garaudy, R., Marxismus im 20. Jahrhundert (Rowohlt-Bd. 1148). Reinbek bei Hamburg 1969.
Gehlen, A., Anthropologische Forschung. Zur Selbstbegegnung und Selbstentdeckung des Menschen (rde-Bd. 138). Reinbek bei Hamburg 1970.
Geiselmann, J. R., Die Glaubenswissenschaft der katholischen Tübinger Schule: ThQ 111 (1930) 49–117.
ders., Einführung zu Möhlers Symbolik: J. A. Möhler, Symbolik I–II. Köln 1958–60, I (15)–(148).
ders., Die katholische Tübinger Schule. Ihre theologische Eigenart. Freiburg Br. 1964.
ders., Dogma: HthG I 255–272.
Grillmeier, A., Kommentar zum 2. Kapitel der dogmatischen Konstitution über die Kirche: LThK Ergänzungsband. I 176–207.
Gundlhuber, J., Rezension zu Linsenmanns ‚Lehrbuch der Moraltheologie': ThPQ 32 (1879) 320–323.

Gury, J. P. Compendium theologiae moralis. Regensburg ²1857.
ders., Casus conscientiae in praecipuas quaestiones theologiae moralis. Regensburg 1865.
Hadrossek, P., Die Bedeutung des Systemgedankens für die Moraltheologie in Deutschland seit der Thomas-Renaissance. München 1950.
Hagen, A., Geschichte der Diözese Rottenburg I–III. Stuttgart 1957–60.
Häring, B., Das Gesetz Christi. Moraltheologie dargestellt für Priester und Laien I–III. München ⁸1967.
ders., Evangelische Räte. Moraltheologisch: LThK III 1246–1250.
ders., Moralsysteme: SM III 616–622.
Heimbucher, M., Die Orden und Kongregationen der katholischen Kirche I–II. Paderborn ³1933–34 (Nachdruck Aalen 1965).
Heinen, K. – Weiser, A., Jüngernachfolge im Alten und Neuen Testament: Lebendiges Zeugnis 4 (1972) 7–21.
Hermann, I. – Böckle, F., Die Probe aufs Humane. Über die Normen sittlichen Verhaltens (Das theologische Interview 15). Düsseldorf 1970.
Hofinger, J., Catechismus Romanus: LThK II 977–978.
Hoffmann, A., Anmerkungen und Kommentar zu Bd. 26 der DTA. Heidelberg 1957, 387–609.
Hollerbach, A., Das christliche Naturrecht im Zusammenhang des allgemeinen Naturrechtsdenkens: F. Böckle – E. W. Böckenförde (Hg.), Naturrecht in der Kritik. Mainz 1973, 9–38.
Huizing, P., Um eine neue Kirchenordnung: Müller – Elsener – Huizing, Vom Kirchenrecht zur Kirchenordnung? Einsiedeln 1968, 55–83.
Hurter, H., Lupus, Christian: WW VIII 304–306.
Hünermann, P., Der Durchbruch geschichtlichen Denkens im 19. Jahrhundert. Freiburg Br. 1967.
Ivánka, E. v., Platonismus und Neuplatonismus: HthG III 340–350.
Joest, W., Gesetz und Evangelium. Dogmatisch: RGG II 1526–1531.
Jone, H. J., Gesetzbuch der lateinischen Kirche. Erklärung der Kanones. Paderborn ²1950.
Karrer, O., Amt. Historisch. Systematisch: HthG I 64–72.
Kasper, W., Verständnis der Theologie damals und heute: J. Ratzinger – W. Kasper (Hg.), Theologie im Wandel (Festschrift der Tübinger Katholisch-Theologischen Fakultät 1817–1967). München – Freiburg 1967, 90–115.
Kähler, M., Doppelrezension zu den Lehrbüchern der Moraltheologie von Schwane und Linsenmann: Theologische Literaturzeitung 10 (1881) 240–243.
Keller, E., Johann Baptist Hirscher (H. Fries – J. Finsterhölzl [Hg.], Wegbereiter heutiger Theologie I). Graz 1969.
Kellner, E., (Hg.), Sexualität ohne Tabu und christliche Moral (Gespräche der Paulusgesellschaft). München – Mainz 1970.
Keppler, P., Zur ethischen Bewegung der Gegenwart: Literarische Rundschau 24 (1898) 1–6.
Kleber, K.-H., De parvitate materiae in sexto. Ein Beitrag zur Geschichte der katholischen Moraltheologie (M. Müller [Hg.], Studien zur Geschichte der kath. Moraltheologie, Bd. 18). Regensburg 1971.
Klein, J., Vom Werden und Wesen der Moralsysteme: Evangelische Theologie 10 (1968) 501–520.
ders., Linsenmann, Franz Xaver: RGG IV 382–383.
ders., Moraltheologie. Katholische: RGG IV 1129–1132.

Kleutgen, J., Die Theologie der Vorzeit. Münster ²1867.
ders., Die Philosophie der Vorzeit. Innsbruck ²1878.
Klomps, H., Ehemoral und Jansenismus. Ein Beitrag zur Überwindung des sexualethischen Rigorismus. Köln 1964.
Klostermann, F., Kommentar zum 4. Kapitel der dogmatischen Konstitution über die Kirche: LThK Ergänzungsbd. I 260–283.
ders., Einleitung und Kommentar zum Dekret über das Apostolat der Laien: LThK Ergänzungsbd. II 587–601. 602–699.
Koch, A., Lehrbuch der Moraltheologie. Freiburg Br. 1905.
ders., Bischof Dr. Franz Xaver Linsenmann †: ThQ 81 (1899) 375–396.
Korff, W., Norm und Sittlichkeit. Untersuchungen zur Logik der normativen Vernunft (A. Auer – W. Kasper – H. Küng – M. Seckler [Hg.], Tübinger Theologische Studien, Bd. 1). Mainz 1973.
Kühn, U., Via caritatis. Theologie des Gesetzes bei Thomas von Aquin. Göttingen 1965.
Lehmann, K., Vermittlung: LThK X 718–719.
Lehmkuhl, A., Rezension zu Linsenmanns Lehrbuch der Moraltheologie: Stimmen aus Maria-Laach 10 (1876) 318–327.
ders., Theologia moralis I–II. Freiburg Br. ⁴1887.
ders., Die katholische Moraltheologie und das Studium derselben: Stimmen aus Maria-Laach 61 (1901) 1–20.
Limbeck, M., Von der Ohnmacht des Rechts. Untersuchungen zur Gesetzeskritik des Neuen Testaments. Düsseldorf 1972.
Lohfink, N., Das Siegeslied am Schilfmeer. Christliche Auseinandersetzungen mit dem Alten Testament. Frankfurt M. ²1966.
Lortz, J., Geschichte der Kirche in ideengeschichtlicher Betrachtung I–II. Münster 1964.
Lortz, J. – Iserloh, E., Kleine Reformationsgeschichte (Herder-Bd. 342–43). Freiburg Br. 1969.
Lotz, J. B., Dialektik: W. Brugger (Hg.), Philosophisches Wörterbuch. Freiburg Br. ¹³1967, 63–65.
Luther, M., In epistolam S. Pauli ad Galatas Commentarius, Caput V: D. Martin Luthers Werke. Kritische Gesamtausgabe. Weimar 1883 ff, Bd. 40/2, 1–134.
Mandonnet, P., Frères Prêcheurs: DThC VI 863–924.
Manser, G. M., Das Wesen des Thomismus. Fribourg ³1949.
Marx, K. – Engels, F., Philosophie (I. Fetscher [Hg.], Studienausgabe I. Fischer-Bd. 6059). Frankfurt M. 1970.
Mausbach, J., Die katholische Moral und ihre Gegner. Köln ⁴1913.
Mausbach, J. – Ermecke, G., Katholische Moraltheologie I–III. Münster ⁹⁻¹¹1959–1961.
Metz, J. B., Zur Theologie der Welt (Topos-Bd. 11). Mainz 1973.
Morgott, F., Medina, Bartholomäus de: WW VIII 1167–1170.
Möhler, J. A., Neue Untersuchungen der Lehrgegensätze. Mainz 1834.
ders., Symbolik oder Darstellung der dogmatischen Gegensätze der Katholiken und Protestanten nach ihren öffentlichen Bekenntnisschriften. Mainz ⁵1838.
Möller, J., Vermittlung: HthG IV 338–342.
ders., Wahrheit als Problem. Traditionen – Theorien –Aporien. München 1971.
Mörsdorf, K., Kirchenrecht: HthG II 479–489.
Müller, A., Das naturphilosophische Werk Teilhard de Chardins. Seine natur-

wissenschaftlichen Grundlagen und seine Bedeutung für eine natürliche Offenbarung. Freiburg Br. 1964.
Müncker, T., Die psychologischen Grundlagen der katholischen Sittenlehre. Düsseldorf ²1940.
Noldin, H., Rezension zu Linsenmanns Lehrbuch der Moraltheologie: Zeitschrift für katholische Theologie. Innsbruck (1879/III) 155–165.
ders., Moralsysteme: WW VIII 1861–1889.
Oeing-Hanhoff, L., Der Mensch – Natur oder Geschichte?: F. Henrich (Hg.), Naturgesetz und christliche Ethik. München 1970, 11–47.
Oraison, M., Eine neue Moral für unsere Zeit. Freiburg Br. 1968.
ders., Der Buchstabe tötet. Entscheidungshilfen für den Christen (Herder-Bd. 417). Freiburg Br. 1972.
Ott, L., Grundriß der Dogmatik. Freiburg Br. ⁸1970.
Otto, S., Natur. Theologisch: HthG III 226–231.
Paul VI., Ecclesiae Sanctae: AAS 58 (1966) 775–782.
Pesch, O. H., Gesetz und Evangelium. Luthers Lehre im Blick auf das moraltheologische Problem des ethischen Normenzerfalls: ThQ 149 (1969) 313–335.
Peterson, E., Frühkirche, Judentum und Gnosis. Studien und Untersuchungen. Rom 1959.
Pfürtner, S. H., Kirche und Sexualität (Rowohlt-Bd. 8039). Reinbek bei Hamburg 1972.
Piegsa, J., ‚Alte' Gedanken zur ‚neuen' Moral: TThZ 6 (1972) 349–355.
ders., Moral der Freiheit. Gabe und Auftrag christlichen Lebens: GuL 2 (1972) 110–116.
Pieper, J., Die Wirklichkeit und das Gute. München ⁷1963.
ders., Das Viergespann. Klugheit – Gerechtigkeit – Tapferkeit – Maß. München 1964.
ders., Hinführung zu Thomas von Aquin (Herder-Bd. 297). Freiburg Br. 1967.
Pol, W. H. van de, Das Zeugnis der Reformatoren. Essen 1963.
Prümmer, D. M., Manuale theologiae moralis I–III. Freiburg ⁹1940.
Pruner, J. E., Moraltheologie: WW VIII 1889–1898.
Przywara, E., Analogia entis: ThTL I 97–99.
Rahner, K., Gnade als Freiheit (Herder-Bd. 322). Freiburg Br. 1968.
ders., Zum Problem der genetischen Manipulation aus der Sicht des Theologen: F. Wagner (Hg.), Menschenzüchtung. Das Problem der genetischen Manipulierung des Menschen (Beck'sche Schwarze Reihe, Bd. 63). München ²1970, 135–166.
ders., Strukturwandel der Kirche als Aufgabe und Chance (Herder-Bd. 446). Freiburg Br. ²1972.
ders., Freiheit und kirchliches Lehramt. Freiheit in der Tradition. Freiheit systematisch. Freiheit im sozialen Bereich: LThK IV 331–336.
ders., Geheimnis. Theologisch: HthG II 74–79.
Ranke-Heinemann, U., Mönchtum: HthG III 179–188.
Ratio atque institutio studiorum Societatis Jesu. Mainz 1600.
Ratzinger, J., Einführung in das Christentum. München ⁴1968.
ders., Glaube und Zukunft. München 1970.
ders., Einleitung zur dogmatischen Konstitution über die göttliche Offenbarung: LThK Ergänzungsbd. II 498–503.
Reding, M., Philosophische Grundlegung der katholischen Moraltheologie. München 1953.

Rief, J., Zum theologischen Charakter der Moraltheologie: J. Ratzinger – W. Kasper (Hg.), Theologie im Wandel. München 1967, 518–542.
Rombach, H., Substanz – System – Struktur. Die Ontologie des Funktionalismus und der philosophische Hintergrund der modernen Wissenschaft I–II. Freiburg Br. 1965.
Schaffner, O., Das Moralprinzip bei den Tübinger Theologen im Wandel der letzten 150 Jahre: J. Ratzinger – W. Kasper (Hg.), Theologie im Wandel. München 1967, 582–604.
Scharl, E., Freiheit und Gesetz. Die theologische Begründung der christlichen Sittlichkeit in der Moraltheologie Johann Bapt. Hirschers (M. Müller [Hg.], Studien zur Geschichte der kath. Moraltheologie, Bd. 6). Regensburg 1958.
Scheffczyk, L. (Hg.), Theologie in Aufbruch und Widerstreit. Die deutsche katholische Theologie im 19. Jahrhundert. Bremen 1965.
Schillebeeckx, E., Gott – die Zukunft des Menschen. Mainz 1969.
ders., Glaubensinterpretation. Beiträge zu einer hermeneutischen und kritischen Theologie. Mainz 1971.
Schilling, O., Handbuch der Moraltheologie I–II. Stuttgart ²1952.
Schlette, H.-R. Nominalismus: SM III 806–810.
Schnabel, F., Deutsche Geschichte im neunzehnten Jahrhundert. Die katholische Kirche in Deutschland (Herder-Bd. 209–210). Freiburg Br. 1965.
Schnackenburg, R., Die sittliche Botschaft des Neuen Testaments. München 1962.
Schoeck, H., Tabu: Kleines soziologisches Wörterbuch (Herder-Bd. 312–313). Freiburg Br. 1969, 322.
Schoof, M., Der Durchbruch der neuen katholischen Theologie. Wien 1969.
Schreiben der deutschen Bischöfe über das priesterliche Amt. Eine biblisch-dogmatische Handreichung. Trier 1969.
Schüller, B., Gesetz und Freiheit. Eine moraltheologische Untersuchung. Düsseldorf 1966.
ders., Bedenken gegen die ethischen Kategorien des Rates und des überschüssigen guten Werkes: H. Wolter (Hg.), Testimonium veritati. Philosophische und theologische Studien zu kirchlichen Fragen der Gegenwart (Frankfurter Theologische Studien, Bd. 7). Frankfurt M. 1971. 197–209.
Schulz, A., Jünger des Herrn. Leipzig 1964.
ders., Nachfolge. Biblisch: HthG III 210–215.
Schwidetzky, I., Kulturanthropologie: G. Heberer – I. Schwidetzky (Hg.), Anthropologie (Fischer-Lexikon Bd. 15). Frankfurt M. 1970, 107–127.
Siepen, K. – Scheuermann, A., Das Konzil und die Orden. Köln 1965.
Soe, N. H., Nachfolge Christi. Theologisch: RGG IV 1292–1293.
Söhngen, G., Gesetz und Evangelium. Ihre analoge Einheit. Theologisch – philosophisch – staatsbürgerlich. Freiburg Br. 1957.
ders., Gesetz und Evangelium: Catholica 14 (1960) 81–105.
ders., Gesetz und Evangelium: LThK IV 831–835.
Spicq, C., Personale Entscheidung vor Gott nach der Hl. Schrift: Lebendiges Zeugnis 4 (1965) 44–57.
Splett, J. – Puntel, L. B., Analogia entis: SM I 123–133.
Stanonik, F., Antonius: WW I 983–986.
Steck, K. G., Luther für Katholiken. München 1969.
Sudbrack, J., Probleme – Prognosen einer kommenden Spiritualität. Würzburg 1969.

ders., Nachfolge Jesu im 20. Jahrhundert nach Jesu Tod: Lebendiges Zeugnis 4 (1972) 34–50.

Ternus, J., Zur Vorgeschichte der Moralsysteme von Vitoria bis Medina. Neue Beiträge zu gedruckten und ungedruckten Quellen (Forschungen zur christlichen Literatur- und Dogmengeschichte, Bd. 16, H. 3). Paderborn 1930.

Tillmann, F., Die Idee der Nachfolge Christi. Düsseldorf 1934.

Trillhaas, W., Ethik. Berlin ³1970.

Verscheure, J., Katholische Aktion: LThK VI 74–77.

Viller, M. – Rahner, K., Aszese und Mystik in der Väterzeit. Freiburg Br. 1939.

Walz, A., Antonius: LThK I 665–666.

Welte, B., Auf der Spur des Ewigen. Abhandlungen über verschiedene Gegenstände der Religion und der Theologie. Freiburg Br. 1965.

Wendland, H. D., Ethik des Neuen Testaments. Göttingen 1970.

Werner, K., Geschichte der katholischen Theologie seit dem Trienter Conzil bis zur Gegenwart. München 1866.

Wittmann, M., Die Ethik des hl. Thomas von Aquin. München 1933.

Wolf, E., Gesetz und Evangelium. Dogmengeschichtlich: RGG II 1519–1526.

Wulf, F., Aszese: HthG I 136–145.

ders., Einführung und Kommentar zum Dekret über das Ordensleben: LThK Ergänzungsbd. II 250–265. 266–305.

ders., Kommentar zum 5. und 6. Kapitel der dogmatischen Konstitution über die Kirche: LThK Ergänzungsbd. I 284–313.

Zahrnt, H., Die Sache mit Gott. Die protestantische Theologie im 20. Jahrhundert (dtv-Bd. 846). München 1972.

Zeeden, E. W., Das Zeitalter der Gegenreformation (Herder-Bd. 281). Freiburg Br. 1967.

Zimmermann, O., Lehrbuch der Aszetik. Freiburg Br. 1932.

Ziegler, J. G., Die Ehelehre der Pönitentialsummen von 1200–1350. Eine Untersuchung zur Geschichte der Moral- und Pastoraltheologie (M. Müller [Hg.], Studien zur Geschichte der kath. Moraltheologie, Bd. 4). Regensburg 1956.

ders., Vom Gesetz zum Gewissen. Das Verhältnis von Gewissen und Gesetz und die Erneuerung der Kirche (K. Rahner – H. Schlier [Hg.], Quaestiones Disputatae, Bd. 39). Freiburg Br. 1968.

ders., Geschichte der Moraltheologie: LThK VII 618–623.

ders., Moralsysteme: LThK VII 612–613.

Personenverzeichnis

Abaelard 94
Aberle, M. 20. 31
Adolf von Nassau 20
Albert der Große 129
Antonin von Florenz 100 f. 125. 128 f. 133
Antonius der Wüstenvater 137
Aristoteles 99. 123. 144
Arntz, J. Th. C. 51
Aubert, R. 17 f. 24 f.
Auer, A. 31. 111. 113
Augustinus 55. 116. 122. 129. 138. 140 f.

Bajus 45. 58. 60. 116
Ballerini 88 f.
Barth, K. 33
Balthasar, H. U. von 134. 137. 140 f.
Becker, W. 25
Beemer, W. 112
Bellarmin 46
Berg, L. 11
Biel, G. 20. 110–114
Boethius 113 f.
Bonhoeffer, D. 154
Bouwman, G. 14
Böckenförde, E.W. 115
Böckle, F. 13. 115
Brugger, W. 34
Brück, H. 24 f.
Buber, M. 57
Busenbaum, H. 103. 108
Bürck, F. J. 100

Caesar 51
Cajetan 95
Calvin 39. 60. 72
Cano, M. 112
Carpentier, R. 148. 157
Christmann, H. M. 53. 144 f.
Concina, D. 103
Congar, Y. 46. 162
Conzelmann, H. 43

Darwin 24
Deman, Th. 121
Dettloff, W. 70
Diederich, H. 31 f. 120
Diether von Isenburg 20
Dietsche, B. M. 139 f. 145. 147
Döllinger, I. 14. 25. 83. 91. 103. 110 f.
Drey, J. S. 33. 46. 64
Durandus 114

Eberhard, Graf 110
Eberle, A. 14
Egenter, R. 78
Elger 118 f.
Elsener, F. 17. 73. 106
Engels, F. 24

Fetscher, I. 25. 57
Finsterhölzl, J. 15
Fletcher, J. 122
Flipsen, J. 63
Forster, K. 78
Franzelin, J. B. 46
Friedhoff 118 f.

Fries, H. 15 f. 33
Funk, F. X. 32
Furger, F. 86. 121

Garaudy, R. 25
Garrigou-Lagrange 121
Gehlen, A. 68. 78 f.
Geiselmann, J. R. 16. 32–34. 46
Graßmann 28
Gratian 106
Gregor der Große 140
Gregor von Nyssa 137
Grillmeier, A. 162
Gundlhuber, J. 26. 60
Gury, J. P. 73. 88. 94. 103. 118. 121. 125 f.

Hadrossek, P. 31. 46. 64. 85. 154. 156. 165. 167
Haeckel, E. 24
Hagen, A. 20. 23
Haringer, P. M. 94
Häring, B. 14. 31 f. 88 f. 108 f. 115. 123. 142. 148 ff. 153. 161
Heberer, G. 68
Hefele, K. J. 30. 46. 105
Hegel, G. 33
Heimbucher, M. 139
Heinen, K. 161. 169
Heinrich von Segusia 101. 129
Heinrich, F. 34
Hermann, I. 13
Hirscher, J. B. 15. 26. 30 ff. 84. 165
Hoensbroech, P. von 29
Hoffmann, A. 138
Hofinger, J. 108
Hofmann, R. 31. 112
Hollerbach, A. 115
Huizing, P. 17. 66
Hurter, H. 90

Iserloh, E. 44
Ivánka, E. von 137

Jansenius 116
Joachim von Fiore 70. 112
Jocham, M. 31
Johannes a Sto Thoma 122
Jone, H. J. 161
Jost, W. 40

Karrer, O. 163
Kasper, W. 15. 31
Kähler, M. 28. 60 f. 72
Keller, E. 15
Kellner, E. 78
Keppler, P. 165
Kleber, K.-H. 85
Klein, J. 32. 85. 167
Klemens von Alexandrien 137. 157
Kleutgen, J. 18. 110 f.
Klomps, H. 138
Klostermann, F. 162
Koch, A. 16. 19 f. 23 f. 30. 88
Korff, W. 130
Kuhn, J. 33
Kühn, U. 55

Lang, A. 113
Laros, M. 25
Lehmann, K. 33
Lehmkuhl, A. 27. 60. 166
Liguori, A. 29. 88 f. 92. 94. 103. 124 f.
Limbeck, M. 78 f.
Linsenmann F. X.
– Anliegen 14 f. 19. 21. 32 ff. 37 f. 165–169
– Eigenart 18. 23. 27. 68
– Methode 32–35. 61
– Schriften 19–24. 171 f.
– Tübinger 16. 24. 32 f. 37. 47. 64
Linß, C. W. 118
Lobkowitz, C. von 87. 105
Logstrup, K. E. 78
Lohfink, N. 104
Lombardus, P. 121
Lortz, J. 15. 44
Lotz, J. B. 34
Lupus, C. 90
Luthardt, C. E. 44
Luther, M. 20. 39–44. 59 f. 63. 76

Mandonnet, P. 91
Manser, G. M. 138
Martensen, H. L. 44
Martin, K. 62. 69. 124. 129. 151 f.
Marx, K. 25. 57
Mattes, W. 30. 46
Mausbach, J. 28 f.
Mausbach-Ermecke 87. 142. 149. 152

Medina, B. 90–101. 117 ff. 125. 127. 133
Metz, J. B. 136
Miller, A. 19
Morgott, F. 90
Möhler, J. A. 26. 33. 46. 64. 151
Möller, J. 33. 88
Mörsdorf, K. 66
Müller, Alois 17
Müller, Armin 24
Müncker, Th. 150

Napoleon 17
Newman, J. H. 25
Nikolaus von Kues 34
Noldin, H. 27 f. 60. 87. 90 f. 95. 101

Occam, W. 76. 114
Oeing-Hanhoff, L. 34. 94
Oettingen, A. von 44
Oraison, M. 78
Origenes 137
Ott, L. 60
Otto, S. 60

Papst
- Gregor XVI. 25
- Innozenz XI. 87
- Leo XIII. 66. 152
- Paul VI. 142
- Pius V. 60
- Pius VII. 17
- Pius IX. 17. 25. 88
Pascal, B. 83. 91. 116
Patuzzi, G. V. 145
Pesch, O. H. 40. 42
Peterson, E. 137
Pfürtner, S. H. 139
Pieper, J. 115. 121 f. 138
Pighius, A. 20
Pol, W. H. van de 40. 66. 76
Prierias, S. de 95
Pruner, J. E. 27. 89
Prümmer, D. M. 30. 101
Przywara, E. 112
Pseudo-Dionysius 34
Puntel, L. B. 112

Rahner, K. 13. 33. 48. 70. 84. 112. 115. 130. 137. 157. 163
Ranke-Heinemann, U. 137
Ratzinger, J. 15. 31. 46
Reding, M. 77. 121
Reusch, Fr. H. 14. 83. 91. 103
Richter, G. 75
Rief, J. 31
Rombach, H. 111. 114

Sailer, J. M. 26. 30 ff. 84. 165
Schaffner, O. 31
Scharl, E. 26
Scheffczyk, L. 15. 169
Schelsky, H. 79
Scheuermann, A. 142
Schillebeeckx, E. 15
Schilling, O. 142
Schleiermacher, Fr. D. 39
Schlette, H.-R. 111 ff.
Schnabel, F. 16 f. 73
Schnackenburg, R. 146. 161
Schoeck, H. 78
Schoof, M. 15
Schulz, A. 161
Schüller, B. 79. 142. 147. 151
Schwane, J. 28
Schwidetzky, I. 68
Scotus, D. 114
Siepen, K. 142
Soe, N. H. 154
Soto, D. 92–97. 127
Söhngen, G. 48
Spicq, C. 86
Splett, J. 112
Steck, K. G. 43
Stutz, U. 163
Sudbrack, J. 139. 169
Summenhart, K. 95. 110

Tappehorn, A. 102
Ternus, J. 91. 96 f. 99
Thomas von Aquin 26. 31. 46. 51. 53–56. 76 f. 92–97. 101. 112 ff. 116. 120–125. 128 f. 138–141. 143–145. 165
Tillich, P. 41
Tillmann, F. 28. 30 f. 77. 84. 150. 153. 156. 165
Trillhaas, W. 78

Ullmann 38. 40

Verscheure, J. 163
Viller, M. 137. 157
Vitoria 91. 121 f.
Vorgrimler, H. 84. 112. 115

Wagner, F. 130
Weindel, Ph. 31
Weiser, A. 161. 169
Welte, B. 17. 21. 33 f.
Wendland, H.-D. 43. 143
Werner, K. 31. 110
Wingren, G. 78
Wolf, E. 39. 43
Wolter, H. 142
Wulf, F. 137. 141. 143. 146. 161
Wuttke, A. 40

Zahrnt, H. 41
Zeeden, E. W. 104
Ziegler, J. G. 11. 67. 79. 85. 109
Zimmermann, O. 152

Sachregister

Absolutismus, Despotie 17 ff. 21. 59. 69
aequitas, Epikie (s. Existentialethik; s. Klugheit) 53. 86. 101. 123 ff.
Aktion und Kontemplation 139–142
Analogie 112
Anomismus 42. 68
Anthropologie (s. condicio humana; s. ‚Zwischen') 78 f.
Antinomie, Gegensatz (s. Dualismus; s. Vermittlung) 33 ff. 47. 75 ff. 80. 134 ff. 156. 167
Apostolat 160 ff.
Autorität (s. Absolutismus; s. Gehorsam) 17 f. 79. 86. 93. 97 f. 106 f. 116. 122. 128

Bedingungen des Heils (s. condicio)
– der Verständigung 41 f.
Beichtsummen 108 f.
Bergpredigt 47. 52. 145. 159
bonum commune, Gemeinwohl 57. 73. 124
bonum melius, das sittlich Bessere 141. 148–153. 168
Botschaft Christi (s. Grundkerygma)
Bußbücher 108 f.
Bußsakrament 102. 107 ff.

Catechismus Romanus 107 f.
‚*Civiltà cattolica*' 25
‚*Codex iuris canonici*' 106
coincidentia oppositorum 34
condicio als Schlüsselwort 48 f.
condicio humana (s. Anthropologie; s. ‚Zwischen') 56 f. 60 f. 63. 133. 168
‚*Corpus iuris canonici*' 106
Christus 136. 138 f. 154 f.
– Ende des Gesetzes 13. 43
– Gesetzgeber 37. 39. 42 ff. 46–49. 54
– Nachfolge Christi, allgemein 135 ff. 146. 153–156. 168 f.; buchstäbliche 159 f. 163; geistige 158 ff.; zwei Arten 156 ff.
– Koinzidenzpunkt 62 f. 75. 156. 167
cum formidine errandi 98. 119

‚Der Katholik' 22
Deutsche Wissenschaft, katholische Universitätsfakultäten 24
Dialektik (s. Vermittlung)
dictamen rationis (s. conscientia; s. Vernunft) 93. 120
Dispens (s. Epikie) 124 f.
Doppelmoral (s. Moral; s. zwiespältige Moral)
Dualismus (s. Antinomie; s. Vermittlung) 35. 60–63. 112 f. 136
dubium, Zweifel (s. conscientia dubia; s. Gesetz, lex dubia) 86. 98. 100. 107. 118 f.

Eigengesetzlichkeit, Eigenständigkeit des weltlichen Bereichs 18. 54
Empirie 16. 80. 111
Epikie (s. aequitas)
error invincibilis 93
Ethik (s. Moral)
Evangelium (s. Gesetz, Neues; Gesetz und Evangelium)
Evolutionstheorie Darwins 24
Existentialethik, situationsbezogene Ethik (s. aequitas; s. Klugheit) 50.53. 115. 121. 130. 149

fides, Überzeugung (s. Gewissen; s. Glaube) 30. 85. 93. 96 ff. 107. 117. 131. 158
Freiheit, libertas, Selbstbestimmung (s. Wille; s. Willkür) 23. 53. 83. 105. 110. 115. 152. 167 f.
– als Parole 13. 18
– Begrenztheit 79 ff. 106
– erstes Problem der Ethik, Grundidee, oberstes Prinzip 19. 21. 30. 80. 123. 154 f. 158 f.
– evangelische, christliche, der Kinder Gottes 13 f. 18 f. 23. 30. 32. 38. 53 ff. 67. 70. 74 ff. 79–82. 90. 102. 117. 123. 126. 133 f. 142–148. 158. 166. 168
– libertas gloriae 80
– libertas gratiae (s. Gnade) 75
– Wahlfreiheit, libertas exercitii, specificationis 68. 74. 129. 151
Freimaurer 25

Ganzhingabe (s. Vollkommenheit)
Gebot, praeceptum (s. Gesetz; s. Kirche, Kirchengesetz) 47 f. 64. 67 f. 124. 131. 137. 142–146. 151. 153. 158
Gebot und Rat, praeceptum et consilium 142–153. 157 ff. 168
Gegensatz (s. Antinomie)
Geheimnis (s. Mysterium)
Gehorsam (s. Gewissen, Mündigkeit; s. Freiheit, Begrenztheit) 19. 59. 68. 97 f. 104. 106. 115. 124. 133. 152. 157
Gemeinwohl (s. bonum commune)
Geschichtlichkeit 33 f.
Geschlechtlichkeit, Sexualität, Ehe 138 f. 144. 149 f. 158
Gesellschaft 80
Gesetz (s. Gebot; s. Kirche, Kirchengesetz) 13. 27. 50. 76 f. 85. 89. 92. 102. 109 f. 167 f.
– Altes, lex Moisi, lex vetus 51. 53 ff. 64. 75 f. 90. 145
– Auslegung 49. 81. 105

– – buchstäbliche 74. 76. 81
– – geistige 52. 74. 76. 82. 104. 150. 159
– Buchstabe, Kodex, lex scripta, Satzung (s. Positivismus) 22. 26. 30. 35. 41. 47 ff. 52. 54. 56. 65. 79. 85–88. 90. 102. 104. 106. 109. 114–117. 122. 124 f. 127. 137. 145. 149 f.
– ewiges Gesetz, lex aeterna 30. 49 f. 66
– Findung, Formulierung, Konkretisierung 49–53. 55. 57. 67 f. 79 f.
– Funktion 39
– – Gesetz als Wegweiser, befreiende, dienende, entlastende Funktion 38. 40. 44. 68 f. 70. 76 ff. 81. 106. 167
– – Gesetz als Zuchtmittel, -meister, einschränkende Funktion 40. 69 f. 76 ff. 80. 106
– ideales und partikulares Gesetz, allgemeines und abgeleitetes Gesetz 44 ff. 50. 52
– lex dubia 86 f. 107
– lex humana 58 f. 67
– lex indita, eingegebenes Gesetz 54 ff.
– lex naturae, Naturgesetz 49–52. 54
– Neues Gesetz, lex Christi, lex caritatis, lex Evangelii, lex nova 19. 41 f. 48. 51–55. 70. 75. 145. 151
– Notwendigkeit des Gesetzes 66 ff.
– ordinatio rationis (s. Vernunft) 54. 92. 114
– ordinatio voluntatis (s. Nominalismus; s. Wille) 114
– offenbartes und abgeleitetes Gesetz 52 f.
– Pönalgesetze, leges mere poenales 58. 69
– praecipuus usus legis (s. Gesetzeslehre Luthers) 39 f.
– prima principia et praecepta secunda (s. ideales und partikulares Gesetz) 49–52. 55
– Relativierung des Gesetzes 56. 65. 67. 78. 81
– sittliche Mindest-, Minimalforderung 67. 146. 152
– staatliches Gesetz (s. Kirche und Staat) 58 ff.
– suprema lex 59. 74
– Unvollkommenheit des Gesetzes 72–74
– Verabsolutierung des Gesetzes (s. Verrechtlichung der Moral) 65 f. 78. 87. 104–107
– Verbindlichkeit 72–74
– Vieldeutigkeit 44. 49 f. 77 f.
Gesetzeslehre Luthers (s. Gesetz, praecipuus usus) 21. 39–44
Gesetzeslehre bei Paulus 43. 45. 51. 69. 104
Gesetz und Evangelium (s. Freiheit, evangelische) 39 f. 43
Gesetz und Freiheit (s. Freiheit, erstes Problem) 14 ff. 20–23. 26. 31 f. 34 f. 37. 42. 44. 46 f. 49. 64. 75 f. 79. 81. 89. 102. 125 f. 128. 147 f. 166 f. 169
Gesetz und Gewissen (s. Gewissen, conscientia recta)
Gesetz und Gnade (s. Gnade und Gesetz)
Gesetzesverständnis, sachlich-magisches und personal-religiöses 77 ff.
Gesinnung (s. fides; s. Gewissen, norma normanda)
Gewissen, conscientia, synteresis (s. fides; s. Klugheit; s. Vernunft) 32. 85. 101. 103. 106 ff. 117–123
– Freiheit des Gewissens 18. 22. 25. 159
– Gewissensfall, casus (s. Kasuistik)

– Herz und Mitte des Menschen 51. 55. 78. 86
– Mündigkeit, Reife des Gewissens (s. aequitas; s. Gehorsam; s. Gesetz, geistige Auslegung) 54. 92. 107
– norma normanda, subjektive Höchstnorm 85. 94. 154 f.
– conscientia dubia (s. dubium; s. Gesetz, lex dubia) 97 ff. 107. 118
– conscientia erronea 93 f. 96 ff. 128
– conscientia perplexa 62. 119
– conscientia probabilis (s. opinio probabilis) 118–120
– conscientia recta, Gesetz und Gewissen (s. Vernunft, recta ratio) 85. 96 f. 117. 119 f.
– conscientia scrupulosa 97. 100. 106. 119
Glaube (s. fides) 40 f. 43. 54. 136
– Glaube und Vernunft (s. Nominalismus; s. Vernunft) 61. 63. 111 f.
– sola fides (s. Werke) 39 ff. 47
Gnade (s. Heiliger Geist; s. Freiheit, libertas gratiae; s. Liebe) 22. 40. 60. 75 f. 80. 130. 149. 155 f. 160
– Gnade und Freiheit, Prädestination 53 ff. 75 ff. 79. 110. 155
– Gnade und Gesetz 53–56. 76 f. 79. 151
– Gnade und Vernunft (s. Normfindung) 55
– lumen naturale et lumen gratiae 113
Gott, Gottesbegriff, Gotteserkenntnis (s. Mystik) 33 ff. 39. 44. 56. 61. 75. 78. 112–115. 135–141. 153. 161
– via negationis, positionis, eminentiae 34
Grenzsituation 80
Grundkerygma (s. Freiheit, evangelische; s. Gesetz, Neues) 13. 38. 167

Heil (s. zwei Lebenswege)
Heiliger Geist (s. Gnade; s. Liebe) 53. 58. 65. 68. 72. 122. 138
Heilige Schrift 46. 50 f. 58. 65. 71. 78. 101. 135 ff. 143 ff. 150. 154. 158. 162
– Auslegung 42–46
– Heilige Schrift und Lehramt 45
– Schriftprinzip, sola scriptura 45. 58. 66
Heilsindividualismus 161
Heilswille Gottes 80
Hochscholastik (s. Scholastik)
Humanität 18

Idee und Gesetz (s. Gesetz, geistige Auslegung, ideales und partikulares Gesetz, Unvollkommenheit) 52 f.
ignorantia inculpabilis, unverschuldete Unwissenheit 51. 93 f.
Individualismus, – tät 58. 109. 111. 115. 121. 161
Inkarnation 138. 155
Irrtum (s. Gewissen, conscientia erronea)

Jansenismus 89. 91. 116

Kasuistik, casus, Gewissensfall (s. Nominalismus; s. Positivismus) 14. 21. 29. 40. 49. 85 f. 88. 104. 108. 122 f. 146–149. 152. 156. 166. 168
– als mißlungener Versuch, die Freiheit zu retten 83–87. 92. 94 f. 102. 104 f. 109. 115 f. 121 ff.
Kirche, Ekklesiologie 43. 46. 57 f. 64. 101 ff. 136. 162. 167

– doppelter Auftrag 58. 64 ff. 73. 102
– – Auslegerin 58. 64 ff. 71. 73 f. 102. 105 f.
– – Gesetzgeberin 37 f. 48. 57 f. 64 f. 67. 69. 71–74. 102 f. 105 f. 108 f.
– Kirche als Institution 41. 43. 68. 71
– Kirche und Staat 57 ff. 62
– Kirche und Welt (s. Eigengesetzlichkeit) 63
– Lehramt 45. 68. 127
– societas perfecta 66
Kirchengebote, -gesetz, Heilsordnung (s. Gebote; s. Kirche, Gesetzgeberin) 64. 68. 71
Kirchenstaat 17
Klugheit, Situationsgewissen (s. aequitas; s. Existentialethik) 27. 121 f. 131
Konfliktsituation (s. Pflichtenkollision)
Konservatismus 18
Kontroversthema 48
Konzil
– Lateran IV 112
– Trient 46. 49. 67. 91. 103–109. 139. 149. 151. 162
– Vatikan I 17. 46. 66. 73
– Vatikan II 46. 104. 108. 116. 138. 141. 143. 148. 153. 161 f.
Kulturkampf 21. 28. 118
Kurie 17

Laxismus 81. 86 f. 116
Legalismus (s. Gesetz, Buchstabe, Verabsolutierung; s. Mosaismus; s. Verrechtlichung) 35. 37. 49. 68
Liberalismus 26. 28. 167
Libertinismus 47
Liebe (s. Gnade; s. Moral, Liebesmoral) 42. 54. 78. 81. 122. 128 f. 131. 137 f. 140 f. 143 ff. 148 f. 160. 163

Magie und Technik 77 ff.
Meinung (s. opinio)
Medinas Beweisführung 96–101
– These 96 ff.
Mensch (s. Anthropologie; s. condicio humana; s. ‚Zwischen')
Mitwirkung (s. Glaube, sola fides; s. Werke) 70. 76. 155
Moral des Evangeliums, christliche Ethik, katholische Moral, Moraltheologie (s. Freiheit; s. Gesetz; s. Gewissen) 13 f. 16 ff. 20. 28. 37 f. 53. 60 f. 67. 72. 83. 105 f. 108. 115. 118 f. 126. 133. 142. 147. 161. 165
– Autoritätsmoral (s. Autorität; s. Gehorsam) 116
– Aszetisch-mystische Moral (s. Mystik) 29
– Doppelmoral, zwiespältige Moral 35. 131–147. 152. 156. 158. 162. 168
– Gesinnungsmoral 54. 130. 154
– Gewissensmoral (s. Gewissen) 31. 117–123
– Jesuitenmoral, nachtridentinische, probabilistische Moral (s. Probabilismus) 28. 32. 48. 83. 89. 91. 102–109. 116. 124 f. 133. 146. 168
– Kloster- und Weltmoral (s. Doppelmoral) 35. 131. 146. 163
– Leistungs- oder Lohnmoral 150
– Liebesmoral 54

– Priester- und Laienmoral (s. Doppelmoral, Kloster- und Weltmoral) 163
– Traktatenmoral (s. Jesuitenmoral) 27 f. 108. 117
– Vernunftmoral (s. Vernunft) 32. 46
Moralsysteme (s. Probabilismus, Systeme)
Mosaismus, Pharisäismus, Talmudismus 47. 65 f. 69. 81 f. 105. 159. 167
Münchener Gelehrtenversammlung 24 f.
Mysterium, Geheimnis 33. 63. 112. 164
Mystik, mystische Schau (s. Gott; s. Liebe) 29. 70 f. 108. 114. 155

Nachfolge (s. Christus, Nachfolge)
Naturgesetz (s. Gesetz, Naturgesetz)
necessitas ad salutem, Heilsnotwendigkeit 54 f. 67. 144. 146
Neuscholastik (s. Scholastik)
Nominalismus 19. 29. 110–114. 125
Norm (s. Gebot; s. Gesetz) 35. 55.
– Normauslegung (s. Gesetz, Auslegung) 81
– Normfindung (s. Gesetz, Findung) 50 ff. 55. 57 f. 74. 81

Offenbarung (s. Christus, Gesetzgeber; s. Freiheit, evangelische; s. Gesetz, ewiges, ideales, Neues; s. Glaube; s. Heilige Schrift)
opinio, Meinung (s. Probabilismus) 92. 117 ff.
– aeque probabiles, pariles opiniones 87 f. 92 f. 126
– aequior 101
– improbabilis 98
– minus probabilis 87. 94 ff. 126
– probabilior 87. 93 f. 99 f. 103
– probabilis (s. Gewissen, conscientia probabilis) 86. 92–97. 99. 101. 117 f. 120
– pro lege, legi favens 92. 102 f. 127. 129
– propria (s. fides; s. Gewissen) 93. 98
– tuta, tutior (s. via tuta) 100. 102 f. 127. 129
– vere ac solide probabilis 87
opus supererogatorium, Mehrleistung, Werke der Übergebühr (s. Rat, evangelischer; s. Vollkommenheit; s. Werke) 146. 148–151. 168

pertinacia 94
Pflicht (s. Gebot; s. Gesetz)
Pflichtenkollision, Konfliktsituation 22. 62. 85. 128 f.
Polemik 20. 37. 42 ff. 46. 48. 83. 89. 135. 162
Positivismus, positivistisches Gesetzesverständnis (s. Gesetz, Auslegung) 16. 85–88. 90. 101 ff. 114–117. 121. 123 f. 130. 146
Praktische Gewißheit 107
Praktischer Zweifel (s. dubium) 22
Priestertum
– Amtspriestertum 162
– Gemeinsames Priestertum 162 f.
Prinzipienfrage, Kernfrage der Moral (s. Freiheit, evangelische; s. Gesetz und Freiheit) 13. 15. 27. 32. 35. 42. 64. 126 ff. 130. 148. 153. 167
Proletarische Bewegung 24
Probabilismus (s. Medinas Beweisführung, These; s. opinio) 14. 29 f. 35. 86 f. 94. 99 f. 116–120. 168

– Fehlentwicklung 14. 83 f. 89 f. 101 f. 117. 125. 168
– Grundanliegen 21. 62. 83 f. 89 f. 123. 126 f. 168
– Probabilismusstreit 14. 20. 22 f. 32. 67. 83. 88 f. 91 f. 99. 108
– Probabilitätsgründe 87
– Systeme der Probabilität, Moralsysteme 14. 21 ff. 27. 29. 32. 83–90. 101. 107. 115. 123. 126–129. 168
– Unterscheidung zwischen System und Grundanliegen 21. 23. 168
Protestantismus, protestantische Theologie (s. Reformation) 16. 19. 28 f. 41. 45 ff. 63 f. 66. 83. 89. 118. 133. 135. 154. 167
– Anklage gegen die katholische Moral 17. 37 ff. 64 f. 133. 168
– Berechtigtes Anliegen 38. 42
– kritische Besinnung, neuere protestantische Theologie 21. 39 ff. 44. 71. 78

Rat, evangelischer (s. Gebot und Rat) 99. 133 f. 145–153
Ratio (s. Vernunft)
Realismus 112 f.
Rechtfertigung (s. Christus, Gesetzgeber; s. Gnade, sola fides; s. Werke) 38–42. 44 f. 48. 69 f. 108
Reformation (s. Protestantismus) 19. 37. 39. 43 f. 47. 60. 62. 69. 104. 110. 155. 162
Relativierung, Relativismus (s. Gesetz, Relativierung) 56. 65. 67. 78. 81. 106. 147
Revolution 15 f.
Rigorismus, Puritanismus 21. 47 ff. 72. 81 f. 86 f. 101. 105. 116. 147. 158
Romantik 24

Scholastik 15 f. 19. 26. 34. 39. 43. 75. 108–111. 118 f. 123
– Hochscholastik 26. 112. 115 f.
– Spätscholastik 26. 32. 111. 116. 124
– Neuscholastik 17 f. 22. 24 ff. 28. 30. 32. 46. 60–63. 66. 83. 104. 107. 111. 127. 135. 142. 151 f. 166
Selbstdenker 17 f. 61
Situationsethik (s. Existentialethik)
Sophistik 32. 99. 103. 106. 116. 135
Skeptizismus 22. 109. 129
sola fides (s. Glaube)
sola scriptura (s. Heilige Schrift, Schriftprinzip)
Spiritualismus 150
Strafe und Schuld 73
Subjektivismus, Subjektivität 72. 98. 111. 122 f. 130
Sünde 39 f. 51. 93. 97. 99 f. 114. 129. 152 f.
– Erbsünde 62. 70. 75 ff. 80. 112. 138. 167
– Schwere Sünde, Todsünde 85. 144. 146
Syllogismus-Modell 86. 120–123
System (s. Probabilismus, Systeme) 84 f.
‚Syllabus' 66

Tabu 75
Theologie im 19. Jahrhundert (s. Scholastik, Neuscholastik; s. Tübinger Schule) 15–18. 21. 31 f. 169

‚Theologische Literaturzeitung' 28
‚Theologische Quartalschrift', Tübingen 19. 21. 24. 134
Theokratie (s. Kirche, Kirche und Staat) 43. 58. 63. 102
Toleranz 18.134
Transzendenz (s. Mysterium) 63
Tutiorismus (s. opinio tuta; s. via tuta) 100. 102 f.
Tübinger Schule 16. 18 ff. 32 ff. 37. 46. 61. 64. 110

Universales reflexes Prinzip (s. Probabilismus) 85
Unwissenheit (s. ignorantia)

Verantwortung (s. Freiheit; s. Gewissen)
Vermittlung, Dialektik, dialektische Einheit, Spannungseinheit (s. Antinomie; s. Dualismus) 32 ff. 43. 49. 56 f. 63. 68. 74. 81. 113. 136. 142. 163
Vernunft, Einsicht ratio 50. 54. 56. 61. 63. 66 f. 71. 74. 77. 92. 96. 99. 103. 107. 110–114. 116. 120. 127. 130
– dictamen rationis, Gewissensspruch (s. conscientia) 93. 120
– recta ratio 92. 99. 102
Verrechtlichung, Vergesetzlichung der Moral (s. Gesetz, Verabsolutierung; s. Legalismus; s. Positivismus) 31. 38. 106. 129. 166
via antiqua – via moderna 110. 113
via tuta, sicherer Weg (s. opinio tuta) 67. 88. 153
Vollkommenheit (s. Liebe) 29. 69 f. 80. 99 f. 105. 131. 133. 137 f. 142–145. 147. 156 f. 159–163

Wahrheit 13. 34. 38. 49. 52. 70. 75. 77. 115. 135. 145. 167
Weltverachtung, contemptus mundi, Weltflucht 116. 135–139
Werke (s. Glaube, sola fides) 40. 42 f. 47. 54. 70. 147–151. 155
– innere und äußere Werke, actus interni – actus externi 70. 154. 159
– Werkgerechtigkeit 155
– Werke der Übergebühr (s. opus supererogatorium)
Wille (s. Freiheit) 71. 76 f. 80. 92. 110. 114. 129. 143. 145. 155
Willkür, falsches Freiheitsverständnis (s. Freiheit) 115. 146. 151. 153
Wissenschaftsgläubigkeit 24

Zentralismus in der Kirche 102 ff. 106 f. 109. 117. 125. 166
Zwei Lebenswege, zwei Wege zum Heil, Gottesdienst und Weltdienst (s. Christus, Nachfolge; s. Moral, zwiespältige; s. Vollkommenheit) 133 ff. 142–145. 156 f. 159 f.
Zwei Arten von Christen 162
Zwei-Reiche-Lehre (s. Gesetzeslehre Luthers; s. Protestantismus; s. Reformation) 40. 59. 63 f.
‚Zwischen' als spezifische Situation des Menschen (s. condicio humana) 56 ff. 60 f. 63. 80. 128. 133